证券投资分析

主　编　翟瑞卿　马厚允

副主编　李珍珠　裴　斐　刘　茹

　　　　翟翔楠　李昌琦　黄婷婷

参　编　王　伟　李铭军　王文文

　　　　宋振兴

北京理工大学出版社

BEIJING INSTITUTE OF TECHNOLOGY PRESS

内 容 简 介

　　本书立足于证券投资的基本理论和应用技能的培养，共分为证券市场、证券投资工具、证券投资宏观经济分析、证券投资行业分析、证券投资公司分析、证券投资技术分析、证券投资技术指标分析、证券投资行为分析、证券监管九个项目。每个项目设置了学习情境、工作任务、相关知识、素养提升、综合练习和学习评价，力求理论分析与应用操作融为一体，突出实用性和操作性。

　　本书可作为高职高专经济类、管理类专业的教材，也可作为职业培训教材或社会人员的自学参考书。

图书在版编目（ＣＩＰ）数据

　　证券投资分析 / 翟瑞卿，马厚允主编. --北京：
北京理工大学出版社，2023.2
　　ISBN 978-7-5763-2103-6

　　Ⅰ. ①证⋯　Ⅱ. ①翟⋯ ②马⋯　Ⅲ. ①证券投资–投
资分析校–高等学校–教材　Ⅳ. ①F830.91

　　中国国家版本馆 CIP 数据核字（2023）第 029142 号

出版发行 / 北京理工大学出版社有限责任公司
社　　址 / 北京市海淀区中关村南大街 5 号
邮　　编 / 100081
电　　话 / （010）68914775（总编室）
　　　　　　（010）82562903（教材售后服务热线）
　　　　　　（010）68944723（其他图书服务热线）
网　　址 / http://www.bitpress.com.cn
经　　销 / 全国各地新华书店
印　　刷 / 唐山富达印务有限公司
开　　本 / 787 毫米×1092 毫米　1/16
印　　张 / 17　　　　　　　　　　　　　　　　　　责任编辑 / 申玉琴
字　　数 / 414 千字　　　　　　　　　　　　　　　文案编辑 / 申玉琴
版　　次 / 2023 年 2 月第 1 版　2023 年 2 月第 1 次印刷　责任校对 / 周瑞红
定　　价 / 78.00 元　　　　　　　　　　　　　　　责任印制 / 施胜娟

前　　言

随着我国国民经济的快速发展，金融业也取得了迅速发展。金融业的发展有力地推动了我国证券市场的发展。我国证券市场在交易规模、交易制度、市场环境、投资者队伍等方面都取得了重大成就，同时，也产生了大量专业人员的要求。证券市场的发展对证券从业人员提出了更高的专业要求。因此证券投资分析的教材必须紧跟形势发展，并注重实践的特点。

本书在编写过程中全面贯彻落实党的二十大精神，全面贯彻党的教育方针，落实立德树人根本任务，培养德智体美劳全面发展的社会主义建设者和接班人。本书体现了鲜明的高等职业教育教学特色，符合高等职业教育"理论知识以应用为目的，以必需、够用为度，兼顾未来职业发展"的要求，在编写中着力突出以下特色。

第一，力求结构清晰、体系完整。本书在编写过程中参阅了大量国内现有教材，结合证券投资分析的特点和人才培养需求，在内容编排上兼顾证券市场、投资工具、基本分析、技术分析、行为分析、证券监管等内容，既方便了学生实践能力的提升，也兼顾了证券从业资格考试。

第二，力求通俗易懂，便于教学和自学。本书采用任务推动式、情境启发式等教学模式，并配有相关知识拓展，注重提高学生的学习兴趣及主动性。本书配套 PPT 等教学资源，便于教师教和学生学。

第三，注重实用性。本书面向高职经济类、管理类专业学生，帮助学生树立理性的投资理念，培养基本的证券投资分析能力，突出实践操作能力，力求在实际操作中不断提升学生的分析水平。

本书由翟瑞卿、马厚允主编。项目一由李珍珠编写，项目二由王伟编写，项目三由马厚允编写，项目四由马厚允、黄婷婷编写，项目五由李铭军编写，项目六由裴斐、李昌琦编写，项目七由翟瑞卿编写，项目八由翟翔楠、王文文编写，项目九由刘茹、宋振兴编写。本书最终由翟瑞卿进行统稿、校对。

本书为校企"双元"合作开发教材，在编写过程中得到了国元证券股份有限公司李昌琦、国机资本控股有限公司黄婷婷等企业专家的大力支持和指导。本书参考和借鉴了大量国内外同行的文献资料，并吸收了有关的研究成果，在此一并表示感谢。由于编者水平与时间有限，书中一些疏漏和不足之处在所难免，恳请专家和广大读者给予批评指正。

编　者

目　　录

项目一

证 券 市 场

知识结构图

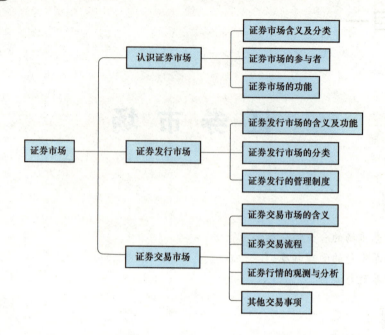

【学习情境】

我国资本市场在新时代发生深刻的结构性变化

党的十八大以来，以习近平同志为核心的党中央高度重视资本市场工作，加强对资本市场的集中统一领导，作出一系列重大决策部署，明确提出要通过深化改革，打造一个规范、透明、开放、有活力、有韧性的资本市场。习近平总书记深刻指出：要把发展直接融资放在重要位置，形成融资功能完备、基础制度扎实、市场监管有效、投资者合法权益得到有效保护的多层次资本市场体系；要把主动防范化解系统性金融风险放在更加重要的位置，科学防范，早识别、早预警、早发现、早处置，着力防范化解重点领域风险，着力完善金融安全防线和风险应急处置机制等。这些重要论述为新时代资本市场改革发展指明了方向。特别是2017年全国金融工作会议以来，在以习近平同志为核心的党中央坚强领导下，我国紧扣金融供给侧结构性改革的主线，坚持用改革的思路和办法来破解资本市场体制机制性障碍，坚定推进全面深化资本市场改革，推动资本市场发生深刻的结构性变化，服务经济发展实现量质双升。

股债融资稳步增长。2017年至2021年，首次公开发行股票（IPO）和再融资金额合计5.2万亿元，交易所债券市场发行33.9万亿元。其中，2021年IPO和再融资金额合计约1.5万亿元，股票和交易所债券市场融资合计超10万亿元，均创历史新高。

市场结构明显优化。截至2022年6月末，A股战略性新兴行业上市公司超过2 200家，新一代信息技术、生物医药等高科技行业市值占比由2017年年初的约20%增长至约37%，上市公司研发投入占全国企业研发支出的一半以上，上市公司作为实体经济"基本盘"、转型发展"领跑者"的角色更加凸显。投资者结构逐步改善，境内专业机构投资者和外资持仓占流通市值比例由2017年年初的15.8%提升至23.5%。

　　多层次市场体系不断健全。科创板、创业板试点注册制相继成功落地，大大提升了资本市场对优质企业的吸引力。深化新三板改革、设立北京证券交易所，打造服务创新型中小企业主阵地迈出关键一步。《中华人民共和国期货和衍生品法》审议通过，有效填补了期货和衍生品领域的"基本法"空白。截至 2022 年 6 月末，期货期权品种已有 94 个，基本涵盖国计民生的主要领域，在 2021 年以来国际大宗商品价格大幅上涨的背景下，我国动力煤、铁矿石等主要期货品种价格及涨幅均小于现货、小于境外，为保供稳价大局贡献了积极力量。

　　优化资源配置的功能进一步发挥。资本市场基础制度的适应性、包容性明显提升，市场化的激励约束机制不断完善。资本市场并购重组主渠道作用不断强化，近 5 年并购重组交易金额约 10 万亿元，激发了市场主体活力。退市制度进一步健全，今年已有 42 家公司强制退市，进退有序、优胜劣汰的市场生态正在加速形成。

　　高水平制度型开放稳步推进。统筹开放和安全，推动市场、产品和机构全方位开放。证券基金期货行业外资股比限制全面放开。互联互通不断深化，沪深港通制度安排持续优化，交易型开放式基金（ETF）纳入沪深港通标的落地实施，沪伦通机制对内拓展到深交所，对外拓展至德国、瑞士。A 股纳入国际知名指数并不断提升比例，在香港推出 A 股指数期货。外资连续多年保持净流入，我国资本市场的国际吸引力和竞争力明显增强。

　　（来源：求是网　易会满《努力建设中国特色现代资本市场》2022 年 8 月 1 日）

任务一　认识证券市场

【工作任务】

任务清单	内　　容
任务情境	小王想进入证券市场投资，但与商品市场相比，他并不了解证券市场有哪些特征，不清楚证券市场有哪些分类以及有哪些参与者，证券市场有哪些功能
任务目标	熟悉证券市场的特点；掌握证券市场的分类和参与者；理解证券市场的功能
典型任务	请你根据任务情境，通过相关知识及网络搜索，完成以下任务。 （1）与商品市场相比，证券市场的特征都有哪些？ （2）按照不同的标准，证券市场有哪些分类？ （3）证券市场都有哪些参与者？ （4）证券市场具有什么功能？
任务总结	通过完成上述任务，你学到了哪些知识或技能？
实施人员	
任务点评	

【相关知识】

一、证券市场的含义及分类

（一）证券市场的含义

证券市场是股票、债券、投资基金等有价证券发行和交易的场所，是为解决资本供求矛盾和流动性而产生的市场。它以证券发行和交易的方式实现了筹资与投资的对接，有效化解了资本的供求矛盾和资本结构调整的难题。

与商品市场相比，证券市场的交易对象、决定交易价格的因素、交易方式、市场风险都有其自身特点。具体来说，证券市场具有以下 3 个显著特征。

第一，证券市场是价值直接交换的场所。证券交易的对象是有价证券，有价证券是价值的直接表现形式，因此证券市场本质上是价值直接交换的场所。

第二，证券市场是财产权利的直接交换场所。证券市场上的交易对象是作为经济权益的股票、债券、投资基金等有价证券，所以证券市场实际上是财产权利的直接交换场所。

第三，证券市场是风险直接交换的场所。有价证券既是收益权利的代表，又是一定风险的代表。有价证券的交换在转让一定收益权的同时，也把持有该有价证券所附带的风险转让了出去，因此，证券市场也是风险直接交换的场所。

（二）证券市场的分类

证券市场作为经营股票、债券、投资基金等有价证券的场所，可以按照不同的标准进行分类，主要有以下两种分类方式。

1. 按市场功能划分

按市场功能划分，证券市场可分为发行市场和交易市场。证券发行市场又称为一级市场或初级市场，是发行人以发行证券的方式筹集资金的场所；证券交易市场又称为二级市场、流通市场或次级市场，是买卖已发行证券的场所。证券发行市场和证券交易市场既相互依存，又相互制约，是一个不可分割的整体。证券发行市场是证券交易市场的基础和前提，证券交易市场是证券发行市场得以持续扩大的必要条件，证券交易市场的价格制约和影响着证券的发行价格，是证券发行时需要考虑的重要因素。

2. 按有价证券的种类划分

按有价证券的种类划分，证券市场可分为股票市场、债券市场、基金市场、衍生产品市场等。股票市场是股票发行和交易的场所，故又可细分为股票发行市场和股票交易市场；债券市场是债券发行和交易的场所，同样包括债券发行市场和债券交易市场；基金市场是基金发行和流通的市场；衍生产品市场则是各类衍生产品发行和交易的市场。

证券市场的
含义和分类

二、证券市场的参与者

证券市场通常由证券投资者、证券发行人、证券交易场所、证券经营机构、其他证券中介机构、证券监管机构和自律组织构成。

（一）证券投资者

证券投资者是指以获取利息、股息或资本收益为目的而买入证券的机构或个人，他们是资金的供给者和证券的需求者。根据投资目的的不同，证券投资者可以分为个人投资者和机构投资者。

1. 个人投资者

个人投资者是指从事证券买卖的居民个人，其目的是对其剩余、闲置的货币资金加以运用，以图实现其保值或增值。个人投资者的特点是一般资金量较小，单个投资能力有限，除了注重证券的收益性之外，还要求有较高的变现性。个人投资者的数量众多，其集合资金总额相当可观。在发达国家，个人投资者一般通过证券经纪人或购买投资基金间接参与证券市场，这有利于集中分散资金，降低交易成本，防范交易风险。目前，我国的个人投资者多数直接参与证券市场交易。

2. 机构投资者

机构投资者是指从事证券买卖的法人单位，主要有非金融企业、金融机构和政府部门等。与个人投资者相比，其资金实力雄厚，投资分析和决策能力强，有较强的抗风险能力，对证券市场的影响力较大。各类机构投资者的投资目的各不相同。

非金融企业既是证券的发行者，也是证券的投资者，其发行的证券有股票、公司债券、可转换债券等，投资目的是资金的保值、增值，或参股、控股、兼并收购等。

金融机构投资者包括商业银行、证券经营机构、保险公司等，是金融证券的发行人和证券市场上主要的投资者，其资金实力和特殊的经营性质决定了其在证券市场中举足轻重的地位。

最大的政府机构投资者是中央银行，它主要在国债市场上进行投资，目的是调节货币流通量，控制通货膨胀，稳定币值，实现货币政策目标。

（二）证券发行人

证券发行人是资金的需求者和证券的供给者。它通过在市场上发行股票、债券等各类证券来筹集资金。证券发行人包括企业、金融机构、政府部门等。

1. 企业

企业发行的证券包括股票和企业债券，其目的是筹集企业生产经营所需资金。股份有限公司既可以发行股票，也可以发行公司债券，而有限责任公司和国有独资公司只能发行公司债券来筹集资金。

2. 金融机构

金融机构发行证券的主要形式是金融债券。它筹集资金的目的是向其他资金需求者提供资金，是资金供给双方的中介。金融机构通过发行金融债券筹集资金，然后通过贷款、投资等形式，投放资金并获得利差收益。由于多数金融机构的资金实力雄厚，信用等级高，因此金融债券的发行利率一般低于普通企业债券。

3. 政府部门

政府发行债券的目的主要包括弥补财政赤字、筹集建设资金、实施宏观调控等，发行人是财政部，其发行是以国家信用做保证的，通常被认为不存在信用风险，具有很高的安全性，有"金边债券"之称。

（三）证券交易场所

证券交易场所包括集中的场内交易市场和分散的场外交易市场。

场内交易是通过证券交易所进行的。证券交易所是根据国家有关法规，经证券监管部门批准成立的证券集中交易的有形场所。各类符合规定条件的证券都可以在证券交易所挂牌上市。它为证券投资者提供了一个公开的、稳定的、高效率的市场。证券交易所有公司制和会员制两种形式。目前，世界上著名的证券交易所主要有美国的纽约证券交易所、英国的伦敦证券交易所、日本的东京证券交易所、德国的法兰克福证券交易所和中国香港地区的联合交易所。中国内地目前有上海证券交易所和深圳证券交易所。

场外交易目前主要通过先进的电子技术和发达的通信网络进行，市场覆盖范围越来越大，在证券交易场所中的地位也逐步提高。目前，最著名的场外交易市场是美国的纳斯达克市场。我国主要的场外交易市场包括银行间债券市场、代办股份转让系统、债券柜台交易市场。

（四）证券经营机构

证券经营机构是经证券监管机构批准成立的，在证券市场上经营证券业务的金融机构。其业务范围较为广泛，包括代理证券发行、代理证券买卖或自营证券买卖，兼并收购业务、研究咨询服务、金融创新以及其他相关业务。按其业务范围划分，证券经营机构可以分为证券承销商、证办经纪商和证券自营商。一家证券经营机构可以具有一项或多项职能。

证券经营机构在各国的业务范围有所差别，称谓也不尽相同。在美国，把经营证券业务的非银行金融机构，特别是从事发行承销业务和兼并收购业务的金融机构统称为投资银行，以区别于经营存贷业务的商业银行，而那些经营经纪业务的证券经营机构则被称为证券公司。日本的证券经营机构称为证券公司，英国的称为"商人银行"，而允许银行、证券合业经营的德国等国家称其为"全能银行"。

我国实行银行和证券分业经营的原则，商业银行只能参与除股票以外的其他证券业务，而经国务院证券监管机构批准成立的证券公司则实行分类管理，确定相应的业务范围。综合类的证券公司可以从事证券经纪、自营、承销和证券监管机构核定的其他证券业务，经纪类的证券公司只允许专门从事证券经纪业务。

（五）其他证券中介机构

证券中介机构是除了证券经营机构以外，在证券市场上为各类市场参与者提供服务的机构，包括从事证券业务的会计师事务所、律师事务所、资信评估机构、登记清算机构、证券投资咨询公司、证券金融公司等。

我国证券法对证券登记结算机构和证券交易服务机构做了明确规定，包括其资格认定、管理办法、业务范围、收费标准和法律责任等各个方面。

（六）证券监管机构和自律组织

证券监管机构是证券市场的重要组成部分，它根据证券法规对证券发行和交易，以及对各类市场主体的市场行为实施监督与管理，以维护市场秩序、促进证券市场的有序运行和健康发展。由于各国的证券市场监管模式不同，证券监管机构的设置也不尽相同。如美国采取的是集中立法管理模式，由美国证券交易委员会负责制定和执行证券法律，统一对证券市场实行监督和管理。以英国为代表的一些国家采取自律管理模式，英国证券业理事会和证券交易所协会是证券监管体系的核心机构。另外，还有的国家采取政府机构，如财政部、中央银行等为主体的监管机构体系。

证券法对我国的证券监管机构做了详细规定，国务院证券监督管理机构依法对证券市场实行监督管理，维护证券市场秩序，保障其合法运行。目前，中国证券监督管理委员会直属国务院证券监督管理机构，全权负责对我国证券、期货业的监管和建立全国统一的证券期货监管体系。

证券行业自律组织是指各类证券行业性组织。它们根据证券法规和行业规定，履行法定职责，实施自我监管。我国证券法明确规定："证券业协会是证券业的自律性组织，是社会团体法人。证券公司应当加入证券业协会。证券业协会的权力机构为由全体会员组成的会员大会。"目前，我国的证券行业自律性组织主要有上海证券交易所、深圳证券交易所和中国证券业协会。

三、证券市场的功能

证券市场是市场经济发展到一定阶段的产物，是为了解决供求矛盾和资本流动而产生的市场，证券市场的基本功能包括以下几个方面。

第一，筹资、投资功能。这项功能是指证券市场一方面为资金需求者提供了通过发行证券来筹集资金的机会，另一方面也为资金供给者提供了投资对象，实现了资金从盈余者向短缺者的流动，使得资金短缺者获得资金、得以发展业务，而资金盈余者可获得投资收益。

第二，资本定价功能。因为证券是资本的表现形式，所以证券的价格实质上就是证券所代表的资本的价格。资本定价是证券市场最核心的功能，实现了资本定价才能实现资本的流动，而证券的价格是证券市场上供求双方共同作用的结果。

第三，资本配置功能。这项功能是指在信息技术快速发展的今天，通过证券价格引导资本的流动，从而实现资本的跨区域配置。在证券市场上，证券价格的高低是由该证券的预期报酬率的高低决定的。

报酬率高的证券一般来自那些经营状况好、发展潜力巨大的区域、行业或企业。由于这些证券的预期报酬率高，其市场价格相应就高，从而筹资能力就强。这样，证券市场就引导着资本流向这些区域、行业或企业，进而实现资本的高效利用。

任务二　证券发行市场

【工作任务】

任务清单	内　容
任务情境	小王看到 2021 年永和股份、中集车辆等新股上市了，但对于新股是如何上市的比较迷茫
任务目标	理解证券发行市场含义及功能；掌握证券发行市场的分类；熟悉证券发行的管理制度及我国的证券发行制度
典型任务	请你根据任务情境，通过相关知识及网络搜索，完成以下任务。 （1）什么是证券发行市场？它的功能有哪些？ （2）证券发行市场有哪些分类？ （3）证券发行的管理制度主要有哪两种？ （4）我国的证券发行制度是什么？
任务总结	通过完成上述任务，你学到了哪些知识或技能？
实施人员	
任务点评	

【相关知识】

一、证券发行市场的含义及功能

（一）证券发行市场的含义

证券发行市场是指证券发行人向投资者出售证券以筹集资金的场所，又称初级市场或一级市场。证券发行市场是证券交易市场的基础和前提，有了发行市场的证券供应，才有交易市场的证券交易。证券发行市场与证券交易市场构成统一的证券市场整体，两者相辅相成、相互联系、相互依赖，是一个不可分割的整体。证券发行市场通常是一个无形市场，没有具体的固定场所。

（二）证券发行市场的功能

证券发行市场的基本功能主要表现在以下五个方面。

1. 为资金需求者提供筹措资金的渠道

证券发行市场拥有大量的运行成熟的证券商品供发行者选择，发行者可以参照各类证券的期限、收益水平、参与权、流通性、风险度、发行成本等不同特点，根据自己的需求来选择发行何种证券，并依据当时市场上的供求关系和价格行情来确定证券发行数量和价格。

发行市场上还有众多的为发行者服务的中介机构，它们可以接受发行者的委托，利用自己的信誉、资金、人力、技术和网点等向公众推销证券，有助于发行者及时筹措所需资金。发达的发行市场还可以冲破地区限制，为发行者扩大筹资范围和对象，在境内或境外面向各类投资者筹措资金，并通过市场竞争逐步使筹资成本合理化。

2. 为资金供应者提供投资的机会，实现储蓄向投资转化

政府、企业和个人在经济活动中可能出现暂时闲置的货币资金，证券发行市场通过证券的发行为闲置资金提供了多种多样的投资机会，实现社会储蓄向投资转化。储蓄转化为投资是社会再生产顺利进行的必要条件。

3. 形成资金流动的收益导向机制，促进资源配置不断优化

在现代经济活动中，生产要素都跟随资金流动，只有实现了货币资金的优化配置，才有可能实现社会资源的优化配置。证券发行市场通过市场机制选择发行证券的企业，那些产业前景好、经营业绩优良和具有发展潜力的企业更容易从证券市场筹集所需要的资金，从而使资金流入最能产生效益的行业和企业，达到促进资源优化的目的。

4. 为企业转制提供重要条件

建立现代企业制度是我国经济体制改革面临的重要任务，股份公司则是现代企业制度的重要形式。将部分企业转变为股份制企业的意义，不仅在于通过发行证券筹措资金，更重要的是转变企业经营机制，为发展社会主义市场经济构筑微观经济基础。

5. 是政府调控宏观经济的重要依托

在当代经济中，政府已成为重要的经济部门之一，证券发行市场是政府筹措资金的重要场所。政府通过市场发行各种长短期债券，或用于平衡财政收支，或用于建设性投资，而通过发行市场发行的政府债券，又成为政府（中央银行）进行公开市场操作的主要工具。

二、证券发行市场的分类

证券发行的种类决定了证券发行市场的种类。证券发行最基本的分类标准是按照发行对象

和有无中介机构介入进行分类，这也是证券发行主体在选择证券发行方式时首先需要考虑的问题。

（一）按发行对象，分为公募发行和私募发行

公募发行又称为公开发行，是发行人向社会不特定的投资者发售证券的行为。在公募发行方式下，任何合法的投资者都可以认购拟发行的证券。公募发行是世界各国发行证券采取的主要方式，适合证券发行数量多、筹资额大、准备申请证券上市的发行人。私募发行也称为非公开发行或私下发行、内部发行，是指发行人向特定的少数投资者发售证券的行为。私募发行的对象主要有两大类：一类是公司的老股东或发行人的员工；另一类是投资基金、社保基金、保险公司、商业银行等金融机构或与发行人有密切关系的客户或其他第三方。

（二）按是否有发行中介机构，分为直接发行和间接发行

直接发行又称自营发行，是指证券发行人不通过中介机构，直接向投资者推销、出售证券的发行。其一般适用于有既定发行对象或知名度高、发行量少、风险低的证券发行。间接发行是指发行人委托证券中介机构代理出售证券的发行。中介机构多为银行、信托投资公司和证券公司等。一般情况下，间接发行是最基本、最常见的方式，特别是公募发行大多采用间接发行，而私募发行则以直接发行为主。我国公司法规定，公司向社会公开募集新股，必须由依法设立的证券经营机构承销，即只能采取间接发行方式。

证券发行市场的
功能和分类

三、证券发行的管理制度

证券发行的管理制度主要有两种：一是注册制，以美国为代表；二是核准制，以欧洲各国为代表。

（一）注册制

证券发行注册制实行公开管理原则，实质上是一种发行公司的财务公开制度，它要求发行人提供关于证券发行本身以及和证券发行有关的一切信息。发行人不仅要完全公开有关信息，不得有重大遗漏，并且要对所提供信息的真实性、完整性和可靠性承担相应的法律责任。发行人只要充分披露了有关信息，在注册申报后的规定时间内未被证券监管机构拒绝注册，就可以进行证券发行，无须再经过批准。证券发行实行注册制要求发行人向投资者提供证券发行的有关资料，但监管机构并不保证发行的证券资质优良、价格适当。

（二）核准制

核准制是指发行人申请发行证券，不仅要公开披露与发行证券有关的信息，符合公司法和证券法所规定的条件，而且要求发行人将发行申请报请证券监管机构决定的审核制度。证券发行核准制实行实质管理原则，即证券发行人不仅要以真实状况的充分公开为条件，而且必须符合证券监管机构制定的若干适合发行的实质条件。只有符合条件的发行人经证券监管机构的批准方可在证券市场上发行证券。实行核准制的目的在于证券监管机构能尽法律赋予的职能，使发行的证券符合公众利益和证券市场稳定发展的需要。

（三）我国的证券发行制度

我国证券市场上市交易的金融工具包括股票、债券、证券投资基金、权证等。根据证券法和公司法等有关法律法规的规定，公开发行股票、可转换公司债券、公司债券和国务院依法认定的其他证券，必须依法报经中国证监会核准。

1. 证券发行核准制

我国的证券发行核准制是指证券发行人提出发行申请，保荐机构（主承销商）向中国证监会推荐，中国证监会进行合规性初审后，提交发行审核委员会审核，最终经中国证监会核准后发行。核准制不仅强调公司信息披露，而且要求必须符合一定的实质性条件，如企业盈利能力、公司治理水平等。核准制的核心是监管部门进行合规性审核，强化中介机构的责任，加大市场参与各方的行为约束，减少新股发行中的行政干预。

2. 证券发行上市保荐制度

证券发行上市保荐制度是指由保荐机构及其保荐代表人负责发行人证券发行上市的推荐和辅导，经尽职调查核实公司发行文件资料的真实性、准确性和完整性，协助发行人建立严格的信息披露制度。其主要包括以下内容：

① 发行人申请首次公开发行股票并上市。上市公司发行新股、可转换公司债券或公开发行法律、行政法规规定实行保荐制度的其他证券的，应当聘请具有保荐资格的机构担任保荐机构。中国证监会或证券交易所只接受由保荐机构推荐的发行或上市申请文件。

② 保荐机构及保荐代表人应当尽职调查，对发行人申请文件、信息披露资料进行审慎核查，向中国证监会、证券交易所出具保荐意见，并对相关文件的真实性、准确性和完整性负连带责任。

③ 保荐机构及其保荐代表人对其所推荐的公司上市后的一段期间负有持续督导义务，并对公司在督导期间的不规范行为承担责任。

④ 保荐机构要建立完备的内部管理制度。

⑤ 中国证监会对保荐机构实行持续监管。

3. 发行审核委员会制度

发行审核委员会制度是证券发行核准制的重要组成部分。我国证券法规定，国务院证券监督管理机构设发行审核委员会（以下简称发审委）。发审委审核发行人股票发行申请和可转换公司债券等中国证监会认可的其他证券的发行申请。发审委的主要职责是根据有关法律、行政法规和中国证监会的规定，审核股票发行申请是否符合相关条件；审核保荐机构、会计师事务所、律师事务所、资产评估机构等证券服务机构及相关人员为股票发行所出具的有关材料及意见书；审核中国证监会有关职能部门出具的初审报告；对股票发行申请进行独立表决，依法对发行申请提出审核意见。中国证监会依照法定条件和法定程序做出予以核准或者不予核准股票发行申请的决定，并出具相关文件。发审委制度的建立和完善是不断提高发行审核专业化程度和透明度、增加社会监督和提高发行效率的重要举措。

任务三　证券交易市场

【工作任务】

任务清单	内　容
任务情境	小王有部分剩余资金，想投资股票市场，但他对如何开户操作并不清楚，也看不明白大盘行情图和个股的盘口
任务目标	理解证券交易流程，能够解读大盘行情图和个股盘口，掌握相关交易事项
典型任务	请你根据任务情境，通过相关知识及网络搜索，完成以下任务。 （1）证券交易的流程都有哪些？ （2）请对以下上证指数行情图进行解读。 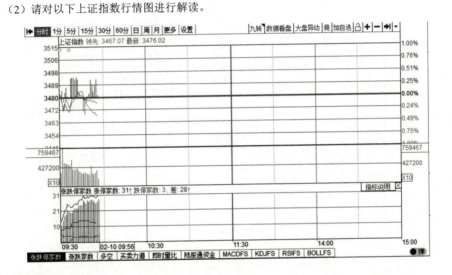 （3）请对中国能建 2022 年 2 月 10 日的盘口进行解读。

任务清单	内　容
典型任务	中国能建 601868 2.98 +0.17 +6.05% 委比 -61.44% -248623　买 卖 卖盘 5　3.02　49520 +1363 4　3.01　69746 +393 3　3.00　139186 +195 2　2.99　47606 +4907 1　2.98　20597 +14453 买盘 1　2.97　10713 -1105 2　2.96　22317 +249 3　2.95　27528 +283 4　2.94　8036 +15 5　2.93　9439 3.08元有 ★★★★★手 大卖单 点击查看 最新 2.98　开盘 2.82 涨跌 +0.17　最高 3.01 涨幅 +6.05%　最低 2.80 振幅 7.47%　量比 10.17 总手 569.5万　换手 4.88% 金额 16.64亿　换手(实) 4.88% 涨停 3.09　跌停 2.53 外盘 346.3万　内盘 223.2万 总市值 1242亿　流通值A 347.8亿 总股本AH 416.9亿　流通股A 116.7亿 市盈(静) 26.60　市盈(动) 27.73 09:56　2.97　14097 ⬇ 229 09:56　2.98　2565 ⬆ 86 细 诊 K 指 财 绩 价
任务总结	通过完成上述任务，你学到了哪些知识或技能？
实施人员	
任务点评	

【相关知识】

一、证券交易市场的含义

证券交易市场也称证券二级市场或流通市场，是对已经发行的证券进行买卖、转让和流通的市场。证券交易市场为投资者创造流动性：资金拥有者随时可以购进所需要的证券，来实现通过投资获得利润的目的；同时证券持有者可以随时出售持有的证券，来获得需要的资金。

在证券流通过程中，投资者获得的信息反映在交易价格中，形成证券的市场价格，投资者凭此价格就能了解公司的经营概况，公司则知道投资者对其股票价值的判断，这样一个价格发现过程降低了交易成本。证券交易市场通常可分为场内交易市场和场外交易市场。

场内交易通过证券交易所进行。证券交易所是证券市场发展到一定程度产生的。证券交易所本身不买卖证券，也不决定证券价格，而是为证券的集中交易提供固定场所和有关设施，同时制定各项规则以形成稳定、公开交易的高效率市场。

场外交易是相对证券交易所交易而言的，凡是在证券交易所之外的股票交易活动都可称作场外交易。由于这种交易主要是在各证券商的柜台上进行的，因而也称为柜台交易。场外交易市场与证交所相比，没有固定的集中的场所，是进行分散、个别交易的抽象市场，它的市场组织方式、市场管理结构、交易方式和交易品种等方面都与证券交易所有着显著不同。

二、证券交易流程

证券市场上存在各种类型的证券，其交易流程不完全一致。目前，我国证券市场上的证券品种主要有 A 股、B 股、国债和基金等。鉴于目前我国的证券市场交易的活跃程度，我们以在证券交易所的 A 股交易为例，介绍证券买卖的程序。其他证券的交易原理大致相同。投资者进行证券交易要经过开户、委托、竞价成交、结算、过户登记等程序。

（一）开户

投资者进入证券市场必须先开立证券账户，然后才可以进行证券买卖投资。

1. 开设证券账户

依照现行法律规定，每个投资者欲从事证券交易，须先向证券登记公司申请开设股票账户，办理股东卡，个人和法人在同一证券交易所只能开立一个证券账户。

2. 开设资金账户

投资者不能直接进入证券交易所买卖证券，必须由交易所会员证券公司开设的营业部委托代理买卖。投资者到证券营业部开设资金账户，必须持身份证、证券账户卡（股票账户卡），并按券商规定缴纳一定限额的资金开立账户。

（二）委托

投资者开立了证券账户和资金账户后就可以在证券营业部办理委托买卖。委托买卖是证券经纪商接受投资者委托，代理投资者买卖证券，从中收取佣金的行为。在证券委托交易中，委托的方式有现价委托、市价委托和限价委托等。委托指令的形式有柜台委托和非柜台委托两类。柜台委托是指委托人亲自或由其代理人到证券营业部交易柜台，根据委托程序和必需的证件采用书面方式表达委托意向，由本人填写委托单并签章的形式。非柜台委托主要有电话委托、函电委托、自助终端委托、网上委托等多种形式。

（三）竞价成交

证券交易所交易系统主机接受申报后，要根据订单的成交规则进行撮合配对。在成交价格确定方面，一种是通过买卖双方直接竞价形成，另一种是由交易商报出，投资者接受交易商的报价后即可与交易商进行证券买卖。在订单匹配的原则方面，各证券交易所普遍以价格优先原则作为第一优先原则。我国采用价格优先和时间优先原则。价格优先指的是较高价格买入申报优先于较低价格买入申报，较低价格卖出申报优先于较高价格卖出申报。时间优先是指买卖方向、价格相同的，先申报者优先于后申报者，先后顺序按交易主机接受申报的时间确定。

证券交易所的竞价方式有两种，即集合竞价和连续竞价，这两种方式是在不同的交易时段上采用的。

上海证券交易所规定，接受会员竞价交易申报的时间为每个交易日的 9:15—9:25，9:30—11:30、13:00—15:00。在每个交易日的 9:20—9:25 的开盘集合竞价阶段，上海证券交易所交易主机不接受撤单申报。深圳证券交易所则规定，接受会员竞价交易申报的时间为每个交易日的 9:15—11:30、13:00—15:00。每个交易日的 9:20—9:25、14:57—15:00，深圳证券交易所交易主机不接受参与竞价交易的撤销申报。每个交易日的 9:25—9:30，交易主机只接受申报，不对买卖申报或撤销申报做处理。另外，上海证券交易所和深圳证券交易所认为必要时，都可以调整接受申报时间。

集合竞价是开市后由交易所经纪人按照上市证券种类依次排名，根据上一个交易日的收盘价和当日申报买卖数量挂出开盘价。产生开盘价后，以后的正常交易就采用连续竞价方式进行。集合竞价时，成交价格的确定原则为：第一，可实现最大成交量的价格；第二，高于该价格的买入申报与低于该价格的卖出申报全部成交的价格；第三，与该价格相同的买方或卖方至少有一方全部成交的价格。集合竞价的所有交易以同一价格成交。

连续竞价是证券交易所普遍采用的方法，在证券交易所交易时间内由众多买方和卖方集中报出买价和卖价，每当出现买价和卖价一致时，就成交一笔，然后继续竞价。连续竞价时，成交价格的确定原则为：第一，最高买入申报价格与最低卖出申报价格相同，以该价格为成交价格；第二，买入申报价格高于即时揭示的最低卖出申报价格的，以即时揭示的最低卖出申报价格为成交价格；第三，卖出申报价格低于即时揭示最高买入申报价格的，以即时揭示的最高买入申报价格为成交价格。

例如，有甲、乙、丙投资者三人，均申报买入同一股票，申报价格和申报时间分别为：甲的买入价 11.50 元，时间 10:30；乙的买入价 11.60 元，时间 10:35；丙的买入价 11.60 元，时间 10:30，那么，这三位投资者交易的优先顺序为丙、乙、甲。

（四）结算

结算是指一笔证券交易成交后，买卖双方结清价款和交割证券的过程。证券结算包括证券清算，交割、交收两个方面。证券清算是指买卖双方在证券交易所进行的证券买卖成交以后，通过证券交易所将各证券商之间买卖的数量和金额分别予以抵消，计算应收应付证券和应收应付金额的过程。交割、交收是指根据清算结果，在约定时间内买方交付资金获得证券，卖方支付证券获得相应资金的过程，证券的收付称为交割，资金的收付称为交收。由于证券买卖都是通过证券经纪商进行的，买卖双方并不直接见面，证券结算过程均由证券经纪商代为完成。

（五）过户登记

过户登记是指买入股票的投资者到股票发行公司或其指定的代理金融机构去办理变更股东名簿记载的活动，是股票所有权的转移。过户登记是股票交易的最后一个环节。股票有记名股票与不记名股票两种。不记名股票可以自由转让，记名股票的转让必须办理过户手续。在证券市场上流通的股票基本上都是记名股票，都应该办理过户手续才能生效。

三、证券行情的观测与分析

（一）大盘行情图的解读

对证券行情的解读，主要通过图表的形式进行。这些图表可以在证券交易大厅或者证券交易软件上看到。上证指数的分时走势如图1-1所示。

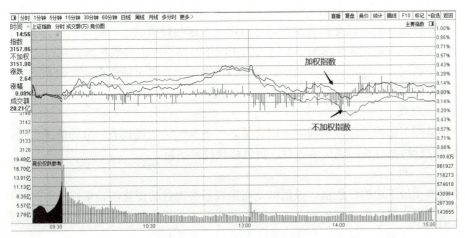

图1-1　上证指数分时走势图

1. 粗横线

位于行情图中间的粗横线表示上一交易日指数的收盘点数，它是当日大盘上涨和下跌的分界线。它的上方是大盘的上涨区域，下方是大盘的下跌区域。

2. 红绿柱

粗横线上有与其垂直的很多细线，它上边的线叫红色柱状线，下边的线叫绿色柱状线。大盘向上运行时，在粗横线上方会出现红色柱状线，红色柱状线出现得越多、越高，表示上涨力度越强；若渐渐减少、缩短，表示上涨渐渐减弱。大盘向下运行时，在横线下方会出现绿色柱状线，同样，绿色柱状线出现得越多、越长，表示下跌力度越强；若渐渐减少、缩短，表示下跌力度渐渐减弱。

3. 指数的解读

图1-1中有白色和黄色曲线，这两条曲线是表示指数的。白色曲线表示的是加权指数，黄色曲线表示的是不加权指数。所谓加权不加权，前者考虑的是股票的总股本大小，后者不考虑股票的总股本大小，即将所有股票对指数的影响看作是相同的。在综合指数中，上市公司总股本越大，在整个股票市场上所占的市值比例就越大，所以权重就越大。如中石油，每上涨1元，上证指数就会上升10点。这样一来，这类公司的股价变动会对大盘指数产生很大的影响。反之，小盘股每上涨或下跌1元，整个市场总值变动不大，因而对大盘指数影响就非常小。因此，一般认为，白色曲线代表的是大盘股，黄色曲线代表的是小盘股。当白色曲线领先黄色曲线上涨时，表示大盘股在领先小盘股上涨；同样的道理，当白色曲线领先黄色曲线下跌时，表示大盘股在领先小盘股下跌。一般来说，观察白色曲线、黄色曲线的变化，对分析和把握市场热点有一定的帮助。

关于两条曲线的解读，需要注意以下几点。

首先，当白线运行于黄线下方时，说明市场当中小盘股的走势从整体上强于大盘。如果白线偏离黄线下方很远，则往往会出现市场当中涨幅较大的股票较多，而股指涨幅却不大的情况。如果连续几日都出现这种情况的话，则不仅说明当期是小盘的行情，同时也说明市场主力资金投入有限或者对后市的信心尚有不足，主要把精力集中在便于操作的小盘个股的炒作中，尚无意推动大的行情产生。同样的道理，如果白线运行于黄线的上方，则说明市场当中大盘个股的整体走势较强。

其次，投资者需要特别留意一种极端情况，即当盘中白线急速上冲而黄线却涨幅不大时，说明市场在拉高指标股，刻意拉高指数。这时需要考虑两种情况：一是在弱市之中，是否政策面有托市的要求；二是在累计涨幅已经较大的情况下，是否有大盘破位的先兆。

如果盘中的黄、白线走势基本同步。拟合得较好，则表明市场资金的流向是均衡的，大多数投资者的思路较为一致。

4. 黄色柱状线

大盘行情图下面的黄色柱状线表示成交量。一条黄色柱状线代表一分钟的成交量。成交量大时，黄色柱状线就拉长；成交量小时，黄色柱状线就缩短。

5. 红色框、绿色框

大盘行情图最下边的红色框、绿色框是用来表示买卖盘的变化的，多空双方的争斗在此一览无余。红色框比绿色框长度越长，表示买气越强，大盘指数往上运行力度越大；绿色框比红色框长度越长，表示卖压越大，大盘指数往下运行力度越大。

（二）个股盘口的解读

盘口是在证券交易过程中，看盘观察交易动向的俗称。看盘口是需要一定的功夫的，看懂了盘口有助于对买卖证券的决策。盘口传递出交易中许多重要的信息，以股票交易为例，具体到个股买进、卖出 5 个档位的交易信息。比如，你仔细观察某一只股票在开盘之后的分时走势的同时，关注买盘、卖盘的每一笔成交，观察大笔成交的动向，观察无论是涨还是跌的主力意图等。

盘口信息显示区域一般位于软件右侧，如图 1-2 所示，盘口窗口除了显示股票买卖盘等价格信息外，还显示了委比、内外盘、涨跌幅、振幅、换手率、量比、市盈率等信息，这些信息可以帮助投资者在投资过程中多角度分析价量关系等。

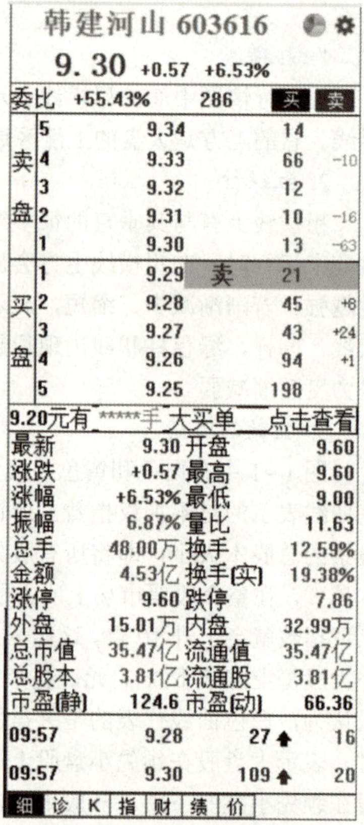

卖盘：证券卖出价格及委托手数（1 手＝100 股）。

买盘：证券买入价格及委托手数（1 手＝100 股）。

委比：买卖盘力量对比的指标。

最新：当前最近一次成交时的成交价。

涨跌：当前价格（成交）与昨天收盘价相比上涨或下跌的差额。

涨幅：当前这只股票的上涨幅度。

图 1-2 韩建河山盘口信息

振幅：当前最大涨幅与最大跌幅之间的差距。

总手：自开盘开始到最近一次成交为止累计成交的股数（1手＝100股）。

金额：自开盘开始到最近一次成交为止累计成交的金额。

开盘：当天的第一笔成交价。

最高：自开盘开始到最近一次成交为止，其间达到的最高成交价。

最低：自开盘开始到最近一次成交为止，其间达到的最低成交价。

换手：自开盘开始到最近一次成交为止，股票转手买卖的频率。

量比：开市后平均每分钟的成交量与过去5个交易日平均每分钟成交量之比。

市盈：指市盈率，又叫本益比，公司股票最新市价与公司最新年度每股盈利之比。

总市值：在某特定时间内总股本数乘以当时股价得出的股票总价值。

流通值：在某特定时间内可交易的流通股股数乘当时股价得出的流通股票总价值。

涨停：股票涨停时的价格。

跌停：股票跌停时的价格。

外盘：股票在卖出价成交的累计手数。

内盘：股票在买入价成交的累计手数。

看盘口需要积累经验，需要熟悉主力做盘的种种手法，不能被主力欺骗。由于各种主力的手法不一样，盘口表现不是固定的，需要长时间观察，不断地分析，最重要的是要经过在交易实战中总结经验，不断提高。不同的盘口术语所反映出的信息各不相同，需要理清不同盘口术语的定义与用法。

大盘行情图的解读

四、其他交易事项

（一）开盘价与收盘价

证券的开盘价为当日该证券的第一笔成交价格，通过集合竞价方式产生，不能产生开盘价的，以连续竞价方式产生。

证券的收盘价为当日该证券最后一笔交易前一分钟所有交易的成交量加权平均价（含最后一笔交易）。当日无成交的，以前收盘价为当日收盘价。

（二）挂牌、摘牌、停牌与复牌

上交所和深交所对上市证券实行挂牌交易。证券上市期届满或依法不再具备上市条件的，证交所终止其上市交易，并予以摘牌。

股票、封闭式基金交易出现异常波动的，证交所可以决定停牌，直至相关当事人作出公告当日的上午10:30予以复牌。

根据市场发展的需要，证交所可以调整停牌证券的复牌时间，证交所可以对涉嫌违法违规交易的证券实施特别停牌并予以公告，相关当事人应按照证交所的要求提交书面报告，特别停牌及复牌的时间和方式由证交所决定。

证券停牌时，证交所发布的行情中包括该证券的信息；证券摘牌后，行情中无该证券的信息。证券开市期间停牌的，停牌前的申报参加当日该证券复牌后的交易；停牌期间，可以维续申报，也可以撤销申报；复牌时对已接受的申报实行集合竞价，集合竞价期间不揭示虚拟开盘参考价格、虚拟匹配量、虚拟未匹配量。

证券挂牌、摘牌、停牌与复牌的，证交所予以公告。证券挂牌、摘牌、停牌与复牌的其他规定，按照证交所上市规则或其他有关规定执行。

（三）除权与除息

1. 上市证券分红送配股的主要形式

（1）权益分派

上市公司将当年的盈利分派给股东有两种形式：一是向股东派发现金（简称派现或派息）；二是向股东派发股票（简称送股）。二者的区别是：派现导致公司的现金流量减少，送股不会减少公司的现金流量，送股后公司的资产、负债、股东权益总额和结构没有发生变化，但总股本增大，每股净资产值降低，股东持有股数也相应增加。

（2）公积金转增股本

上市公司将资本公积（以前年度盈利中提取出来的资金本公积金）折成股票送给股东，其结果与送股相同。公积金转增股本与送股的区别是：前者用以前年度的盈余增加股东的股数，后者是当年的盈余增加股东的股数。

（3）配股

配股是指上市公司为了获得更多资金以满足公司发展的需要，而向老股东低价发行新股的行为。

2. 证券交易所关于上市证券分红送配股的处理

证券交易所在上市证券发生分红送配股的情况时，会在权益登记日（B 股为最后交易日）除权（息）日对该证券做除权除息处理。这里涉及两个概念，即权益登记日（有时直接称为股权登记日）和除权（息）日。

权益登记日是指上市证券分红送配股方案中指定的某一交易日，在这个交易日收盘时仍持有该证券的投资者可获得此次分红送配股。

除权（息）日是在权益登记日后的一个交易日，在此日和此日后买入该证券的投资者无获得此次分红送配股的权利。当天该股票开盘参考价为除权报价，涨跌幅以除权报价为基础。在除权（息）日，上市证券简称前往往会加上 XD、XR、DR 等字母。XD 是英文 Ex-Divident 的简称，表示当天除息；XR 是英文 Ex-Right 的简称，表示当天除权；DR 则是前面两者结合起来，表示当天既除息又除权。

（四）持续性信息披露

在成熟的证券市场中，上市公司持续性信息披露制度是证券法律制度的重要组成部分，公司上市后，负有公开、公平、及时向社会公众披露一切有关公司和所发行证券的重要信息的持续性责任。

根据国际上通行的做法，持续性信息披露主要采取定期报告和临时报告两种方式。我国的证券法规定，发行人、上市公司依法披露的信息必须真实、准确、完整，不得有虚假记载、误导性陈述或者重大遗漏。这种制度使上市公司的经营活动和重大事件置于投资公众的公开监督之下，公司的股票能够在有效、知情的市场中进行交易。由此可见，上市公司的信息披露责任并不限于对上市前招股说明书和上市公告书的披露，这一责任更偏重于对公司上市后有关信息的定期披露和临时披露。上市公司持续信息披露主要包括季度报告、中期报告、年度报告等定期信息披露和重要会议、重要事件等临时信息披露。

（五）证券交易的收益

人们从事证券交易的目的是实现资产的保值与增值，根据证券投资收益性质的不同，可以分为以下几种。第一，现金股息，即上市公司以现金的方式向股东派发的现金分红；第二，债券利息，即债券发行人按约定的时间与利率水平向债券持有人支付的利息；第三，基金分红，即证券投资基金按基金契约规定的时间与分红标准向基金持有人分发的现金分红；第四，资本利得，即投资者买卖股票、债券、基金等所获得的价差收益，对于不能上市交易的开放式基金来说，资本利得即是其赎回价格与申购价格之间的差额。

【素养提升】

打造服务创新型中小企业主阵地——北京证券交易所设立一年扫描

走进 2022 年服贸会首钢园区，记录新三板和北京证券交易所发展历程的展板吸引了人们的目光。

2021 年 9 月 2 日，习近平主席在 2021 年中国国际服务贸易交易会全球服务贸易峰会视频致辞中宣布，继续支持中小企业创新发展，深化新三板改革，设立北京证券交易所，打造服务创新型中小企业主阵地。

北交所于 2021 年 11 月 15 日正式开市。截至 2022 年 9 月 2 日，北交所已迎来 110 家上市公司，总市值近 2 000 亿元。平稳运行 9 个多月来，这一新设平台汇聚优质企业、服务中小企业创新发展的功能持续完善。

打造服务创新型中小企业主阵地

从 2013 年全国中小企业股份转让系统（新三板）起步，到 2021 年"深化新三板改革，设立北京证券交易所"，资本市场服务中小企业创新发展能力再获提升。

北京市副市长靳伟在服贸会 2022 中国国际金融年度论坛上表示，北京证券交易所开市以来平稳运行，基础的制度经受了市场的检验。

目前，北交所 110 家上市公司中，中小企业占比 77%，民营企业占比 90%。

"中小企业、民营企业是稳增长、稳就业的重要力量。北交所的设立，对于增强资本市场服务中小企业能力意义深远。北交所市场设立以来运行总体平稳，改革实现良好开局。"南开大学金融发展研究院院长田利辉说。

数据见证北交所市场发展。目前，北交所市场公开发行融资累计超 235 亿元，投资者开户数超 513 万户，超 500 只公募基金布局。

据统计，开市以来，北交所日均换手率约 1%，流动性水平整体符合中小市值股票流动性特征。

"从交易来看，北交所成立后交易活跃度大幅改善，日均成交额与日均换手率均较改革前原新三板精选层明显提升。"开源证券副总裁、研究所所长孙金钜说。

北交所相关负责人表示，目前，北交所已实现优质企业初步聚集。上市公司覆盖工业材料、信息技术、医药健康、"双碳"、消费等多元细分创新领域，体现中小企业技术创新、产品创新、管理创新和商业模式创新等多元创新形态。

近期，北交所债券市场也平稳起步，已有多单地方政府债顺利发行。

探索服务创新型中小企业的特色路径

北交所定位于服务创新型中小企业，与沪深市场形成错位格局。目前，北交所制度规则结合创新型中小企业特点做出诸多差异化安排，体现包容、错位、灵活、普惠的特点。

北交所开市以来，中信建投证券已参与了超过 10 家北交所企业的保荐上市工作。在 2022 年服贸会金融服务专题展中信建投证券展台前，公司投行人士表示："北交所准入制度突出多元，设置四套并行的发行上市标准，兼顾不同类型、不同特征创新企业；融资制度突出灵活，按需、小额、多次的接续融资机制，契合中小企业创新发展需要。"

据统计，北交所市场公开发行平均每家融资 2.1 亿元。这些上市公司在新三板期间平均开展 2 次定向发行，单次融资约 5 000 万元，有效助力中小企业成长壮大。

"相对而言，北交所服务对象精准包容，发行上市更为便捷快速。"田利辉说，"北交所为创新型中小企业提供了融资平台、治理规范和激励工具，有力促进百余家中小企业的成长和发展，也为众多未上市的中小企业增强了发展信心。"

统计显示，今年北交所上市、新三板挂牌申报家数同比分别增长 1.83 倍、2.04 倍。

统筹投融资两端平衡发展

目前，北交所在审企业 127 家，公开发行辅导企业 288 家。

"北交所作为一个新设立的交易所，在较快的时间内聚集一批高质量的创新型中小企业，形成一定市场规模，可以打造品牌效应，形成积极的社会影响，为北交所的长期发展打造一个坚实的基础。"前来参加 2022 年服贸会的毕马威亚太区及中国主席陶匡淳说。

北交所相关负责人介绍，"北交所市场有基础保持常态化发行上市，今年年底前市场规模有望上台阶。同时，我们将聚焦投融资两端平衡发展，着力提高市场流动性。"

统计显示，北交所上市审核从受理到注册平均用时 140 余天，最短从受理到上会用时 37 天。

"近期北交所在严把质量关、切实提高中介机构执业质量的同时，上市审核节奏明显加快，8 月上会数量创下开市以来新高。预计下半年北交所新股市场有望迎来发行数量和质量的双提升。"孙金钜说。

记者从北交所了解到，目前，北交所在总结前期实践基础上，正进一步优化各环节协同，力争让优质企业上市预期更明确、上市路径更顺畅。

北交所上市公司来源于新三板创新层。统计显示，北交所后备企业资源丰富。今年上半年 515 家新调入创新层的公司中，近七成符合北交所上市财务条件。

北交所相关负责人表示：下一步，北交所将以高质量扩容为牵引，推动市场尽快形成初始规模，实施多元化交易机制，推进各类投资者入市；同时，以债券和基金为驱动，不断完善市场产品体系，持续强化"关键少数"监管，牢牢守住风险底线。

（摘自新华社）

【综合练习】

一、单选题

1. 证券市场是（   ）、债券、投资基金等有价证券发行和交易的场所。

A. 股票　　　　　B. 商品　　　　　C. 劳动力　　　　　D. 产品

2. 证券发行市场又称为（   ）或初级市场，是发行人以发行证券的方式筹集资金的场所。

A. 一级市场　　　B. 二级市场　　　C. 三级市场　　　D. 四级市场

3. 证券交易市场的（   ）制约和影响着证券的发行价格，是证券发行时需要考虑的重要因素。

A. 交易量　　　　B. 价格　　　　　C. 品种　　　　　D. 股票

4. 根据投资目的的不同，证券投资者可以分为（   ）和个人投资者。

A. 企业　　　　　B. 政府　　　　　C. 社会组织　　　D. 机构投资者

5. 证券发行的管理制度主要有注册制和（   ）。

A. 备案制　　　　B. 核准制　　　　C. 审批制　　　　D. 审核制

6. （　　）本身不买卖证券，也不决定证券价格，而是为证券的集中交易提供固定场所和有关设施，同时制定各项规则以形成稳定、公开交易的高效率市场。

　　A. 证券公司　　　　　B. 证券交易所　　　　　C. 证券业协会　　　　D. 上市公司

7. 证券的（　　）为当日该证券的第一笔成交价格，通过集合竞价方式产生。不能产生开盘价的，以连续竞价方式产生。

　　A. 收盘价　　　　　　B. 最低价　　　　　　　C. 最高价　　　　　　D. 开盘价

8. 在某特定时间内总股本数乘以当时股价得出的股票总价值是（　　）。

　　A. 总市值　　　　　　B. 流通市值　　　　　　C. 外盘　　　　　　　D. 内盘

9. 当前最大涨幅与最大跌幅之间的差距是（　　）。

　　A. 涨幅　　　　　　　B. 跌幅　　　　　　　　C. 换手　　　　　　　D. 振幅

10. （　　）是在证券交易过程中，看盘观察交易动向的俗称。

　　A. 指数　　　　　　　B. 盘口　　　　　　　　C. 买盘　　　　　　　D. 卖盘

11. （　　）是指买入股票的投资者到股票发行公司或其指定的代理金融机构去办理变更股东名簿记载的活动，是股票所有权的转移。

　　A. 过户登记　　　　　B. 委托　　　　　　　　C. 竞价成交　　　　　D. 结算

二、多选题

1. 以下属于证券市场显著特征的是（　　）。

　　A. 证券市场是价值直接交换的场所　　　　　B. 证券市场是财产权利的直接交换场所

　　C. 证券市场是风险直接交换的场所　　　　　D. 证券市场没有风险

2. 如果按有价证券的种类划分，证券市场可分为（　　）等。

　　A. 股票市场　　　　　B. 债券市场　　　　　　C. 基金市场　　　　　D. 衍生产品市场

3. 股票市场是股票发行和买卖交易的场所，故又可细分为（　　）和（　　）。

　　A. 债券市场　　　　　B. 衍生品市场　　　　　C. 股票发行市场　　　D. 股票交易市场

4. 以下属于证券市场参与者的有（　　）。

　　A. 证券投资者　　　　B. 证券发行人　　　　　C. 证券交易场所　　　D. 证券经营机构

5. 证券投资者是指以获取利息、股息或资本收益为目的而买入证券的机构或个人，他们是（　　）。

　　A. 资金的供给者　　　B. 资金的需求者　　　　C. 证券的需求者　　　D. 证券的供给者

6. 证券发行人是（　　）。

　　A. 资金的供给者　　　B. 资金的需求者　　　　C. 证券的需求者　　　D. 证券的供给者

7. 投资者进行证券交易要经过（　　）等程序。

　　A. 开户　　　　　　　B. 委托　　　　　　　　C. 竞价成交　　　　　D. 结算

　　E. 过户登记

8. 证券发行市场按发行对象分为（　　）和（　　）。

　　A. 直接发行　　　　　B. 间接发行　　　　　　C. 公募发行　　　　　D. 私募发行

9. 证券市场的功能主要有（　　）。

　　A. 投资功能　　　　　B. 筹资功能　　　　　　C. 资本定价功能　　　D. 资本配置功能

10. 以下属于证券中介机构的是（　　）。

　　A. 会计师事务所　　　B. 律师事务所　　　　　C. 资信评估机构　　　D. 登记清算机构

三、论述题

1. 证券市场的功能都有哪些？

2. 证券市场都有哪些参与者，各自的职能是什么？

3. 证券发行市场和证券交易市场有什么关系？

【学习评价】

知识巩固与技能提高（40分）	得分：
计分标准： 得分＝1×单选题正确个数＋2×多选题正确个数＋3×论述题正确个数	

学生自评（20分）	得分：
计分标准：初始分＝2×A 的个数＋1×B 的个数＋0×C 的个数 　　　　　　得分＝初始分÷26×20	

专业能力	评价指标	自测结果	要求 （A 掌握；B 基本掌握；C 未掌握）
认识证券市场	1. 证券市场的定义 2. 证券市场的分类 3. 证券市场的参与者 4. 证券市场的功能	A □　B □　C □ A □　B □　C □ A □　B □　C □ A □　B □　C □	理解证券市场的含义；掌握证券市场的分类；了解证券市场的参与者及证券市场的功能
熟悉证券发行市场	1. 证券发行市场的含义和功能 2. 证券发行市场的分类 3. 证券发行管理制度	A □　B □　C □ A □　B □　C □ A □　B □　C □	理解证券发行市场的含义和功能；掌握证券发行市场的分类；理解证券发行管理制度
熟悉证券交易市场	1. 证券交易市场的含义 2. 证券交易流程 3. 证券行情的观测与分析	A □　B □　C □ A □　B □　C □ A □　B □　C □	理解证券交易市场的含义；掌握证券交易流程及证券行情的观测与分析
职业道德思想意识	1. 爱岗敬业、认真严谨 2. 遵纪守法、遵守职业道德 3. 顾全大局、团结合作	A □　B □　C □ A □　B □　C □ A □　B □　C □	专业素质、思想意识得以提升，德才兼备

小组评价（20分）	得分：
计分标准：得分＝10×A 的个数＋5×B 的个数＋3×C 的个数	

团队合作	A □　B □　C □	沟通能力	A □　B □　C □

教师评价（20分）	得分：

教师评语	
总成绩	教师签字

项目二

证券投资工具

知识目标

- 熟悉股票、债券、证券投资基金、金融衍生工具的基本概念
- 掌握股票的特征和分类、债券的分类和特点
- 掌握证券投资基金的特征、参与主体

技能目标

- 能够熟知股票的股息和红利
- 能够具体分析债券的特点
- 能够分析证券投资基金的运作方式

素质目标

- 培养学生对证券投资工具基本特征识别的素质
- 培养学生对证券投资工具基本应用的能力
- 培养学生对不同证券投资工具综合应用的能力

知识结构图

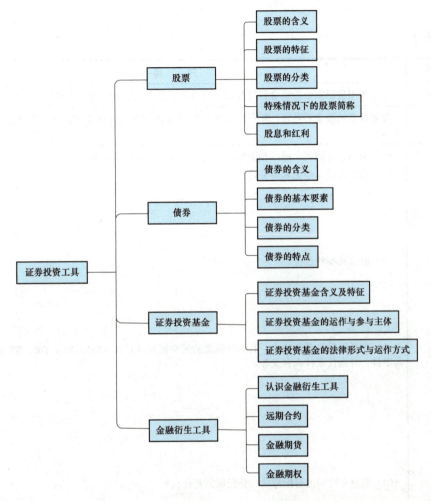

【学习情境】

　　小王是一名"90后"，因为在银行上班的关系，他很早就接触到了金融理财知识。提早达到财富自由是小王理财的目标，为此他为自己制订了一份理财规划。"我每个月会把自己的薪酬列一个支出计划表，把满足必要支出后的部分节余用于定投基金，定投基金的扣款日即为发工资的后一日，从而强制自己做些投资。"从刚开始工作的每月投入 500 元到每月 2 000 元的投入，小王根据自己的开支情况不断调整着投资金额。小王进行了一段时间的基金、债券和股票的投资后，又遇到了新问题，那就是当碰到股市发生系统性风险时，大多数股票都会下跌，从而也会带动基金的下跌。他听说期货这种投资工具很好，可以进行 $T+0$ 双向交易，涨跌都可以赚钱，于是小王又开始认真学习这方面的新知识。看来，证券投资工具还不少，要想有所收获，必须先要学习。

任务一 股　票

【工作任务】

任务清单	内　　　容
任务情境	小王想用自己剩余的资金投资股票，但他对股票一无所知，想了解股票的基本知识
任务目标	理解股票的概念和特征；掌握股票的分类；了解特殊情况下股票的简称以及股息和红利的相关知识
典型任务	请你根据任务情境，通过相关知识及网络搜索，完成以下任务。 （1）股票的基本概念和特征是什么？ （2）股票有哪些分类？ （3）在我国的股票行情中，有一些股票的简称前面带有 N、XD、XR、DR、ST 和*ST 等字母字样，分别代表什么含义？ （4）股息和红利的分配形式和分配原则是什么？
任务总结	通过完成上述任务，你学到了哪些知识或技能？
实施人员	
任务点评	

【 相 关 知 识 】

一、股票的含义

股票是股份有限公司筹集资本时向出资人或投资者发行的股份凭证，代表对股份有限公司的所有权。这种所有权是一种综合权利，包括收取股息或分享红利、参加股东大会、投票表决、参与公司的重大决策等。股票既是一种集资工具，又是公司股份的表现形式。股份公司将全部资本分成许多等值的单位，叫作股份。股份是股份公司资本的基本单位和股东法律地位的计量单位，每一股份代表对公司资产占有一定的份额。将股份印成书面形式，并在上面记载表明其价值的事项及有关股权等条件的说明，就成了股票。

对投资人来说，股票是入股并取得收益的凭证，是股份资本所有权证书。对于同类型股票，每一股所代表的对公司的所有权是等同的，即"同股同权"。股东所拥有的公司所有权份额的大小，取决于其持有的股票数量占公司总股本的比例。

股票可以作为买卖或抵押的对象，成为金融市场上主要的、长期的信用工具。但股票本身并没有价值，它是一种虚拟资本。不过，股票虽然不是实际的资本，却代表着股份公司现实资本的相应部分，因而股票发行额的增长，也反映了股份公司现实资本的增加。

二、股票的特征

股票的主要特征表现为以下五个方面。

第一，收益性。持有者凭其持有的股票有权按公司章程从公司领取股利，获取投资收益。认购股票就有权享有公司的收益，这既是股票认购者向公司投资的目的，也是公司发行股票的必备条件。股票的收益性还表现在持有者利用股票可以获得价差利润和实现货币保值。

第二，风险性。股票收益的大小取决于公司的经营状况和盈利水平。购买股票是一种风险投资，当公司盈利多时，股票投资者获得的股利就多；当公司经营不佳、盈利少时，投资者获得的股利就少，甚至没有股利，若公司破产，则投资者很可能血本无归。

第三，流通性。股票作为一种资本证券，是一种灵活、有效的集资工具和有价证券，它虽然不能中途返还，但可以转让、抵押和买卖流通。这种灵活性和流通性是股票的优点，也是它的生命力所在。当然，股票的转让只意味着公司股东的改变，并不减少公司资本。

第四，永久性。永久性是指股票所载有权利的有效性始终不变，因为它是一种无期限的法律凭证。股票的有效期与股份公司的存续期间相联系，二者是并存的关系。股票代表股东的永久性投资，当然，股票持有者可以出售股票而转让其股东身份。而对于股份公司来说，由于股东不能要求退股，所以通过发行股票募集到的资金，在公司存续期间是一笔稳定的自有资本。

第五，价格的波动性。股票除了具有票面价格外，还同其他商品一样，有市场价格即交易价格。股票的交易价格与其票面价格是不一致的，有时高于面值，有时低于面值，并且处在经常变动之中。影响股票交易价格的因素很多，从而导致股票交易价格的起伏不定。

三、股票的分类

（一）按上市地区划分

就注册地在中国内地的上市公司来说，其所发行的股票根据上市地区的不同，可分为以下几种。

1. A 股

又叫人民币普通股，是由中国境内公司发行，供境内机构、组织或个人以人民币认购和交易的普通股股票。

2. B 股

又叫人民币特种股，是指中国境内注册的股份有限公司向境内外投资者发行并在中国境内上海证券交易所、深圳证券交易所上市交易的普通股股票。它是以人民币标明面值，以外币认购和买卖。

3. H 股

即注册地在内地、上市地在香港的外资股。香港的英文是 HongKong，取其字首，在港上市外资股就叫作 H 股。纽约的第一个英文字母是 N，新加坡的第一个英文字母是 S，纽约和新加坡上市的股票分别叫作 N 股和 S 股。

（二）按股东权利划分

按股东权利的不同，股票可分为普通股、优先股、后配股、决议权股、无决议权股、否决权股等。

1. 普通股

普通股是指在公司的经营管理和盈利及财产的分配上享有普通权利的股份。目前，我国沪深两市上市的 A、B 股均为普通股。普通股股东按其所持有股份比例享有公司决策参与权、股利分配权、优先认股权、剩余资产分配权。

2. 优先股

优先股是指股份有限公司在筹集资本时给予认购者某些优先条件的股票，优先股具有事先约定股息率、优先清偿剩余资产、表决权受限制、通常不能上市交易等特征。一般来说，发行优先股只限于公司增资时。在经营中，当公司财政发生困难又不易增加普通股份时，才会不惜以种种优惠条件来发行优先股，以筹集资金。优先股的优先权主要表现在利润优先分配权、剩余资产优先分配权两个方面。

3. 后配股

后配股一般是对公司发起人发行的，故有发起人股、管理人股之称。后配股在财产和股息上的权利顺序低于普通股。

4. 决议权股、无决议权股和否决权股

决议权股是指股份有限公司对持有该股票的股东给予多数表决权，但并无任何优先利益的股票。发行这种股票的目的往往在于限制外国持股人对于本国产业的支配权。无决议权股，即对公司一切事务都无表决权的股票。否决权股是一种向特定股东发行的股份。这里的特定股东就是公司的董事与监察人。这些人持有的每一股股票往往拥有多于一般股票的表决权，从而对某项议案就具有了否决权。这类股份仅限于优先股。若股东大会通过的决议案影响优先股的利益时，则优先股的股东可行使否决权。

（三）按是否记载股东姓名划分

1. 记名股票

记名股票是指在股票票面（纸质股票）或股份有限公司的股东名册上记载股东姓名的股票（电子股票）。很多国家的法律法规都对记名股票的有关事项做出了具体规定。一般来说，如果股票归某人单独所有，则应记载持有人的姓名。我国公司法规定，公司发行的股票可以为记名股票，也可以为无记名股票。我国的股份有限公司向发起人、法人发行的股票，应当为记名股

票，并应当记载该发起人、法人的名称或者姓名，不得另立户名或者以代表人的姓名记名。股份有限公司发行记名股票的，应当置备股东名册，记载股东的姓名或者名称及住所、各股东所持股份数、各股东所持股票的编号、各股东取得股份的日期等事项。

2. 无记名股票

无记名股票又称不记名股票，是指无论在股票票面和股份有限公司股东名册上都不记载股东姓名的股票。无记名股票与记名股票的差别不在于股东权利等方面，而是在于股票所有权的记载方式上。无记名股票发行时一般留有存根联，它在形式上分为两部分：一部分是股票的主体，记载了有关公司的事项，如公司名称、股票所代表的股数等；另一部分是股息票，用于进行股息结算和行使增资权利。我国公司法规定，发行无记名股票的，公司应当记载其股票数量、编号及发行日期。

（四）按股票的投资主体划分

1. 国有股

国有股指的是有权代表国家投资的部门或机构以国有资产向公司投资形成的股份，包括以公司现有国有资产折算成的股份。由于我国大部分股份制企业都是由原国有大中型企业改制而来的，因此国有股在公司股权中占有较大的比重。

2. 法人股

法人股指的是企业法人或只有法人资格的事业单位和社会团体以其依法可经营的资产向公司非上市流通股权部分投资所形成的股份，可将法人股进一步分为境内法人股、外资法人股和募集法人股三部分。

3. 社会公众股

社会公众股指的是我国境内个人和机构，以其合法资产向公司可上市流通的股权部分投资所形成的股份。我国国有股和法人股目前还不能上市交易。国家股东和法人股东要转让股权，可以在法律许可的范围内，经证券主管部门批准，与合格机构投资者签订转让协议，一次性完成大宗股权的转移。

股票的分类

四、特殊情况下的股票简称

所谓股票简称，就是指证券交易所发布股票交易行情时用来代替上市公司全称的简要称呼。股票简称一般由 4 个汉字构成（也有的只有 3 个汉字），如中国石油天然气股份有限公司简称中国石油。在我国的股票行情中，有一些股票的简称前面带有 N、XD、XR、DR、ST 和*ST 等字母字样，分别代表着不同的含义。

（一）字母 N+股票简称

当股票简称前出现"N"字样时，表示这只股票是当日新上市的股票。字母 N 是单词"new"的简写。对于带有 N 字头的股票，目前关于新股上市首日涨跌幅的限制是在 2014 年 1 月 1 日后实行的，股价最高涨幅为发行价的 44%。上交所首日上市的股票，在盘中价格首次涨跌幅达到 10%的时候，临时停牌 30 分钟；首次涨跌幅达到 20%的时候，停牌至当日的下午 2:55。深交所首日上市的股票，首次涨跌幅达到 10%时，临时停牌 30 分钟；首次涨跌幅达到 20%的时候，停牌到当日下午 2:57。科创板首次发行上市的股票，前 5 个交易口不设涨跌停板的限制，第六天的涨跌幅限制为 20%。创业板实行注册制后，首次发行上市的股票，前 5 个交易日不设涨跌停板限制，第六天的涨跌幅限制为 20%。

（二）字母 XD＋股票简称

XD 是英文"exclude"（除去）、"dividend"（利息）的简写。当股票名称前出现"XD"字样时，表示当日是这只股票的除息日。截至股权登记日，证券登记公司统计出一份股东持股情况的名册。在除息日，股份有限公司向这部分股东分派股息。在现实操作中，除息一般分派的是现金股利，俗称派现。

（三）字母 XR＋股票简称

XR 是英文"exclude"（除去）、"right"（权利）的简写。当股票名称前出现"XR"字样时，表示当日是这只股票的除权日。截止到股权登记日，证券登记公司统计出一份股东持股情况的名册。在除权日，股份有限公司向这部分股东分配股利或进行配股。在现实操作中，除权一般分派的是股票股利，俗称送红股。

（四）字母 DR＋股票简称

DR 中的 D 是"dividend"（利息）、R 是"right"（权利）的简写。当股票名称前出现"DR"字样时，表示当天是这只股票的除息、除权日。有些上市公司分配时不仅派发现金股息，还送红股，或者同时配股，所以这种情况下会出现既除息又除权的现象。

（五）字母 ST＋股票简称

沪深交易所从 1998 年 4 月 22 日宣布，将对财务状况或其他状况出现异常的上市公司股票交易进行特别处理（Special Treatment）。由于"特别处理"，在股票简称前冠以"ST"，因此这类股票称为 ST 股。其中，异常主要指两种情况：一是上市公司经审计两个会计年度的净利润均为负值；二是上市公司最近一个会计年度经审计的每股净资产低于股票面值。在上市公司的股票交易被实行特别处理期间，其股票交易应遵循下列规则：股票报价日涨跌幅限制为 5%；股票名称改为原股票名前加"ST"；上市公司的中期报告必须经过审计。

（六）字母*ST＋股票简称

自 2003 年 5 月 8 日开始，警示退市风险启用了新标记——*ST，以充分揭示其股票可能被终止上市的风险并区别于其他公司股票。在退市风险警示期间，股票报价的日涨跌幅限制为 5%。有下列情形之一的为存在股票终止上市风险的公司：

① 最近两年连续亏损的（以最近两年年度报告披露的当年经审计净利润为依据）。

② 财务会计报告因存在重大会计差错或虚假记载，公司主动改正或被中国证监会责令改正，对以前年度财务会计报告进行追溯调整，导致最近两年连续亏损的。

③ 财务会计报告因存在重大会计差错或虚假记载，中国证监会责令其改正，在规定期限内未对虚假财务会计报告进行改正的。

④ 在法定期限内未依法披露年度报告或者半年度报告的。

⑤ 处于股票恢复上市交易日至其恢复上市后第一个年度报告披露日期间的公司。

⑥ 交易所认定的其他情形。根据此规定，存在退市风险的公司股票简称前均冠以*ST 标记，目的是使股民能够非常容易地区分哪些股票存在退市风险，哪些不存在退市风险，便于做出投资决策。

五、股息和红利

股份有限公司发行的股票，不仅是股东投资入股、取得股东身份的所有权凭证，而且代表着股东可定期从股份有限公司取得一定的投资利益。这种投资利益主要表现为股息和红利。

（一）股息和红利的含义

1. 股息

股息是指股份有限公司定期按照股票份额的一定比例支付给股东的收益。一般来说，优先股股东按照固定的股息率优先取得股息，不以公司盈利水平为转移。普通股的股息一般是在支付优先股的股息之后，根据剩余的利润数额确定和支付，因而是不固定的，甚至在公司发生亏损时，很可能分不到股息。

2. 红利

红利是指股份有限公司在按规定分配优先股股息之后，将剩余的利润再分配给普通股股东的部分。股份有限公司只有在有剩余利润时才能分派红利，而不得以公司的财产作为红利分派给股东。

需要注意的是，现在股息和红利这两个概念在使用方面的区别变得越来越模糊。在市场中，股息往往是指优先股股东所获得的收益，红利是指给普通股股东分配的收益，两者又可统称为股利。

（二）股息和红利的来源

股息和红利来源于股份有限公司的净利润。净利润是股份有限公司总利润中进行了各项扣除之后的利润部分，因此，净利润是股份有限公司分配股息和红利的基础和最高限额。实际上，股份有限公司分配股息和红利的总额一般要少于公司的净利润，公司都要保留一部分盈余用于增加其资本的投入量或者维持未来股息分配的稳定。通常情况下，股息和红利须从公司本年度净利润中分配，不能从其资本中支付，以防止公司的核定资本减少。这是各国法律规定的通例。

由此可知，股份有限公司分配的股息和红利与其净利润正相关。利润增加，则股息和红利增加；利润减少，则股息和红利减少；没有利润，则不得分配股息和红利。但是，为了维护自己的信誉、保持股票市场价格的稳定，股份有限公司应尽量将股息和红利确定在不低于公司历年水平以及同行业其他公司的水平上。甚至在公司无盈余分配时，根据相关法律规定，对于法定盈余公积超过公司资本总额50%的部分也可作为股息和红利进行分配。

（三）股息和红利的分配形式

在成熟的市场中，股息和红利是投资者获取收益的重要来源。股份有限公司分配给股东的股息和红利主要有以下几种形式。

1. 现金股利

现金股利是股份有限公司以货币形式分配给股东的股息和红利，俗称派现金或派现，是最普遍、最基本的股利分配形式。分配现金股利既可满足股东获得预期现金收益的要求，又有助于提高股票的市场价格，吸引更多投资者。而且，分配现金股利也最为简单，是从公司净利润中支出现金直接分配。但是，现金股利的分配数额，必须兼顾公司和股东两者的利益。一般来说，股东更关心当前收益，现金股利分配过少会影响股东的投资热情；公司董事会则偏重于公司的财务状况和未来发展，现金股利分配过多，又会减少公司扩大再生产的资金储备，影响公司的长期发展。因此，董事会在权衡公司的长远利益和股东的近期利益后，会制定出较为合理的现金股利分配政策。

2. 股票股利

股票股利是指股份有限公司以股票形式向股东分配的股息和红利，俗称送红股或送股。通常由股份有限公司以新增发的股票或部分库存股票作为股利，代替现金分给股东。采用股票股利对股份有限公司的资产和股东的收益都没有影响，只是减少了公司账户上的留存收益，转增公司资本（股本）。因此，对于股份有限公司而言，股票股利不仅不影响其资产和负债，而且保留了现金资本，防止资本外流，解决了公司发展对现金的需求，壮大了公司的经营实力；对于股东而言，股票股利是股东分享利润的一种收益形式，这种收益使股东持有的股票股数增加，股东可以通过出售将增加的股票转化为现实货币，实现股票投资收益，甚至得到超过现金股利以外的溢价收入。当然，有利就有弊，由于分配股票股利增加了公司的股份数量，有可能引起股票价格下跌，使股东出售股票的收益减少。

3. 财产股利

财产股利是指股份有限公司以现金以外的其他资产向股东分配股息和红利。现金以外的其他资产可以是股份有限公司持有的有价证券，也可以是实物，最常见的是公司持有的其他公司或子公司的股票和债券。分配财产股利可以减少现金支出，满足公司对现金的需求，有利于公司的长远发展。当公司需要对其他公司控股时，可有意将持有的其他公司的股票作为股利，采用内部转移方式分配给股东，维持控股公司的地位。而且，当现金不足时，可以用公司的产品以优惠价格充当股利，既能满足股东的盈余分配要求，又能扩大产品销路。

4. 建设股利

经营铁路、港口、水电、机场等业务的股份有限公司，由于其建设周期长，不可能在短期内建成投产并实现利润。因此，这类公司依其业务性质，自成立登记后，如需 2 年以上准备才能开始营业的，经主管机关批准，并有公司章程证明，可从其已筹集的资本中提取一部分向股东分配股利，称为建设股利或建业股利。由于建设股利的资金不是来源于公司的盈利，而是将公司的未来盈利预先分配，因此其发放有着严格的法律限制。在公司正式营业以后，应在分配盈余前将已分配的建设股利扣抵或逐年扣抵冲销。

5. 负债股利

负债股利是指股份有限公司通过建立一种负债，以债券或应付票据作为股利分配给股东。负债股利一般是在公司已经宣布发放股利但又面临现金不足、难以支付的情况下不得已而采取的权宜之计。对于董事会来说，往往更倾向于推迟股利发放日期。

需要注意的是沪、深股市的上市公司进行利润分配，一般只采用现金股利和股票股利两种，即俗称的派现金和送红股。

（四）股息和红利的分配原则

股份有限公司分配股息和红利时，一般应遵循以下几项原则。

1. 分配前扣除

公司必须依法进行必要的扣除后，在尚有盈余的情况下才能分配股息和红利。通常，公司在取得盈利后要先按下列顺序做出扣除：一是缴纳税款；二是清偿债务；三是弥补亏损；四是提取法定盈余公积；五是可以根据公司章程的规定提取一定的公益金和任意盈余公积等。建设股利是个特例。建设股利分配到公司正式经营时止，并以预付股利列于资产负债表的资产项下，待公司开始营业后，再以营业利润扣抵冲销，以充实公司的股本金。

2. 执行股利政策

分配股息和红利必须执行股份有限公司已定的股利政策。股份有限公司要将公司的长远发展需要同股东对投资收益的追求有机结合起来，制定相应的股利政策作为分配股息和红利的依据。

3. 按比例分配

股息和红利的分配，原则上是以股东持有的股份比例为依据，公司章程另有规定的除外。

4. 同股同权

股息和红利的分配，应严格遵守股东平等原则。这主要表现为同一种类股票的股东在分配股息和红利的数额、形式及时间等内容上没有差别。

任务二 债 券

【工作任务】

任务清单	内 容
任务情境	小王投资比较保守，他听别人说债券的投资风险较低，想了解债券的基本知识
任务目标	理解债券的概念及基本要素；掌握债券的分类和特点
典型任务	请你根据任务情境，通过相关知识及网络搜索，完成以下任务。 （1）债券的基本要素都有哪些？ （2）债券都有哪些分类？ （3）债券的特点有哪些？
任务总结	通过完成上述任务，你学到了哪些知识或技能？
实施人员	
任务点评	

【相关知识】

一、债券的含义

债券是指发行人（也称债务人）为筹措资金而向投资者（也称债权人）出具的承诺按一定利率定期支付利息和到期偿还本金的一种债务（或债权）凭证。

实际上，债券是债券发行人和持有人之间的一项协议、一份合同，它规定了双方的权利和义务。对债券发行人来说，其按照协议获得了投资者的资金，成了债务人，就需按协定支付特定期限利息，并到期偿还所借资金。对债券持有人来说，其按照协议将资金借给了债券发行人，成了债权人，即有权获得特定期限利息，并按期收回本金。

二、债券的基本要素

债券一般具有以下四项最基本的要素。

一是发行者，指资金介入者。

二是票面价值，指发行者希望介入并同意归还投资者的某一具体资金金额，一般表现为债券票面价值。

三是息票利率，指发行者同意支付的利息率。息票利率既可以是债券面值的固定比率，也可以是与某一指数相连的浮动利率，利息的支付通常是一年一次或半年一次。

四是到期日，指发行者必须偿还本金及最后一期利息的日期。

需要说明的是，以上四个要素虽然是债券的基本要素，但它们并非一定要在债券票面上注明。在许多情况下，债券发行人是以公布条例或公告形式向社会公开宣布某债券的期限与利率。此外，债券有时候还包含一些其他要素，如附有赎回选择权、出售选择权、可转换条款、交换条款、新股认购条款等。

债券的含义
及基本要素

三、债券的分类

（一）按发行主体分类

根据发行主体的不同，债券可以分为政府债券、金融债券和公司债券。

1. 政府债券

政府债券的发行主体是政府，其中，中央政府发行的债券称为国债，地方政府发行的债券称为市政债券。国债是以一个国家政府的信用做担保，所以信用最好，又被泛称为"金边债券"。市政债券的收益和流动性通常略低于国债。政府债券的主要用途是解决由政府投资的公共设施或重点建设项目的资金需要和弥补国家财政赤字。

2. 金融债券

金融债券的发行主体是银行或非银行的金融机构。这类金融机构一般拥有雄厚的资金实力，信用度较高。因此，金融债券往往流动性较好，利率一般也高于政府债券。

3. 公司债券

公司债券是公司依照法定程序发行，约定在一定期限还本付息的有价证券。公司债券是企业筹措长期资金的重要方式，其期限短则一两年，长则数年，甚至更长时间。公司债券的还本付息来源是公司的经营利润。因此，风险更大，但较同期限政府的利率要高不少。

（二）按偿还期限分类

根据偿还期限的不同，债券可以分为短期债券、中期债券和长期债券。

1. 短期债券

一般来说，短期债券的偿还期为一年以内，通常有 3 个月、6 个月，最长不超过一年。

2. 中期债券

中期债券的偿还期为 1～10 年。我国发行的国债多为 3～5 年的中期债券。美国联邦政府债券中的 1～10 年期的债券为中期债券。

3. 长期债券

长期债券的偿还期为 10 年以上。美国联邦政府债券中的 10～30 年期债券为长期债券。英国的长期债券通常为 15 年以上。

（三）按付息方式分类

根据付息方式的不同，债券可分为贴现债券、附息债券和息票累积债券。

1. 贴现债券

贴现债券又被称为"贴水债券"，是指在票面上不规定利率，发行时按某一折扣率、以低于票面金额的价格发行，发行价与票面金额之差额相当于预先支付的利息，到期时按面额偿还本金的债券。发行价与票面额之间的差就是贴息。国债的发行通常采取这种方式。例如，某票面金额为 1 000 元的半年期债券，按照 900 元发行，半年后偿还 1 000 元，其中的 100 元就是债券半年的利息。

2. 附息债券

附息债券是在债券上附有各期利息的债券。附息债券的合约中明确规定，在债券存续期内，对持有人定期支付利息（通常每半年或每年支付一次）。

3. 息票累积债券

与附息债券相似，息票累积债券也规定了票面利率，但是，息票累积债券的持有人必须在债券到期时一次性获得本息，存续期间没有利息支付。

（四）按有无担保分类

按担保性质分类不同，可将债券分为有担保债券和无担保债券两种。

1. 有担保债券

有担保债券是指以抵押财产为担保发行的债券。按担保品不同，有担保债券又分为抵押债券、质押债券和保证债券。

2. 无担保债券

无担保债券也被称为"信用债券"，仅凭发行人的信用而发行，是不提供任何担保而发行的债券，如政府债券。

（五）按是否记名分类

按是否记名，债券可以分为记名债券和无记名债券。

1. 记名债券

记名债券是载明债券持有人姓名的债券。债券持有人凭印鉴领取本息，需要转让时须向债券发行人登记过户。由于持券人须凭印鉴才能领取本息，因此可以防止冒领现象，且在债券被窃或遗失时，可向债券发行人挂失，减少请求补发债券的费用。这种债券转让时，受让人除了支付买卖手续费外，还需办理过户手续，并支付过户手续费，所以记名债券的流动性较差。

2. 无记名债券

无记名债券是不预留债券持有人印鉴的债券。无记名债券可以自由转让，转让时只需直接交付债券，不需要在债券上背书，因而流通较为方便。但这种债券一旦遗失或被窃，不可挂失，所以投资风险大于记名债券。对个人发行的债券多采取无记名方式。

（六）按募集方式分类

按募集方式不同，债券可以分为公募债券和私募债券。

1. 公募债券

公募债券是指发行人向不特定的社会公众投资者公开发行的债券。其发行人一般具有较高的信誉。各国法律对公募发行都有较为严格的规定。公募债券的发行者必须遵守信息公开制度，向投资者提供各种财务报表和资料，并向证券主管部门提交有价证券申报书，以保护投资者的利益。一般来说，公募债券的发行量大，持有人数众多，可以在公开证券市场上市交易，流动性好。

2. 私募债券

私募债券是指向特定的投资者发行的债券。私募债券的发行对象一般是特定的机构投资者。私募债券的利率比公募债券高，发行范围小，一般不上市，发行者无须公布其财务状况。私募债券流动性较差，其转让受到很多限制。如日本规定：日元债券在发行后的两年内不得转让；债券仅限于同行业投资者之间，且须事先取得发行者的同意。

（七）按计息方式分类

按计息方式不同，债券可以分为单利债券、复利债券和累进利率债券。

1. 单利债券

单利债券指在计息时，无论期限长短，仅按本金计息，所生利息不再加入本金计算下一期利息的债券。

2. 复利债券

复利债券与单利债券相对应，指计算利息时，按一定期限所生利息加入本金再计算利息，逐期滚算的债券。

3. 累进利率债券

累进利率债券指年利率以利率逐年累进方法计息的债券。累进利率债券的利率随着时间的推移，后期利率比前期利率更高，呈累进状态。

（八）按本金偿还方式分类

按本金偿还方式不同，债券可分为一次性偿还的债券、分期偿还债券、提前偿还债券、延期偿还债券、偿债基金债券等。

一次性偿还债券是指全部本息于到期时一次偿清的债券。

分期偿还债券亦称序列偿还债券，是指同一次发行但分次偿还的债券，一般是每隔半年或一年偿还一批，以减轻集中一次偿还的负担，其偿还一般采用抽签方式或按照债券号数的次序确定先后偿还的债券顺序。

提前偿还债券又叫通知偿还债券，是指发债人在债券到期之前可以随时通知债权人向其偿还一部分或全部本息的债券。在只提前偿还一部分时，通常采用抽签办法确定。这种债券对发行人来说较为有利，因为当市场利率下降时，发行人就可以通知偿还已发行的债券，同时以较低的利率发行新债券。

延期偿还债券是指可以延期还本付息的债券。这里有两种情形：一种是根据发行人提出的新利率由债权人要求延期；另一种是发行人在债券到期而无力偿还时，征得债权人的同意而延期。

偿债基金债券是指发行人定期从经营收益中提取一定比例的资金作为偿债基金，以供债券到期偿付之用的债券。这种债券有较可靠的还本付息保证，因而对投资者来说很有吸引力。

四、债券的特点

（一）流动性

债券有不同的偿还期限，短则几个月，长则十几年，甚至几十年。但是，债券持有人在债券到期之前需要现金时，可以在证券交易市场上将债券卖出，也可以到银行等金融机构以债券作为抵押获得抵押性贷款。因此，债券具有及时转化为货币的能力，即流动性。

（二）收益性

债权持有者可以按规定的利息率定期获得利息收益，并有可能因市场利率下降等因素导致债券价格上升而获得债券升值收益。债券的这种收益是债券的时间价值与风险价值的反映，是对债权人暂时让渡资金使用权和承担风险的补偿。

（三）风险性

债券投资具有一定的风险，这种风险主要表现在以下方面：因债权人破产不能全部收回债券本息所遭受的损害；因市场利率上升导致债券价格下降所遭受的损失；由于债券利率固定，在出现通货膨胀时，实际利息收入下降。

当然，与股票投资相比，债券的风险较低，这是因为：债券的利率大都是固定的，除非企业破产，否则债权人的利息收入不受企业盈利状况的影响；为了确保债券的还本付息，各国在相关法律中对此都有专门规定；债券的发行者需经有关部门的严格选择，那些较高信用度的筹资人才能获准发行债券。

（四）返还性

债券到期后必须还本付息。

债券的上述特点是债券投资所具有的优点，但这些优点不可能同时体现在一种债券上。一般来说，债券的风险性、收益性、流动性之间具有相互补偿的关系。如果风险小、流动性强，则收益率一般较低；反之，如果风险大、流动性差，一般收益率较高。例如，国债的风险较小，其收益则低于很多风险较大的公司债券。

因此，投资人投资债券时，应根据自己的投资目的、投资期限、财务状况、资金来源及对市场的分析预测，有选择地进行投资，以期获得最佳投资收益。如果投资人准备进行长期投资，一般要选择收益较高、风险较小而流动性较差些的债券；相反，如果投资者准备进行短期投资，通常需要选择流动性较强的债券，以便能在需要的时候及时变现。

任务三　证券投资基金

【工作任务】

任务清单	内　　容
任务情境	小王上班比较忙，没有时间关注股票行情，他想委托专业人士进行投资，朋友向他建议投资证券投资基金，于是小王开始学习证券投资基金的相关知识
任务目标	理解证券投资基金的概念及特征；掌握证券投资基金的参与主体和运作；了解证券投资基金的法律形式
典型任务	请你根据任务情境，通过相关知识及网络搜索，完成以下任务。 （1）与股票相比，证券投资基金具备哪些特征？ （2）证券投资基金的参与主体有哪些？ （3）证券投资基金的法律形式有哪些？
任务总结	通过完成上述任务，你学到了哪些知识或技能？
实施人员	
任务点评	

【相关知识】

一、证券投资基金含义及特征

（一）证券投资基金含义

证券投资基金是指通过发售基金份额，将众多不特定投资者的资金汇集起来，形成独立财产，委托基金管理人进行投资管理，基金托管人进行财产托管，由基金投资人共享投资收益、共担投资风险的集合投资方式。基金管理机构和托管机构分别作为基金管理人和基金托管人，一般按照基金的资产规模获得一定比例的管理费收入和托管费收入。

从本质上来说，证券投资基金是一种间接通过基金管理人代理投资的一种方式，投资人通过基金管理人的专业资产管理，以期得到比自行管理更高的报酬。

世界各国和地区对证券投资基金的称谓有所不同，证券投资基金在美国被称为"共同基金"，在英国和我国香港特别行政区被称为"单位信托基金"，在欧洲一些国家被称为"集合投资基金"或"集合投资计划"，在日本和我国台湾地区则被称为"证券投资信托基金"。

（二）证券投资基金特征

1. 集合理财、专业管理

基金将众多投资者的资金集中起来，委托基金管理人进行共同投资，表现出一种集合理财的特点。通过汇集众多投资者的资金，积少成多，有利于发挥资金的规模优势，降低投资成本。基金由基金管理人进行投资管理和运作。基金管理人一般拥有大量的专业投资研究人员和强大的信息网络，能更好地对证券市场进行全方位的动态跟踪与深入分析。将资金交给基金管理人管理，使中小投资者也能享受专业化的投资管理服务。

2. 组合投资、分散风险

为降低投资风险，一些国家的法律法规规定基金除另有规定外，一般须以组合投资的方式进行投资运作，从而使"组合投资、分散风险"成为基金的一大特色。中小投资者由于资金量小，一般无法通过购买数量众多的股票分散投资风险。基金通常会购买几十种甚至上百种股票，投资者购买基金就相当于用很少的资金购买了一篮子股票。在多数情况下，某些股票价格下跌造成的损失可以用其他股票价格上涨产生的盈利来弥补，因此可以充分享受组合投资、分散风险的好处。

3. 利益共享、风险共担

证券投资基金实行利益共享、风险共担的原则。基金投资者是基金的所有者。基金投资收益在扣除由基金承担的费用后的盈余全部归基金投资者所有，基金投资者一般会按照所持有的基金份额比例进行分配。为基金提供服务的基金托管人、基金管理人一般按基金合同的规定从基金资产中收取一定比例的托管费、管理费，并不参与基金收益的分配。

4. 严格监管、信息透明

为切实保护投资者的利益，增强投资者对基金投资的信心，各国（地区）基金监管机构都对证券投资基金业实行严格的监管，对各种有损于投资者利益的行为进行严厉打击，并强制基金进行及时、准确、充分的信息披露。在这种情况下，严格监管与信息透明也就成为公募证券投资基金的一个显著特点。

5. 独立托管、保障安全

基金管理人负责基金的投资操作，本身并不参与基金财产的保管，基金财产的保管由独立于基金管理人的基金托管人负责。这种相互制约、相互监督的制衡机制为投资者的利益提供了重要保障。

证券投资基金
的含义及特征

二、证券投资基金的运作与参与主体

（一）证券投资基金的运作

基金的运作包括基金的募集、基金的投资管理、基金资产的托管、基金份额的登记交易、基金的估值与会计核算、基金的信息披露以及其他基金运作活动在内的所有相关环节。基金的运作活动从基金管理人的角度来看，可以分为基金的市场营销、基金的投资管理与基金的后台管理三大部分。基金的市场营销主要涉及基金份额的募集与客户服务，基金的投资管理体现了基金管理人的服务价值，而基金份额的注册登记、基金资产的估值、会计核算、信息披露等后台管理服务则对保障基金的安全运作起着重要作用。

（二）证券投资基金的参与主体

在基金市场上，存在许多不同的参与主体。依据所承担的职责与作用不同，可以将基金市场的参与主体分为基金当事人、基金市场服务机构、基金监管机构和自律组织三大类。

1. 基金当事人

我国的证券投资基金依据基金合同设立，基金份额持有人、基金管理人与基金托管人是基金合同的当事人，简称基金当事人。

（1）基金份额持有人

基金份额持有人即基金投资者，是基金的出资人、基金资产的所有者和基金投资回报的受益人。按照《证券投资基金法》的规定，我国基金份额持有人享有以下权利：分享基金财产收益；参与分配清算后的剩余基金财产；依法转让或者申请赎回其持有的基金份额，按照规定要求召开基金份额持有人大会，对基金份额持有人大会审议事项行使表决权；查阅或者复制公开披露的基金信息资料；对基金管理人、基金托管人、基金销售机构损害其合法权益的行为依法提起诉讼；基金合同约定其他权利。

（2）基金管理人

基金管理人是基金产品的募集者和管理者，其最主要的职责就是按照基金合同的约定，负责基金资产的投资运作，在有效控制风险的基础上为基金投资者争取最大的投资收益。基金管理人在基金运作中起着核心作用，基金产品的设计、基金份额的销售与注册登记、基金资产的管理等重要职能多半由基金管理人或基金管理人选定的其他服务机构承担。在我国，基金管理人只能由依法设立的基金管理公司担任。

（3）基金托管人

为了保证基金资产的安全，《证券投资基金法》规定，基金资产必须由独立于基金管理人的基金托管人保管，从而使基金托管人成为基金的当事人之一。基金托管人的职责主要体现在基金资产保管、基金资金清算、会计复核，以及对基金投资运作的监督等方面。在我国，基金托管人只能由依法设立并取得基金托管资格的商业银行或其他金融机构担任。

2. 基金市场服务机构

基金管理人、基金托管人既是基金的当事人，又是基金的主要服务机构。除基金管理人与基金托管人外，基金市场还有许多面向基金提供各类服务的其他机构。这些机构主要包括基金销售机构、销售支付机构、份额注册登记机构、估值核算机构、投资顾问机构、评价机构、信息技术系统服务以及律师事务所、会计师事务所等。

（1）基金销售机构

基金销售是指基金宣传推介、基金份额发售或者基金份额的申购、赎回，并收取以基金交易为基础的相关佣金的活动。基金销售机构是指从事基金销售业务活动的机构，包括基金管理人以及经中国证监会认定的可以从事基金销售的其他机构。目前可申请从事基金代理销售的机构主要包括商业银行、证券公司、保险公司、证券投资咨询机构、独立基金销售机构。

（2）基金销售支付机构

基金销售支付是指基金销售活动中基金销售机构、基金投资人之间的货币资金转移活动。基金销售支付机构是指从事基金销售支付业务活动的商业银行或者支付机构。基金销售支付机构从事销售支付活动的，应当取得中国人民银行颁发的《支付业务许可证》（商业银行除外），并制定了完善的资金清算和管理制度，能够确保基金销售结算资金的安全、独立和及时划付。基金销售支付机构从事公开募集基金销售支付业务的，应当按照中国证监会的规定进行备案。

（3）基金份额登记机构

基金份额登记是指基金份额的登记过户、存管和结算等业务活动。基金份额登记机构是指从事基金份额登记业务活动的机构。基金管理人可以办理其募集基金的份额登记业务，也可以委托基金份额登记机构代为办理基金份额登记业务。公开募集基金份额登记机构由基金管理人和中国证监会认定的其他机构担任。基金份额登记机构的主要职责包括：建立并管理投资人的基金账户；负责基金份额的登记；基金交易确认；代理发放红利；建立并保管基金份额持有人名册；法律法规或份额登记服务协议规定的其他职责。

（4）基金估值核算机构

基金估值核算是指基金会计核算、估值及相关信息披露等业务活动。基金估值核算机构是指从事基金估值核算业务活动的机构。基金管理人可以自行办理基金估值核算业务，也可以委托基金估值核算机构代为办理基金估值核算业务。基金估值核算机构拟从事公开募集基金估值核算业务的，应当向中国证监会申请注册。

（5）基金投资顾问机构

基金投资顾问是指按照约定向基金管理人、基金投资人等服务对象提供基金以及其他中国证监会认可的投资产品的投资建议，辅助客户做出投资决策，并直接或者间接获取经济利益的业务活动。基金投资顾问机构是指从事基金投资顾问业务活动的机构。基金投资顾问机构提供公开募集基金投资顾问业务的，应当向工商登记注册地中国证监会派出机构申请注册。未经中国证监会派出机构注册，任何机构或者个人不得从事公开募集基金投资顾问业务。基金投资顾问机构及其从业人员提供投资顾问服务，应当具有合理的依据，对其服务能力和经营业务进行如实陈述，不得以任何方式承诺或者保证投资收益，不得损害服务对象的合法权益。

（6）基金评价机构

基金评价是指对基金投资收益和风险或者基金管理人管理能力进行的评级、评奖、单一指标排名或者中国证监会认定的其他评价活动，对基金的投资收益和风险或者基金管理人的管理能力进行综合性分析，并使用具有特定含义的符号、数字或者文字展示分析的结果。基金评价机构是指从事基金评价业务活动的机构。基金评价机构从事公开募集基金评价业务并以公开形式发布基金评价结果的，应当向基金业协会申请注册。基金评价机构及其从业人员应当客观公正，依法开展基金评价业务，禁止误导投资人，防范可能发生的利益冲突。

（7）基金信息技术系统服务机构

基金信息技术系统服务是指为基金管理人、基金托管人和基金服务机构提供基金业务核心应用软件开发、信息系统运营维护、信息系统安全保障和基金交易电子商务平台等的业务活动。从事基金信息技术系统服务的机构应当具备国家有关部门规定的资质条件或者取得相关资质认证，具有开展业务所需要的人员、设备、技术、知识产权等条件，其信息技术系统服务应当符合法律法规、中国证监会以及行业自律组织等的业务规范要求。

（8）律师事务所和会计师事务所

律师事务所和会计师事务所作为专业、独立的中介服务机构，为基金提供法律、会计服务。

3. 基金监管机构和自律组织

（1）基金监管机构

为了保护基金投资者的利益，世界上不同国家和地区都对基金活动进行严格的监督管理。基金监管机构通过依法行使审批或核准权，依法办理基金备案，对基金管理人、基金托管人以及其他从事基金活动的服务机构进行监督管理，对违法违规行为进行查处，因此其在基金的运作过程中起着重要作用。在我国，基金监管机构为中国证监会。

（2）基金自律组织

证券交易所是基金的自律管理机构之一。我国的证券交易所是依法设立的，不以赢利为目的，为证券的集中和有组织的交易提供场所和设施，履行国家有关法律法规、规章、政策规定的职责，实行自律性管理的法人。基金行业自律组织是由基金管理人、基金托管人及基金市场服务机构共同成立的同业协会。同业协会在促进同业交流、提高从业人员素质、加强行业自律管理、促进行业规范发展等方面具有重要作用。我国的基金自律组织是 2012 年 6 月 6 日成立的中国证券投资基金业协会。

三、证券投资基金的法律形式和运作方式

（一）契约型基金与公司型基金

证券投资基金依据法律形式不同，基金可分为契约型基金与公司型基金。目前，我国的基金均为契约型基金，公司型基金则以美国的投资公司为代表。

契约型基金是依据基金合同设立的一类基金。基金合同是规定基金当事人之间权利义务的基本法律文件。在我国，契约型基金依据基金管理人、基金托管人之间所签署的基金合同设立，基金投资者自取得基金份额后即成为基金份额持有人和基金合同的当事人，依法享受权利并承担相应义务。

公司型基金在法律上是具有独立法人地位的股份投资公司。公司型基金依据基金公司章程设立，基金投资者是基金公司的股东，享有股东权，按所持有的股份承担有限责任，分享投资收益。公司型基金公司设有董事会，代表投资者的利益行使职权。虽然公司型基金在形式上类似于一般的股份公司，但不同于一般股份公司的是，它委托基金管理公司作为专业的投资顾问来经营与管理基金资产。

契约型基金与公司型基金主要有以下区别。

1. 法律主体资格不同

契约型基金不具有法人资格，公司型基金具有法人资格。

2. 投资者的地位不同

契约型基金依据基金合同成立。基金投资者尽管也可以通过持有人大会表达意见，但与公司型基金的股东大会相比，契约型基金持有人大会赋予基金持有者的权利相对较小。

3. 基金组织方式和营运依据不同

契约型基金借用了信托法律制度，依据基金合同营运基金，基金投资人和基金管理人、托

管人之间是信托委托人、受托人和受益人的关系；基金投资人通过基金持有人大会行使权利。公司型基金借用了公司法规定的股份有限公司的组织方式，依据投资公司章程营运基金，设有股东会、董事会等决策监督机构；基金投资人通过股东会行使权利，设立董事会进行相关事务的决策与监督，基金管理人的身份是公司董事会聘请的投资顾问。

公司型基金的优点是法律关系明确清晰，监督约束机制较为完善，但契约型基金在设立上更为简单易行。两者之间的区别主要表现在法律形式不同，并无优劣之分。

（二）封闭式基金与开放式基金

依据运作方式不同，可以将证券投资基金分为封闭式基金与开放式基金。

封闭式基金是指基金份额在基金合同期限内固定不变，基金份额可以在依法设立的证券交易所交易，但基金份额持有人不得申请赎回的一种基金运作方式。

开放式基金是指基金份额不固定，基金份额可以在基金合同约定的时间和场所进行申购或者赎回的一种基金运作方式。这里所指的开放式基金专指传统的开放式基金，不包括交易型开放式指数基金（ETF）和上市开放式基金（LOF）等新型开放式基金。

市场上有一种定期开放基金，也是开放式基金的一种，但同普通开放式基金不同，其并不是在任何交易日都可以自由进行买卖，而是按照一个固定的周期开放。目前，市场上比较常见的有 3 个月和 6 个月开放一次的。目前定期开放基金大多为债券型基金，通过定期开放的设计可以保持基金的规模相对稳定，稳定的规模对于债券型基金提高收益有很大的作用。

封闭式基金与开放式基金主要有以下不同。

1. 期限不同

封闭式基金有固定的存续期限，而开放式基金一般是无特定存续期限的。我国《证券投资基金法》规定，封闭式基金合同中必须规定基金封闭期，封闭式基金期满后可以通过一定的法定程序延期或者转为开放式。

2. 份额限制不同

封闭式基金的基金份额是固定的，在封闭期限内未经法定程序认可不能增减。开放式基金规模不固定，投资者可随时提出申购或者赎回申请，基金份额会随之增加或减少。

3. 交易场所不同

封闭式基金份额固定，在完成募集后，基金份额在证券交易所上市交易。投资者买卖封闭式基金份额，只能委托证券公司在证券交易所按市价买卖，交易在投资者之间完成。开放式基金份额不固定，投资者可以按照基金管理人确定的时间和地点向基金管理人或其销售代理人提出申购、赎回申请，交易在投资者与基金管理人之间完成。

4. 价格形成方式不同

封闭式基金的交易价格主要受二级市场供求关系的影响。当需求旺盛时，封闭式基金二级市场的交易价格会超过基金份额净值出现溢价交易现象；反之，当需求低迷时，交易价格会低于基金份额净值出现折价交易现象。开放式基金的买卖价格以基金份额净值为基础，不受市场供求关系的影响。

5. 激励约束机制与投资策略不同

封闭式基金份额固定，即使基金表现好，其扩展能力也受到较大限制。如果表现不尽如人意，由于投资者无法赎回投资，基金经理通常也不会在经营与流动性管理上面临直接的压力。与此不同，如果开放式基金的业绩表现好，通常会吸引新的投资，基金管理人的管理费收入会随之增加；如果基金表现差，开放式基金则会面临来自投资者要求赎回投资的压力。因此，与封闭式基金相比，开放式基金给基金管理人提供了更好的激励约束机制。

但也要注意，由于开放式基金的份额不固定，投资操作常常会受不可预测的资金流入、流出的影响与干扰。特别是为满足基金赎回的需要，开放式基金必须保留一定的现金资产，并高度重视基金资产的流动性，这在一定程度上会给基金的长期经营业绩带来不利影响。相对而言，由于封闭式基金份额固定，没有赎回压力，基金投资管理人员完全可以根据预先设定的投资计划进行长期投资和全额投资，并将基金资产投资于流动性相对较弱的证券上，这在一定程度上有利于长期基金业绩的提高。

（三）伞型基金

境外市场还常见一种伞型结构形式的基金。伞型基金又称为系列基金，是指多个基金共用一个基金合同，子基金独立运作，子基金之间可以进行相互转换的一种基金结构形式。

从基金公司经营管理的角度来看，采取伞型结构比单一结构更具优势，其特点表现在以下几方面。

（1）简化管理、降低成本

不同子基金均隶属于一个总契约和总体管理框架，可以很大限度地简化管理，并在诸如基金的托管、审计、法律服务、管理团队等方面享有规模经济，从而降低设立及管理一只新基金的成本。由于伞型基金的这一优势及其品牌效应，国外有的伞型基金还因此发展出一种特殊的"外挂"功能，即利用已有的伞型基金，为一些擅长某一方面投资但无力或不希望自行设立基金的机构，推出由后者担任基金管理人的子基金。

（2）强大的扩张功能

伞型基金的另一优势是它具有强大的扩张功能，包括基金品种上的扩张及基金销售地区上的扩张。由于伞型基金的所有子基金都隶属于同一个总体框架，在建立总体框架并得到东道国金融管理当局的认可后，基金公司就可以根据市场的需求，以比单一基金更高的效率、更低的成本不断推出新的子基金品种或扩大其产品销售地区。国外许多著名的基金管理公司如富达、摩根在向国外扩张时都纷纷采取了伞型基金形式。

任务四　金融衍生工具

【工作任务】

任务清单	内　容
任务情境	小王随着投资收益的增加，打算拿出 10%的资金用于投资高风险、高收益的金融衍生产品，但他对具体金融衍生产品并不了解
任务目标	理解金融衍生工具的特征；掌握金融衍生工具的分类
典型任务	请你根据任务情境，通过相关知识及网络搜索，完成以下任务。 （1）金融衍生工具具备哪些特征？ （2）根据基础资产划分，金融远期合约可以分为哪几种？ （3）金融期货的交易制度有哪些？ （4）期权合约的构成要素有哪些？
任务总结	通过完成上述任务，你学到了哪些知识或技能？
实施人员	
任务点评	

【相关知识】

一、认识金融衍生工具

（一）金融衍生工具的含义

金融衍生工具又称金融衍生产品，是指建立在基础金融产品或基础金融变量之上，其价格随基础金融产品的价格（或数值）变动的派生金融产品。这里所说的基础金融产品是一个相对的概念，不仅包括现货金融产品（如债券、股票、银行定期存单等），而且包括金融衍生工具。例如，复合期权就是在金融期权合约基础上形成的再衍生工具。基础金融变量则包括利率、汇率及各类价格指数等。

（二）金融衍生工具的特征

金融衍生工具是金融创新的产物，能帮助金融机构管理者更好地进行风险控制，它具有以下特征。

1. 跨期交易

金融衍生工具是交易双方通过对基础金融产品或基础金融变量等因素变动趋势的预测，约定在未来某一时间按照约定条件进行交易或选择是否交易的合约。因此，无论是哪种特定金融衍生工具的交易，都会使交易者在未来一段时间内或未来某时点上的现金流发生变化，跨期交易的特点十分突出。这就要求交易者对利率、汇率、股价等因素的未来变动趋势做出相应的判断，而判断的准确与否直接决定交易行为的盈亏。

2. 价格的联动性

金融衍生工具与相关基础金融产品或基础金融变量之间的密切联系，决定了金融衍生工具的价格与基础金融产品的价格或基础金融变量的规则变动。这种价格联动关系可以是简单的线性关系，也可以表达为非线性函数或分段函数。这也是能够通过操作金融衍生工具回避基础金融产品价格变动风险的原因所在。

3. 杠杆效应

金融衍生工具交易一般只需缴纳少量保证金或支付获得权利的费用，就可以签订远期大额合约或互换不同的金融工具。例如，假设某期货交易保证金为合约金额的10%，则可以控制10倍于投资金额的合约资产。此时，与合约对应的基础金融产品价格或基础金融变量的轻微变化，就会牵动合约价格的变化，再通过保证金制度的"放大镜"作用，将投资合约的收益或损失成倍放大。这种以小博大的杠杆效应，在一定程度上决定了金融衍生工具交易的高投机性和高风险性。

4. 高风险性

交易者对基础金融产品价格或基础金融变量未来走势预测的准确程度，决定了金融衍生工具交易的结果。而基础金融产品价格或基础金融变量的变动，往往会超出市场预期而变化无常，这种不稳定性为金融衍生工具交易带来了高风险。与此同时，保证金制度的杠杆效应可能使投资者大盈，也可能使其大亏，从而进一步放大了风险。

5. 套期保值和投机套利共存

金融衍生工具产生的直接原因是规避金融价格波动的风险，进行资产保值。而金融衍生工具的杠杆效应具备了吸引投机者的条件，这种低成本、高收益、以小博大的交易使相当多的人甘冒风险，以期投机套利。无论出于何种目的，投机者确实成为金融衍生工具市场不可或缺的角色，他们带有赌博色彩的交易行为承担了市场集中的风险，为市场注入了活力，提高了市场运作效率，所以避险者才能在这个市场上转移风险。正是保值者和投机者在市场上的"互相利用"，才使金融衍生工具得以生存和发展。

（三）金融衍生工具的分类

1. 按自身交易方法分类

金融衍生工具按自身交易方法的不同，可分为金融远期、金融期货、金融期权和金融互换4种。

（1）金融远期

金融远期是指合约双方同意在未来日期按照固定价格交换金融资产的合约，如远期利率协议、远期股票合约、远期外汇合约等。金融远期规定了将来交换的资产、日期、价格和数量，合约条款因合约双方的需要而各有不同。

（2）金融期货

金融期货是指买卖双方在有组织的交易所内以公开竞价形式达成的在将来某特定时间交割标准数量特定的金融工具的协议，主要包括外汇期货、利率期货、股指期货和股票期货等。

（3）金融期权

金融期权是指合约双方按约定价格，在约定日期内就是否买卖某种金融工具所达成的契约，包含现货期权、期货期权等。

（4）金融互换

金融互换是指两个或两个以上的当事人按共同商定的条件，在约定的时间内交换不同金融工具的一系列支付款项或收入款项的合约，主要包括货币互换、利率互换等。

2. 按基础工具种类分类

金融衍生工具按基础工具种类不同，可分为股权式衍生工具、货币衍生工具、利率衍生工具、信用衍生工具和其他衍生工具等。

（1）股权式衍生工具

股权式衍生工具是指以股票或股票价格指数为基础金融变量的金融衍生工具，主要包括股票期货、股票期权、股指期货、股指期权以及上述合约的混合交易合约。

（2）货币衍生工具

货币衍生工具是指以各种货币作为基础金融变量的金融衍生工具，主要包括远期外汇合约、外汇期货、外汇期权、货币互换以及上述合约的混合交易合约。

（3）利率衍生工具

利率衍生工具是指以利率或有息资产为基础金融变量的金融衍生工具，主要包括远期利率协议、利率期货、利率期权、利率互换以及上述合约的混合交易合约。

（4）信用衍生工具

信用衍生工具是指以基础产品所蕴含的信用风险或违约风险为基础金融变量的金融衍生工具，主要包括信用互换、信用联结票据等。信用衍生工具是20世纪90年代以来发展最为迅速的类金融衍生产品，用于转移或防范信用风险。

（5）其他衍生工具

除了以上4类外，还有相当数量的金融衍生工具是在非基础金融变量的基础上开发的，如用于管理气温变化风险的天气期货、管理政治风险的政治期货、管理巨灾风险的巨灾衍生产品等。

3. 按交易性质分类

金融衍生工具按交易性质不同，可分为远期类工具和选择权类工具两种。

（1）远期类工具

远期类工具的交易双方均负有在未来某一日期按一定条件进行交易的权利与义务，双方的风险与收益是对称的，主要包括远期合约、期货合约、互换合约等。

（2）选择权类工具

选择权类工具的买方具有根据市场情况选择的权利，即不执行的权利，而卖方则负有在买方履行合约时执行合约的义务，双方的权利义务及风险收益是不对称的。它主要包括期权合约，也包括期权合约的变通形式，如认股权证、可转换债券等。

4. 按产品形态和交易场所分类

金融衍生工具按产品形态和交易场所不同，可分为内置型衍生工具、场内交易衍生工具、场外交易衍生工具等。

（1）内置型衍生工具

内置型衍生工具是指嵌入非衍生合同，即主合同中的金融衍生工具。该衍生工具使主合同的部分或全部现金流量按照特定利率、金融工具价格、汇率、价格指数或利率指数、信用等级或信用指数以及类似变量的变动进行调整。

（2）场内交易衍生工具

场内交易衍生工具是指在制定统一规则的交易所上市交易的衍生工具，如在期货交易所交易的各类期货、期权合约等。一般来说，它是指以集中竞价方式买卖的交易所事先制定的具有统一标准、格式的合约。

（3）场外交易衍生工具

场外交易衍生工具是指不是通过集中的交易所，而是通过各种通信方式，实行分散的、一对一的大宗金融工具买卖的合约，它主要以金融远期和金融互换为代表。

需要注意的是，上述分类仅仅是金融衍生工具的传统划分方式。随着金融衍生工具的日益发展，由两种、三种甚至多种金融衍生工具变化、组合的再衍生工具及合成衍生工具正在出现，如由金融期货和金融期权组成的期货期权、由金融期权和金融互换合成的互换期权、由金融远期和金融互换合成的远期互换等。

二、远期合约

远期交易，是双方约定在未来某时刻（或时间段内）按照现在确定的价格进行交易。金融远期合约是最基础的金融衍生产品。由于采用了"一对一交易"的方式，交易事项可协商确定，较为灵活。但是，非集中交易同时也带来了搜索困难、交易成本较高、存在对手违约风险等特点。

根据基础资产划分，金融远期合约可以分为以下四种。

① 股权类资产的远期合约，包括单个股票的远期合约、一揽子股票的远期合约和股票价格指数的远期合约三个子类。

② 债权类资产的远期合约，主要包括定期存款单、短期债券、长期债券、商业票据等内定收益证券的远期合约。

③ 远期利率协议，是指按照约定的名义本金，交易双方在约定的未来日期交换支付浮动利率和固定利率的远期协议。

④ 远期汇率协议，是指按照约定的汇率，交易双方在约定的未来日期买卖约定数量的某种

外币的远期协议。

三、金融期货

（一）金融期货的含义

金融期货是期货交易的一种，期货交易是指交易双方在集中的交易所市场以公开竞价方式所进行的标准化期货合约的交易。而期货合约则是由交易双方订立的、约定在未来某日期按成交时约定的价格交割一定数量的某种商品的标准化协议。金融期货合约的基础工具是各种金融工具（或金融变量），如外汇、债券、股票、股价指数等。换言之，金融期货是以金融工具（或金融变量）为基础工具的期货交易。

（二）金融期货的特征

与金融现货相比，金融期货具有以下特征。

1. 交易对象不同

金融现货交易的对象是某一具体形态的金融工具，而金融期货交易的对象是金融期货合约。

2. 交易目的不同

金融工具现货交易的首要目的是筹资或投资，而金融期货交易的主要目的是套期保值。

3. 交易价格的含义不同

现货价格是实时的成交价，而期货价格是对金融现货未来价格的预期。

4. 交易方式不同

现货交易要求在成交后的几个交易日内完成资金与金融工具的全额交割。期货交易则实行保证金和逐日盯市制度，交易者并不需要在成交时拥有或借入全部资金或基础金融工具。

（三）金融期货交易制度

1. 集中交易制度

金融期货是在期货交易所或证券交易所进行集中交易。期货交易所是期货市场的核心。

2. 标准化期货合约和对冲机制

期货合约是由交易所设计、经主管机构批准后向市场公布的标准化合约。期货合约设计成标准化的合约是为了便于交易双方在合约到期前分别做一笔相反的交易进行对冲，从而避免实物交收。实际上，绝大多数期货合约并不进行实物交割，通常在到期日之前就已平仓。

3. 保证金及其杠杆作用

设立保证金的主要目的是当交易者出现亏损时能及时制止，防止出现不能偿付的现象。

4. 结算所和无负债结算制度

结算所是期货交易的专门清算机构，通常附属于交易所，但又以独立的公司形式组建。所有的期货交易都必须通过结算会员由结算机构进行，而不是由交易双方直接交收清算。结算所实行无负债的每日结算制度，又称逐日盯市制度，就是以每种期货合约在交易日收盘前最后 1 分钟或几分钟的平均成交价作为当日结算价，与每笔交易成交时的价格进行对照，计算每个结算所会员账户的浮动盈亏，进行随市清算。由于逐日盯市制度以 1 个交易日为最长结算周期，对所有账户的交易头寸按不同到期日分别计算，并要求所有的交易盈亏都能及时结算，从而及时调整保证金账户，控制市场风险。

5. 限仓制度

限仓制度是交易所为了防止市场风险过度集中和防范操纵市场的行为，而对交易者持仓数量加以限制的制度。

6. 大户报告制度

其目的是方便交易所审查大户是否有过度投机和操纵市场行为。限仓制度和大户报告制度是降低市场风险，防止人为操纵，提供公开、公平、公正市场环境的有效机制。

7. 每日价格波动限制及断路器规则

为防止期货价格出现过大的非理性变动，交易所通常对每个交易时段允许的最大波动范围做出限制，一旦达到涨（跌）幅限制，则高于（低于）该价格的买入（卖出）委托无效。

金融期货
交易制度

除上述常规制度外，期货交易所为了确保交易安全，还规定了强行平仓、强制减仓、临时调整保证金比例（金额）等交易规则，交易者在入市之前务必透彻掌握相关规定。

（四）金融期货的种类

按照基础工具划分，金融期货分为外汇期货、利率期货和股权类期货等。

1. 外汇期货

外汇期货又称货币期货，是金融期货中最先产生的品种，主要用于规避外汇风险。1972年，芝加哥商业交易所所属国际货币市场率先推出。2005年，芝加哥商业交易所推出了以美元、日元、欧元报价和现金结算的人民币期货及期货期权交易。但是，由于人民币汇率并未完全实现市场化，这些产品的交易并不活跃。

2. 利率期货

利率期货是指各类固定收益金融工具，利率期货主要是为了规避利率风险而产生的。利率期货于1975年10月在美国芝加哥期货交易所产生。利率期货品种分成两种：债券期货，以国债期货为主的债券期货是各主要交易所最重要的利率期货品种；主要参考利率期货，常见参考利率为伦敦银行间同业拆放利率（Libor）、香港银行间同业拆放利率（Hibor）、欧洲美元定期存款单利率和联邦基金利率等。

3. 股权类期货

股权类期货分成以单只股票、股票组合、股票价格指数为基础资产的期货合约。股指期货，即股票价格指数期货，是以股票价格指数为基础变量的期货交易。单只股票期货，是以单只股票为基础资产的金融期货。股票组合期货，是以标准化的股票组合为基础资产的金融期货。

四、金融期权

（一）期权与期权交易

期权（Option）是种选择权，指一种能在未来某特定时间以特定价格买入或卖出一定数量的某种特定商品的权利。金融期权（Financial Option）是指以金融商品或金融期货合约为标的物的期权交易。具体来说，期权购买者在向出售者支付一定费用后，就获得了能在规定期限内以某一特定价格向出售者买进一定数量的某种金融工具的权利。

期权交易是一种权利的买卖，而不是现实金融资产的买卖，期权的买方在买入期权后，便取得了选择权。在约定的期限内，期权的买方既可行使权利买入标的资产，也可放弃行使权利。当买方选择行使权利时，卖方必须履约。

可见，期权交易是一种权利的单方面有偿让渡，这种权利仅属于买方。与期货交易相比，期权交易的最大特点是买卖双方的权利、义务、收益和风险均不对等。

（二）期权合约的构成要素

期权通常在证券交易所、期权交易所、期货交易所挂牌交易，也可以进行场外交易。期权合约的构成要素主要包括以下几个方面。

买方：是指购买期权的一方。

卖方：是指卖出期权的一方。

标的资产：每一期权合约都有一标的资产，标的资产可以是众多金融产品中的任何一种，如普通股票、股价指数、期货合约、债券、外汇等。通常，把标的资产为股票的期权称为股票期权，以此类推，期权有股票期权、股票指数期权、外汇期权、利率期权、期货期权等。

期权行使价：又称期权执行价格、履约价格或敲定价格，是指在行使期权时，用以买卖标的资产的价格。在大部分交易期权中，标的资产价格接近期权的行使价。行使价格在期权合约中都有明确规定，通常是由交易所按一定标准以减增的形式给出，故同一标的的期权有若干个不同价格。

数量：期权合约明确规定合约持有人有权买入或卖出标的资产数量。例如，一张标准的期权合约买卖股票的数量为 100 股，但在一些交易所亦有例外。例如，在香港交易所交易的期权合约，其标的股票的数量等于该股票每手的买卖数量。

（三）期权的类型

1. 按性质分类

（1）看涨期权

又称延买期权，即买方有权以双方预先商定的价格，在预先商定的到期日之前买进某种金融商品的合约。投资者买进看涨期权，是因为他坚信价格会在合约期限内上升。如果他预测错误，则会损失期权费。

（2）看跌期权

又称延卖期权，即买方有权以双方预先商定的价格，在预先商定的到期日之前向卖方卖出某种金融商品的合约。投资者之所以买进看跌期权，是因为他坚信价格会在合约期限内下降。如果他预测错误，则会损失期权费。

（3）双向期权

又称组合期权，它是指期权的买方有权在规定时间内（或规定的日期）买进或卖出一定数量的某一特定商品或期货合约的权利。

双向期权相当于期权的买方同时在同一成交价（指执行价格）上既买进看涨期权又买进看跌期权，它是同一价格水平上看涨期权和看跌期权的综合应用。如果期权的买方预测市场价格会出现大幅度波动，但又不能十分准确地判断市场价格是大幅上涨还是大幅下跌，这时投资者购入双向期权，可以在剧烈的价格波动中获利。

双向期权的获利模式使得期权费也要略高于看涨期权和看跌期权的期权费。对于双向期权的卖方来说，买方相信市场价格不会大幅度波动，只会在狭窄区间波动，所以卖方才会卖出双向期权，以获取较高期权费收入。

2. 按内容分类

（1）股票期权

股票期权一般是指经理股票期权，即企业在与经理人签订合同时，授予经理人未来以签订合同时约定的价格购买一定数量公司普通股的选择权，经理人有权在一定时期后出售这些股票，获得股票市价和行权价之间的差价，但在合同期内，期权既不可转让，也不能得到股息。

（2）外汇期权

外汇期权又称货币期权，是一种选择契约，其持有人即期权买方享有在契约届期或之前以规定的价格购买或销售一定数额某种外汇资产的权利，而期权卖方收取期权费，则有义务在买方要求执行时卖出（或买进）期权买方买进（或卖出）的该种外汇资产。

（3）股票指数期权

股指期权是指以股票指数为标的物的合约，买方在支付了期权费后即取得在合约有效期内或到期时以协定指数与市场实际指数进行盈亏结算的权利。股指期权以普通股股价指数作为标的，其价值取决于作为标的的股价指数的价值及其变化。

由于股指期权没有可做实际交割的具体股票，因此只能采取现金轧差（差额）的方式结算。结算的现金额度等于指数现值与敲定价格之差与该期权的乘数之积。

1983 年，芝加哥期权交易所首次推出了以标准普尔 100 种股价指数为基础的期权合约，标志着股指期权的产生。此后，股指期权获得了迅速发展。现在，以各种股票价格指数为对象的股指期权的种类越来越多。

股指期权产生以后，投资者可以将他的收益与指数的变动而不是单个股票的状况捆在一起，从而避免了单只股票的价格大幅度波动所隐含的风险。而且，股指期权为投资者通过预测股票市场未来走势进行投机提供了有效途径。

3. 按有效期不同划分

（1）欧式期权

它是指期权持有者只有在期权到期日能有权行使交易权利的期权。欧式期权多用于场外交易。

（2）美式期权

它是指在期权交易期限内的任何一个时点上，期权持有者都有权行使交易权利的期权。美式期权多用于场内交易。

对期权的买方来说，美式期权比欧式期权具有更强的灵活性；相反，对期权的卖方来说，美式期权让他承受的风险要比欧式期权让他承担的风险更大，而且他必须随时做好履约准备。因此，在其他情况一定时，美式期权的期权费要比欧式期权的期权费高一些。目前，国际上大部分的期权交易都是采用欧式期权的形式。

期权费又称期权权利金，是指期权合约买方向卖方支付的保证金。

每一期权合约都具有有效的行使期限，如果超过这一期限，期权合约即失效。一般来说，期权的行使时限为 3、6、9 个月不等，单只股票的期权合约的有效期间至多约为 9 个月。场外交易期权的到期日可根据买卖双方的需求量身定制。但在期权交易场所内，任何一只股票都要归入一个特定有效周期。

【素养提升】

名人理财趣闻

马克·吐温曾经迫于还债压力，进军股市希冀大捞一笔，但结果屡战屡败。与马克·吐温相似，历史上也曾经有过一些名人，他们也如今日股民一般历经股海沉浮。

1. 牛顿算不准股市的疯狂

大名鼎鼎的牛顿就曾做过一个疯狂的股民。1711 年，有着英国政府背景的英国南海公司成立，并发行了最早的一批股票。当时人人都看好南海公司，其股票价格从每股 128 英镑左右迅速攀升，涨幅惊人。看到如此利好消息，牛顿就用自己大约 7 000 英镑左右的资金，毫不犹豫地购买了南海公司的股票。很快他的股票就涨起来了，仅仅两个月左右，比较谨慎的牛顿把这些股票卖掉后，竟然赚了 7 000 英镑！

但刚卖掉股票，牛顿就后悔了。因为股票价格达到了 1 000 英镑，几乎增值了 8 倍。于是，牛顿决定加大投入。然而此时的南海公司出现了经营困境，股票的真实价格与市场价格严重脱钩。并且英国国会通过了《反泡沫公司法》，对南海公司等公司进行政策限制。结果没过多久，南海股票一落千丈，最终跌为约 124 英镑，南海公司总资产严重缩水。许多投资人血本无归，牛顿也未及脱身，亏了 2 万英镑！

这笔钱对于牛顿来说无疑是一笔巨款，牛顿曾做过英格兰皇家造币厂厂长的高薪职位，年薪也不过 2 000 英镑。事后，牛顿慨叹："我能计算出天体运行的轨迹，却难以预料到人们的疯狂。"

2. 马克思牛刀小试收获颇丰

与牛顿的一掷千金相比，马克思的炒股规模就小得多。1864 年，马克思当时在伦敦做研究工作，经济上一直比较拮据。囊中羞涩的窘况，让他感觉到很不快乐。当年 5 月，马克思获得 600 英镑的遗赠。对于马克思来说，朋友的这次遗赠不仅是雪中送炭，还给了他在股市小试牛刀的机会。

当时英国刚颁布《股份公司法》，英国的股份公司又开始飞速发展，股票市场也呈现繁荣景象。有了这笔资金，经济学造诣颇深的马克思便决定投资英国股市，一为休闲，二为体验一下股民生活，赚些生活费用。于是他参考伦敦"金融时报指数"回升的好时机，分批次购买了英国的一些股票证券，之后他耐心等待市场变化。在他认为政治形势和经济态势提供了良好的投资机会，股票价格开始上升一段时间后，就迅速地逐一清仓。通过这一番炒股操作，马克思以 600 英镑的本金赚取了约 400 英镑的净利润！对于这段炒股经历，马克思颇感自豪。

3. 丘吉尔初入股市损失惨重

丘吉尔炒股可谓"业余选手"。1929 年，刚刚卸去英国财政大臣之职的丘吉尔和几位同伴来到美国，受到了投机大师巴鲁克的盛情款待。巴鲁克是丘吉尔的好友，也是一位能干的金融家，并且还是一名善于把握先机的股票交易商，被人们誉为"投机大师""在股市大崩溃前抛出的人"等名号。此番接待丘吉尔，巴鲁克悉心备至，特意陪他参观了纽约股票交易所。在交易所，紧张热烈的气氛深深吸引了丘吉尔。虽然当时他已经年过五旬，但好斗之心让他也决心小试牛刀。

在丘吉尔看来，炒股就是小事一桩。然而不幸的是，1929 年改变世界经济乃至世界政治格局的美国股灾爆发了，丘吉尔回到纽约的时间和华尔街股票市场崩溃的开始时间恰巧重合。结果仅仅在 10 月 24 日一天之内，他几乎损失了投入股市所有的 10 万美元。那天晚上，巴鲁克邀请大约 50 名财界领袖一起吃晚饭，席间他向丘吉尔祝酒时就戏称他为"我们的朋友和前百万富翁"了。

这样的残酷事件让丘吉尔感到，炒股绝非儿戏。不过返回英国时，丘吉尔似乎还比较乐观，他认为这场金融灾难，尽管对无数人是残忍的，但也仅仅是一个插曲，最终会过去。而且他还曾充满想象力地声称："在这个年代，成为一个投机商人该是多么奇妙的一种生活啊。"

（摘自《中国总会计师》2012 年第 7 期）

【综合练习】

一、单选题

1.（   ）是股份有限公司筹集资本时向出资人或投资者发行的股份凭证，代表对股份有限公司的所有权。

A. 股票　　　　　　B. 债券　　　　　　C. 证券投资基金　　　D. 期货

2. 以下不属于按照投资主体划分股票的是（   ）。

A. 国有股　　　　　B. 法人股　　　　　C. 社会公众股　　　　D. 记名股票

3. 当股票简称前出现（   ）字样时，表示这只股票是当日新上市的股票。

A. "XD"　　　　B. "X"　　　　C. "ST"　　　　D. "N"

4.（   ）是指股份有限公司定期按照股票份额的一定比例支付给股东的收益。

A. 利息　　　　　　B. 股息　　　　　　C. 红利　　　　　　D. 分红

5. 股息和红利来源于股份有限公司的（   ）。

A. 收入　　　　B. 主营业务收入　　　C. 净利润　　　　D. 利润总额

6.（   ）是指发行人（也称债务人）为筹措资金而向投资者（也称债权人）出具的承诺按一定利率定期支付利息和到期偿还本金的一种债务（或债权）凭证。

A. 股票　　　　　　B. 债券　　　　　　C. 证券投资基金　　　D. 期货

7. 以下属于根据偿还期限不同划分的债券的是（   ）。

A. 政府债券　　　B. 金融债券　　　　C. 公司债券　　　　D. 长期债券

8.（   ）是指通过发售基金份额，将众多不特定投资者的资金汇集起来，形成独立财产，委托基金管理人进行投资管理，基金托管人进行财产托管，由基金投资人共享投资收益、共担投资风险的集合投资方式。

A. 股票　　　　　　B. 债券　　　　　　C. 证券投资基金　　　D. 期货

9. 以下不属于证券投资基金的参与主体的是（   ）。

A. 基金当事人　　　　　　　　　　B. 基金市场服务机构

C. 基金监管机构　　　　　　　　　D. 上市公司

10.（   ）是期货市场的核心。

A. 期货交易所　　B. 证券公司　　　　C. 监管机构　　　　D. 期货业协会

11. 以下不属于对期权按性质分类的是（   ）。

A. 看涨期权　　　B. 看跌期权　　　　C. 双向期权　　　　D. 欧式期权

二、多选题

1. 股票的主要特征有（   ）。

A. 收益性　　　　B. 风险性　　　　C. 流通性　　　　D. 永久性

E. 价格的波动性

2. 股票按照上市地区划分，主要有（   ）。

A. A 股　　　　　B. B 股　　　　　C. H 股　　　　　D. S 股

3. 股票按照股东权利划分，主要有（   ）。

A. 普通股　　　　B. 优先股　　　　C. 后配股　　　　D. 决议权股

E. 无决议权股

4. 股息和红利的分配形式主要有（   ）。

A. 现金股利　　　　B. 股票股利　　　　C. 财产股利　　　　D. 建设股利

E. 负债股利

5. 股份有限公司分配股息和红利时，一般应遵循的原则主要有（　　）。

A. 分配前扣除　　　B. 执行股利政策　　C. 按比例分配　　　D. 同股同权

6. 债券的基本要素有（　　）。

A. 发行者　　　　　B. 票面价值　　　　C. 息票利率　　　　D. 到期日

7. 根据发行主体的不同，债券可以分为（　　）。

A. 政府债券　　　　B. 金融债券　　　　C. 公司债券　　　　D. 长期债券

8. 债券的特点主要有（　　）。

A. 流动性　　　　　B. 收益性　　　　　C. 风险性　　　　　D. 返还性

9. 证券投资基金的特点主要有（　　）。

A. 集合理财、专业管理　　　　　　　　B. 组合投资、分散风险

C. 利益共享、风险共担　　　　　　　　D. 严格监管、信息透明

10. 金融衍生工具的特征主要有（　　）。

A. 跨期交易　　　　B. 价格的联动性　　C. 杠杆效应　　　　D. 高风险性

三、简答题

1. 有一些股票的简称前面带有 N、XD、XR、DR、ST 和*ST 等字母字样，请简述它们分别代表什么含义。

2. 契约型基金与公司型基金有哪些不同？

3. 金融期货的交易制度有哪些？

【学习评价】

知识巩固与技能提高（40分）			得分：

计分标准：
得分＝1×单选题正确个数＋2×多选题正确个数＋1×判断题正确个数

学生自评（20分）			得分：

计分标准：初始分＝2×A 的个数＋1×B 的个数＋0×C 的个数
　　　　　得分＝初始分÷26×20

专业能力	评价指标	自测结果	要求 （A 掌握；B 基本掌握；C 未掌握）
认识股票	1. 股票的定义 2. 股票的分类 3. 股票的特征 4. 特殊情况下股票的简称 5. 股息和红利	A □ B □ C □ A □ B □ C □ A □ B □ C □ A □ B □ C □ A □ B □ C □	理解股票的含义；掌握股票分类和特征；明确特殊情况下股票的简称；了解股息和红利
认识债券	1. 债券的含义 2. 债券的分类及特点	A □ B □ C □ A □ B □ C □	掌握债券的含义；理解债券的分类及特点
认识证券投资基金	1. 证券投资基金的含义及特征 2. 证券投资基金的运作与参与主体 3. 证券投资基金的法律形式和运作方式	A □ B □ C □ A □ B □ C □ A □ B □ C □	理解证券投资基金的含义及特征；了解证券投资基金的运作与参与主体
认识金融衍生工具	1. 远期合约 2. 金融期货 3. 金融期权	A □ B □ C □ A □ B □ C □ A □ B □ C □	理解远期合约、金融期货、金融期权的主要特征

小组评价（20分）			得分：

计分标准：得分＝10×A 的个数＋5×B 的个数＋3×C 的个数

团队合作	A □ B □ C □	沟通能力	A □ B □ C □

教师评价（20分）			得分：

教师评语	
总成绩	教师签字

项目三

证券投资宏观经济分析

【知识结构图】

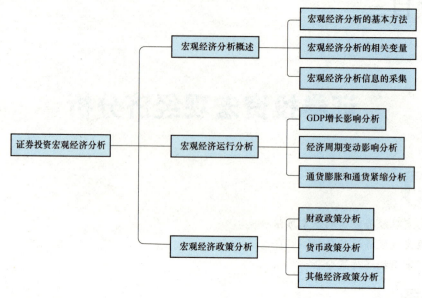

证券投资宏观经济分析
- 宏观经济分析概述
  - 宏观经济分析的基本方法
  - 宏观经济分析的相关变量
  - 宏观经济分析信息的采集
- 宏观经济运行分析
  - GDP增长影响分析
  - 经济周期变动影响分析
  - 通货膨胀和通货紧缩分析
- 宏观经济政策分析
  - 财政政策分析
  - 货币政策分析
  - 其他经济政策分析

【学习情境】

2017 年 11 月 20 日，阿里巴巴宣布 224 亿元拿下中国最大的线下连锁超市——大润发。随即，大润发遍布全国的仓储、物流等一流的供应链渠道也全部接入阿里巴巴的商业帝国。不到 3 个月的时间，董事会换了 6 人，创始人黄明端离职，阿里巴巴张勇接任大润发主席。开店 19 年没有关 1 家店铺，2010 年取代家乐福成为中国零售百货业冠军，大润发在零售业界堪称传奇。然而离职时，大润发创始人黄明端却说："我战胜了所有对手，却输给了时代。"

同样被时代遗忘的，还有曾经如日中天的柯达。鼎盛时期的柯达曾创造了诸多神话，一度占据全球 2/3 的胶卷市场，拥有 14.5 万名员工，特约经营店遍布全球各地。柯达，曾把无数人的美好时光变成永恒，它不仅是美国文化的象征之一，更是胶卷的代名词。

然而，随着数码成像技术的发展与普及，数码产品以迅雷不及掩耳之势席卷全球，传统胶卷市场迅速萎缩。拥有百年历史的巨无霸，最终在 2012 年 1 月被迫申请破产保护。令人觉得讽刺的是，世界上第一台数码相机正是柯达发明的，缺乏前瞻性的柯达为了不让数码相机冲击其蒸蒸日上的胶卷业务，竟选择雪藏这一新技术，并坚持固守传统市场。不愿意拥抱时代变化的柯达，最终被时代所抛弃，死在了自己手里。

我们生活的世界，正在呈现几何级的变化，根本停不下来。当变化来临时，是选择因势而变，积极主动地拥抱变化、迎接挑战，还是因循守旧、墨守成规，排斥或无视变化，会造成两种截然不同的后果。

任务一 宏观经济分析概述

【工作任务】

任务清单	内　容
任务情境	小王开始关注宏观经济分析，想构建宏观经济分析的总体框架
任务目标	理解宏观经济分析的基本方法；掌握宏观经济分析的相关变量，能够采集宏观经济信息
典型任务	请你根据任务情境，通过相关知识及网络搜索，完成以下任务。 （1）宏观经济分析有哪些基本方法？ （2）影响宏观经济变化的相关变量主要有哪些？它们是如何影响宏观经济的？ （3）进行证券投资分析的信息主要来自哪些渠道？
任务总结	通过完成上述任务，你学到了哪些知识或技能？
实施人员	
任务点评	

【相关知识】

一、宏观经济分析的基本方法

（一）总量分析法

总量是反映整个社会经济活动状态的经济变量：一是个量的总和；二是平均量或比例量。总量分析主要是一种动态分析，因为它主要研究总量指标的变动规律，同时，也包括静态分析。

（二）结构分析法

结构分析法是指对经济系统中各组成部分及其对比关系变动规律的分析。它主要是一种静态分析，也包括动态分析。

（三）总量分析和结构分析的关系

总量分析通过对影响宏观经济运行总量指标的因素及其变动规律进行分析来说明整个经济的状态，侧重分析经济运行的动态过程；结构分析侧重于对一定时期经济整体中各组成部分相互关系的研究，侧重分析经济现象的相对静止状态。总量分析最为重要，但它需要结构分析来深化和补充，结构分析要服从于总量分析的目标。

二、宏观经济分析的相关变量

证券市场是反映国民经济的"晴雨表"，宏观经济的变化可以在证券市场中反映出来。宏观经济与证券市场的关系表现为：当一国宏观经济趋好时，表明一国经济发展态势好，整体上微观经济景气度高，证券市场上市公司盈利，个股表现好；反之，当一国经济不景气时，企业盈利困难，上市公司业绩不佳，个股表现也不会好。影响宏观经济变化的相关变量主要有经济增长率、经济运行周期、通货膨胀率、利率、汇率、固定资产投资规模、失业率、财政收支、国际收支等。

（一）经济增长率

经济增长率就是经济增长速度，它是一个反映一定时期国民经济发展变化程度的动态经济指标。经济增长率通常根据国内生产总值（GDP）或国民生产总值（GNP）的变化来计算。一般来说，一国国内生产总值增长率较高，人均国内生产总值增加较多，则表明该国经济增长速度较快，经济运行态势良好，经济发展具有活力。同时说明总体的产品销售情况良好，大多数企业经营状况良好，居民购买力提高，企业利润增长。此时大部分上市公司利润增长，股东回报率高，证券市场繁荣，股价上涨。

（二）经济运行周期

理论研究和经济发展的实证均表明，由于受多种因素影响，宏观经济的运行总是呈现周期性的变化。这种周期性变化表现在许多宏观经济统计数据的周期性波动上，如国民生产总值、消费总量等。

（三）通货膨胀率

通货膨胀是指价格指数的持续上涨，反映一般物价水平的变化。通货膨胀率的高低影响企业的长期盈利能力或未来盈利能力。适度的通货膨胀率不会对国民经济造成损害，但通货膨胀率过高会造成收入分配不公平，居民实际收入下降，企业成本上升，经济形势恶化。通货膨胀率过高还会造成生产资料和消费资料价格增长较快，资金需求大，货币贬值，企业面临经营困境、利润下降、投资风险加大，此时投资者会从资本市场卖出证券，抽离资金，从而引发证券价格下跌。

（四）利率

利率既是一个经济指标，又是一个经济调节工具。利率表现为企业筹资成本的高低。利率下降，企业筹资成本降低，利润预期增长，证券价格预期上升；反之，利率上升，企业筹资成本提高，利润预期下降，证券价格预期下跌。利率可以作为一国经济的调节工具。国民经济过于低迷时，国家可以通过降低利率的方法刺激经济增长，以降低企业的筹资成本，引导企业盈利，最终使证券市场的股价上涨。反之，如果国民经济过于高涨或市场上流通的货币过多，国家可以通过提高利率促使资金回笼，提高企业的筹资成本，减少企业投资，进而减少市场需求，降低经济发展速度，导致证券市场股价下跌。

还有一个与利率相关的指标是存款准备金率。存款准备金是中央银行控制商业银行货币供给规模的一个工具。当宏观经济过于高涨时，中央银行提高存款准备金率（见图3-1），缩小商业银行的贷款规模，减少流通中的货币供给量，导致经济紧缩，从而引发证券价格下降。

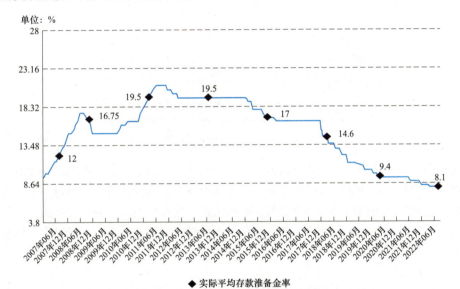

图3-1 2007—2022年平均存款准备金率

（五）汇率

从资金层面上讲，本币升值，外资流入，资本市场资金充足，股价上涨；反之，本币贬值，外资流出，资本市场资金不足，股价下跌。对微观企业来说，本币升值，利于进口，不利于出口，经营出口业务的企业利润下降，股价下跌；本币贬值，利于出口，不利于进口，经营出口业务的企业利润增长，股价上涨。各国货币外汇牌价示例见图3-2。

（六）固定资产投资规模

固定资产投资规模是一定时期国民经济各部门在固定资产再生产中所投入资金的数量，其规模大小会影响经济增长速度，进而影响证券价格。当固定资产投资规模过小时，经济不景气，证券价格降低；固定资产投资规模适度，经济稳定增长，预期收入增加，证券价格上升；固定资产投资规模过大，总需求与总供给失衡，通货膨胀加剧，预期实际收入下降，证券价格下跌。

（七）失业率

失业率是指劳动人口中失业人口所占的百分比，这里的失业人口不包括有劳动能力却不愿

外汇牌价 2021年6月21日06:59:47

货币	现汇买入价	现钞买入价	现汇卖出价	现钞卖出价
澳大利亚元	482.34	467.36	485.89	488.04
美元	643.94	638.7	646.67	646.67
欧元	763.48	739.75	769.11	771.58
英镑	888.48	860.87	895.02	898.98
港币	82.94	82.28	83.27	83.27
日元	5.8362	5.6549	5.8791	5.8882
加拿大元	516.62	500.31	520.43	522.73
瑞士法郎	696.98	675.47	701.88	704.89
韩国元	0.566	0.5461	0.5706	0.5915
澳门元	80.62	77.91	80.94	83.63
新西兰元	446.68	432.9	449.82	456
新加坡元	478.06	463.31	481.42	483.82
泰国铢	20.41	19.78	20.57	21.22
巴西里亚尔		122.91		139.55
丹麦克朗	102.59	99.42	103.41	103.91
印尼卢比		0.0433		0.0468
林吉特	155.47		156.88	
挪威克朗	74.09	71.8	74.69	75.04
阿联酋迪拉姆		169.49		182.09
印度卢比		8.1781		9.2221
沙特里亚尔		167.25		176.81
南非兰特	44.91	41.46	45.21	48.74
土耳其里拉	73.56	69.96	74.16	85.15
菲律宾比索	13.24	12.79	13.4	14
卢布	8.82	8.28	8.9	9.23
瑞典克朗	74.66	72.36	75.26	75.62
新台币		22.4		24.27

图3-2 各国货币外汇牌价

意寻找工作的自愿失业者。当失业率高的时候，大量劳动力将失去收入来源，导致对社会产品的需求减少。这样，企业必然减产，结果是一方面企业利润减少，另一方面进一步减少对劳动力的需求。这种经济上的困难，还会影响人们的情绪，进而引发一系列社会问题。这些都会导致证券价格下跌。反之，失业率低，就业充分，国民经济发展态势良好，居民收入增加，证券价格上升。

（八）财政收支

国家对财政收入和支出的安排就是财政政策，它会影响一国的经济发展。如果财政收入大于支出，即为盈余财政政策，也就是国家实行紧缩性的财政政策，社会总需求减少，经济发展减速，证券价格预期下跌。如果财政支出大于收入，即为财政赤字政策，国家实行扩张性的财政政策，社会总需求增大，经济增长，证券价格预期上涨。

（九）国际收支

国际收支反映的是一定时期内一国的外汇收支状况。如果经常项目失衡，进口大于出口时，表示国内经济过旺，持续的进口大于出口将导致经济衰退。出口大于进口时，则会引起社会总需求增加，经济增长，导致证券价格上涨，但持续的出口大于进口将引发通货膨胀，进而使证券价格下降。如果资本项目失衡，国际资本流入，当国际资本流入表现为直接投资时，有利于一国经济发展，但当国际资本流入表现为短期资本增加时，则可能造成金融动荡，证券市场波动加剧。

宏观经济
分析相关变量

三、宏观经济分析信息的采集

一般来说，进行证券投资分析的信息主要来自以下四个渠道。

（一）公开渠道

公开渠道主要是指通过各种出版物以及电视、广播、互联网等媒体公开发布的信息。例如，《中国证券期货年鉴》《中国经济年鉴》《中国统计年鉴》《世界银行报告》《中国证券报》《上海证券报》《证券时报》《证券市场周刊》，中国证监会网站、中国证券业协会网站、和讯网站、证券之星网站，以及各类搜索引擎等。

下面是一些有特色的网站。

① 人民日报网站，是一个综合性网站，可以了解到新闻、国家与国际大事，也有经济、金融方面的专栏。

② 全景网，其特色是研究报告栏目，网站有券商研究部门的上千篇研究报告，包括市场研究、行业研究、公司研究的内容。此外，也可以看到香港股票市场的信息。

③ 证券之星网站，是中国点击率最高的证券网站之一，其数据中心有中国所有股票的年度财务分析评估资料以及社会公众对个股的点评。

④ 和讯网，有基金、债券、外汇、房地产等栏目，通过基金栏目可以了解所有基金的评级、最新的资产净值等资料，通过债券栏目可以了解各交易所交易债券的剩余年限、到期收益率以及收益率曲线。

⑤ 中国财经信息网，信息更新比较快，国际财经栏目与基金栏目办得比较有特色。

⑥ 中国证券业协会网站，提供了从业资格考试、从业资格认定信息以及券商对发展证券市场研究的论文等相关信息。

⑦ 中国证券报网站，是中国最权威的财经证券资讯网站。

⑧ 上海证券报网站，提供实时查看服务，具有最专业的财经新闻报道。

此外，各种行情软件的资料，各大证券公司网站、基金公司网站、投资咨询公司网站的资料和市场比较贴近，适合进行市场研究。

（二）商业渠道

商业渠道的信息种类繁多，提供的信息量极为庞大，某些商业机构便将各种信息进行筛选、分类，使用者在支付一定费用后，可以利用这些经过整理的信息资料，从而节省时间，大大提高工作效率，如会计公司、投资咨询公司、证券公司、银行、资信评估机构的有偿研究报告、信息数据库等。

（三）实地访查

实地访查是获得证券分析信息的又一途径，它是指证券投资分析人员直接到有关的上市公司、交易所、政府部门等机构去实地了解进行证券分析所需要的信息资料。在证券投资分析过程中需要各种各样的信息资料，但有些资料无法通过公开渠道或网络获得，或者通过公开渠道所获得资料的完整性、客观性值得怀疑，此时就可以通过实地访查去核实。实地访查成本较高，通常将这种方法作为前面两个信息来源的补充。

（四）其他渠道

其他渠道包括通过家庭成员、朋友、邻居等介绍，到商场观察公司产品的畅销程度，调查上市公司的竞争对手等。

信息的收集、分类、整理和保存是进行证券投资分析最基础的工作，是进行证券投资分析的起点。分析人员最终所提供分析结论的准确性，除了取决于采用的分析方法和分析手段外，更重要的是取决于占有信息的广度和深度。

任务二　宏观经济运行分析

【工作任务】

任务清单	内　　容
任务情境	小王对 GDP 增长情况、经济周期变动情况以及通货膨胀与通货紧缩等重要经济变量是如何影响宏观经济运行非常感兴趣
任务目标	掌握 GDP 增长情况、经济周期变动情况以及通货膨胀与通货紧缩对证券市场的影响
典型任务	请你根据任务情境，通过相关知识及网络搜索，完成以下任务。 （1）GDP 增长是如何影响宏观经济运行的？ （2）经济周期是如何影响股价变动的？ （3）通货膨胀是如何影响证券市场的？ （4）通货紧缩是如何影响证券市场的？
任务总结	通过完成上述任务，你学到了哪些知识或技能？
实施人员	
任务点评	

【相关知识】

宏观经济运行状况对证券市场产生的影响是十分显著的，主要表现在 GDP 增长情况、经济周期变动情况以及通货膨胀与通货紧缩对证券市场的影响。

一、GDP 增长影响分析

国内生产总值（GDP）是一国经济成就的根本反映，从长期来看，在上市公司的行业结构与该国产业结构基本一致的情况下，股票平均价格的变动与 GDP 的变化趋势是吻合的。但不能简单地以为 GDP 增长，证券市场就必将伴之以上升的走势，实际上有时恰恰相反，必须将 GDP 与经济形势结合起来进行考察，下面对几种基本情况进行阐述。

（一）持续、稳定、高速的 GDP 增长

在这种情况下，总需求与总供给协调增长，经济结构逐步合理，趋于平衡，经济增长来源于需求刺激并使得闲置的或利用率不高的资源得以更充分利用，从而表明经济发展的势头良好。这时证券市场将基于下述原因而呈现上升走势。

① 伴随总体经济增长，上市公司利润持续上升，股息和红利不断增长，企业经营环境不断改善，产销两旺，投资风险也越来越小，从而使得公司的股票和债券全面得到升值，促使价格上扬。

② 人们对经济形势形成了良好的预期，投资积极性得以提高，从而增加了对证券的需求，促使证券价格上涨。

③ 随着国内生产总值 GDP 的持续增长，国民收入和个人收入都不断得以提高，收入增加也将增加证券投资的需求，从而证券价格上涨。

（二）高通胀下的 GDP 增长

当经济处于严重失衡下的高速增长时，总需求大大超过总供给，这将表现为高的通货膨胀率，这是经济形势恶化的征兆，如不采取相应的调控措施，必将导致未来的"滞胀"（通货膨胀与经济停滞并存）。这时经济中的矛盾不断突出，企业经营面临困境，居民实际收入也将降低，因而失衡的经济增长必将导致证券价格下跌。

（三）宏观调控下的 GDP 减速增长

当 GDP 呈失衡的高速增长状况时，政府可能采用宏观调控措施以维持经济的稳定增长，这样必然减缓 GDP 的增长速度。如果调控目标得以顺利实现，GDP 仍以适当的速度增长而未导致GDP 的负增长或低增长，说明宏观调控措施十分有效，经济矛盾逐步得以缓解，为经济进一步增长创造了有利条件。这时，证券市场也将反映这种好的形势而呈平稳渐升的态势。

（四）转折性的 GDP 变动

如果 GDP 一段时期以来呈负增长，当负增长速度逐渐减级并呈现向正增长转变的趋势时，表明恶化的经济环境逐步得到改善，证券市场走势也将由下跌转为上升。

当 GDP 由低速增长转向高速增长时，表明低速增长中，经济结构得到调整，经济的"瓶颈"制约得以改善，新一轮经济高速增长已经来临，证券价格也将伴之以快速上涨之势。

上面的分析只沿着一个方向进行，实际上，每一点都可沿着相反的方向导出相反的后果。最后还必须强调指出，证券市场一般提前对 GDP 的变动做出反应，也就是说，它是反映预期的GDP 变动。而 GDP 的实际变动被公布时，证券市场只反映实际变动与预期变动的差别。因而，对 GDP 变动进行分析时必须着眼于未来，这是最基本的原则。

二、经济周期变动影响分析

（一）经济周期的含义

经济周期（Business Cycle）又称商业周期，是指经济形势由高峰到低谷周而复始的运动，是沿着经济发展的总体趋势所经历的有规律的扩张和收缩的过程，一般一个周期会历经复苏、繁荣、衰退和萧条四个阶段，周而复始。由于受资源约束、人的预期和外部因素的影响，经济运行不会一直处于均衡状态，经常出现的情况是经济处于不均衡状态。相应地，股市也具有上下波动运行的特点。人们常说，股票市场是经济的"晴雨表"，也就是说，股价变动不仅随经济周期的变化而变化，同时也能预示经济周期的变化。实证研究显示，股价的波动超前于经济波动，往往在经济还没有走出谷底时，股价就已经开始回升，这主要是由于投资者对经济周期的一致判断所引起的。我们通常称"股市是虚拟经济"，称与之相对的现实经济为实物经济，两者的关系可以说是如影随形，彼此都能对对方有所反映。

（二）经济周期与股价变动的关系

当社会需求随着人口增加、消费增加等因素而不断上升的时候，产品价格、工人工资、资本所有者的投资冲动都会增加，连带出现的情况是投资需求增加，市场资金价格（利率）上涨。工资的增加又使得个人消费再度增加。企业投资的增加和个人可支配收入的增加，使实物经济质量不断提高，企业效益不断上升，经济发展得到进一步刺激。当经济上升到一定程度时，社会消费增长速度开始放缓，产品供过于求，企业开始缩小生产规模，社会上对资金需求减少，资金价格下落，经济进入低迷状态。当实物经济按照上述周期运行时，以证券市场表示的虚拟经济也处于周期运行之中。

宏观经济运行周期对证券市场有着重要影响。证券价格水平的周期性波动是经济运行周期各阶段交替的结果，而证券行情往往又是经济周期的先行指标。因为证券价格变动往往是众多投资者买卖行为的结果，个别投资者的买卖尽管常带有随机性，但多数投资者还是依据其对未来经济走势的预期做出的决策。经济运行周期表现为扩张与收缩的交替出现，扩张至高峰期表现为经济繁荣，收缩至低谷期表现为经济萧条。在经济萧条时期，多数投资者的投资积极性不高，证券市场的交易量不大。当萧条期接近尾声时，那些不断收集信息、分析能力强的投资者有选择地吸纳证券，证券价格缓缓上升。当各种媒体开始传播萧条已去、经济日渐复苏时，证券价格已经升至一定水平。在经济繁荣时期，多数投资者的投资热情很高，证券价格在顶部波动。当经济繁荣期接近尾声时，有识之士悄然抛出证券，此时虽然证券价格还在上涨，但证券市场的多空力量对比逐渐朝有利于空方的方向变化。当越来越多的投资者预期经济繁荣期即将结束时，多空力量对比经过平衡期之后转入空方占主导地位的时期，证券价格调头向下进入下跌通道。

三、通货膨胀和通货紧缩分析

（一）通货膨胀对证券市场的影响分析

通货膨胀是指用某种价格指数衡量的一般价格水平的持续上涨。通货膨胀程度可用通货膨胀率来表示。通货膨胀率是指物价指数总水平与国民生产总值实际增长率之差。按照物价上涨幅度可以分为温和的通货膨胀、严重的通货膨胀和恶性的通货膨胀。

温和的（通货膨胀率低于10%）、稳定的通货膨胀对股价的影响较小，但对债券价格的影响比较明显。通货膨胀提高了投资者对债券投资名义收益率的期望值，从而导致固定利息率债券的市场交易价格下跌。

　　如果通货膨胀在一定的可容忍范围内继续，而经济处于景气扩张阶段，产量和就业都持续增长，则股价仍有持续上升的动力。

　　当通货膨胀严重时（通货膨胀率在两位数甚至3位数上波动），经济将被严重扭曲，货币加速贬值。这时投资者就会被迫购买实物、囤积商品、购买房地产以期对资金保值，大量资金撤出证券市场，引起证券价格下跌，企业就难以筹集到必要的资金，加之原材料和劳务价格飞涨，使企业经营严重受挫，赢利水平下降，甚至倒闭，其证券价格下跌。想购买股票的投资者期望股票价格下跌，投资成本降低，以扩大获利空间，抵补通货膨胀所造成的实际收益率下降和实物购买力下降所造成的损失，在此情况下，股票价格很难上涨，下跌却比较容易。如果投资者预期通货膨胀趋向严重，则同时也会预期股价下跌，从而采取抛售股票或持币观望的策略，使股票价格趋向下跌。通货膨胀使公司未来的经营状况和股息水平具有更大的不确定性，从而动摇投资者的持股信心，导致股价下跌。

　　政府往往不会长期容忍通货膨胀存在，因而必然会动用某些宏观经济政策工具来抑制通货膨胀，这些政策必然会对经济运行造成一定影响。这种影响将改变资金流向和企业的经营利润，从而影响股价。

　　通货膨胀时期，并不是所有价格和工资都按同一比率变动，而是相对价格发生变化。这种相对价格变化引致财富和收入再分配，以及产量和就业的扭曲，因而某些公司可能从中获利，而另一些公司可能蒙受损失。正因如此，在市场指数下跌的过程中，每天仍会有上涨甚至涨停的股票存在。那些受益于通货膨胀的公司的股票价格上涨，受损失的公司股票价格下跌，所以证券分析师们经常提到要选择那些抗通胀的品种择机介入，而要规避那些涨幅过高的个股所带来的风险。

　　通货膨胀不仅会产生经济影响，而且可能产生社会影响，并影响公众的心理和预期，从而对股价产生影响。这就是所谓的趋众心理或者说是"羊群效应"。公众心理普遍对经济表示悲观，即便有利好，股价往往也是一夜行情。

　　通货膨胀使得各种商品价格具有更大的不确定性，也使得企业未来经营状况具有更大的不确定性，从而影响市场对股息的预期，并增大获得预期股息的风险，从而导致股价下跌。

　　通货膨胀对企业（公司）的微观影响表现为：通货膨胀之初，税收效应、负债效应、存货效应、波纹效应等有可能刺激股价上涨。但长期严重的通货膨胀，必然恶化经济环境、社会环境，股价必受大环境的影响而下跌，短期效应的表现便不复存在。这也是很多个股出现一夜行情的根本原因所在。

（二）通货紧缩对证券市场的影响分析

通货膨胀
对证券市场的
影响分析

　　通货紧缩对证券市场的影响并不十分明显。在通货紧缩的情况下，如果消费品价格不能下降到刺激消费的程度，就会出现消费品市场低迷、经济不景气、公司经济效益下滑的现象；如果消费品价格持续下跌，而且因下跌所造成的利润损失不能通过企业经营成本下降或产品销量的扩大来弥补，则公司的经济效益也会下滑。这都会促使公司证券价格下跌。通货紧缩还会使投资者产生银行存贷款利息率和债券票面利息率下调的预期。从我国的实际情况来看，利息率下调是促使已发行证券价格上扬的"利好"因素。

任务三　宏观经济政策分析

【工作任务】

任务清单	内　　容
任务情境	小王想进一步了解财政政策、货币政策以及其他政策影响宏观经济的机制
任务目标	掌握财政政策、货币政策分析；理解价格政策、对外经济贸易管理政策分析
典型任务	请你根据任务情境，通过相关知识及网络搜索，完成以下任务。 （1）实施积极财政政策对证券市场有什么影响？ （2）实施宽松的货币政策对证券市场有什么影响？ （3）价格政策有哪些手段？ （4）对外经济贸易管理政策有哪些手段？
任务总结	通过完成上述任务，你学到了哪些知识或技能？
实施人员	
任务点评	

【相关知识】

一、财政政策分析

财政政策是政府依据客观经济规律制定的指导财政工作和处理财政关系的一系列方针、准则和措施的总称。它是当代市场经济条件下国家干预经济、与货币政策并重的一项手段，主要包括国家预算、税收、国债、财政补贴、财政管理体制、转移支付制度等。这些手段可以单独使用，也可以配合协调使用。

财政政策分为扩张性财政政策、紧缩性财政政策和中性财政政策。实施紧缩性财政政策时，政府财政在保证各种行政与国防开支外，并不从事大规模的投资。而实施扩张性财政政策时，政府积极投资能源、交通、住宅等基础建设，从而刺激相关产业如水泥、钢材、机械等行业的发展。

总的来说，紧缩性财政政策将使得过热的经济受到抑制，证券市场也将走弱，因为这预示着未来经济将减速增长或走向衰退；而扩张性财政政策将刺激经济发展，证券市场则将走强，因为这预示着未来经济将加速增长或进入繁荣阶段。

具体而言，实施积极的财政政策对证券市场的影响如下。

（一）减少税收，降低税率，扩大减免税范围

其政策的经济效应是：增加微观经济主体的收入，以刺激他们的投资需求和消费支出，从而使企业扩大生产规模，增加企业利润；利润增加，又将促使股票价格上涨，因市场需求活跃，企业经营环境改善，盈利能力增强，进而降低了还本付息风险，债券价格也将上扬。

（二）扩大财政支出，加大财政赤字

其政策效应是：扩大社会总需求，从而刺激投资，扩大就业。政府通过购买和公共支出增加对商品和劳务的需求，激励企业增加投入，提高产出水平，于是，企业利润增加，经营风险降低，使得股票价格和债券价格上升。同时，居民在经济复苏中增加了收入，投资意愿增强，证券市场和债券市场自然走强。

如果过度使用此项政策，财政收支出现巨额赤字时，虽然进一步扩大了需求，但会增加经济的不稳定因素。例如，随着财政支出的扩大，将会产生通货膨胀，有可能使投资者对经济的预期不乐观，反而造成股价下跌。

（三）减少国债发行（或回购部分短期国债）

国债是证券市场上重要的交易券种，国债发行规模的缩减使市场供给量减少，从而对证券市场原有的供求平衡产生影响，导致更多资金转向股票，推动证券市场上扬。

（四）增加财政补贴

财政补贴往往使财政支出扩大，从而刺激供给，扩大社会总需求，最终

财政政策分析

使整个证券市场的总体水平趋于上涨。紧缩的财政政策对证券市场的影响则与上述情况相反。

二、货币政策分析

（一）货币政策工具

货币政策，是指政府为实现一定的宏观经济目标所制定的关于货币供应量和货币流通组织管理的基本方针和基本准则。货币政策是对宏观经济进行全方位的调控。货币政策工具一般包括法定存款准备金率、再贴现政策、公开市场业务。

1. 法定存款准备金率

法定存款准备金率是指中央银行规定的金融机构为保证客户提取存款和资金清算需要而准备的在中央银行的存款占其存款总额的比例。当中央银行提高法定存款准备金率时，商业银行可运用的资金减少，贷款能力下降，货币乘数变小，市场货币流通量便会相应减少。人们通常认为这一政策工具的效果过于猛烈，它的调整会在很大程度上影响整个经济和社会心理预期。因此，一般对法定存款准备金率的调整都持谨慎态度。

2. 再贴现政策

再贴现政策是指中央银行对商业银行用持有的未到期票据向中央银行融资所作的政策规定。再贴现政策一般包括再贴现率的确定和再贴现的资格条件。再贴现率主要着眼于短期政策效应。中央银行根据市场资金供求状况调整再贴现率，以影响商业银行借入资金成本，进而影响商业银行对社会的信用量，从而调整货币供给总量。在传导机制上，若商业银行需要以较高代价才能获得中央银行的贷款，便会提高对客户的贴现率或提高放款利率，其结果就会使信用量收缩，市场货币供应量减少；反之，则相反。中央银行对再贴现资格条件的规定则着眼于长期的政策效用，以发挥抑制或扶持作用，并改变资金流向。

3. 公开市场业务

在多数发达国家，公开市场业务操作是中央银行运用基础货币、调节市场流动性的主要货币政策工具，通过中央银行与指定交易商进行有价证券和外汇交易，实现货币政策调控目标。中国公开市场业务包括人民币操作和外汇操作两部分。

货币政策工具

（二）货币政策对证券市场的影响

货币政策的使用主要是指中央银行根据客观经济形势采取适当的政策措施调控货币供应量的规模，使之达到预定的货币政策目标，并以此影响整体经济的运行。通常，将货币政策的运作分为紧缩的货币政策和宽松的货币政策。

1. 紧缩的货币政策

紧缩的货币政策的主要政策手段是：减少货币供应量，提高利率，加强信贷控制。如果市场物价上涨，需求过度，经济过度繁荣，被认为是社会总需求大于总供给，中央银行就会采取紧缩的货币政策以减少需求。

2. 宽松的货币政策

宽松的货币政策的主要政策手段是：增加货币供应量，降低利率，放松信贷控制。如果市场产品销售不畅，经济运转困难，资金短缺，设备闲置，被认为是社会总需求小于总供给，中央银行则会采取扩大货币供应量的办法增加总需求。

宽松的货币政策使证券市场价格上涨。一方面，这使得企业部门可用资金增加，投资增加，对其未来利润和股价期望的提高使证券价格上涨；另一方面，货币供应量的增加会提高居民的名义收入水平，刺激人们投资的需求，购买更多金融产品，这也能提高证券价格。紧缩的货币政策，会使利率水平提高，社会可流通资金减少，从而使得股票价格降低。

三、其他经济政策分析

（一）价格政策

1. 价格政策特点

所谓价格政策是国家对价格形成和价格运动进行干预的行为准则和措施的总称，主要包括两方面的内容——价格政策目标的确立与价格政策手段的选择，前者是价格政策的核心内容。

价格政策作为国家对价格形成和价格运动进行干预的一种行为，具有以下三个特点。

一是普遍性。价格政策不仅是一种微观调节政策，还是一种宏观调节政策。微观调节主要表现为价格政策能够调节利益矛盾和结构，宏观调节则表现为保持物价总水平的稳定。

二是基础性。价格是市场经济中最基础的经济变量之一。它的变动必然会引起工资、利率等一系列因素变动，因而价格政策必然也会影响工资政策、货币政策等，对其他经济政策的实施起牵制作用。

三是相对稳定性。价格政策的普遍性决定了价格政策涉及面广泛，价格变动会产生一系列连锁反应。因此，价格政策对价格的干预只能是缓慢且平稳的。另外，价格政策的实施与其效果的产生对其他经济政策的依赖性较强，必须在其他经济政策尤其是财政政策与货币政策的配合下才能进行。价格政策的这些特点对其政策目标的确立与政策手段的选择都产生了重大影响。

2. 价格政策目标

根据价格政策所要解决的主要问题，价格政策目标包括：促进宏观经济目标的实现；确立合理的价格管理体制；调整价格结构；稳定物价总水平。

第一，促进宏观经济目标的实现。价格政策也是宏观经济政策的主要组成部分之一，因此，确立价格政策目标理所应当把促进经济目标的实现作为首要目标，即通过实现价格结构的合理化和物价总水平的稳定，为国民经济的顺利发展创造良好的条件，促进经济有序、稳定地增长，扩大就业，实现国际收支平衡等来实现经济的基本目标。

第二，确立合理的价格管理体制。确立合理的价格管理体制实质上就是要合理划分价格决策权限，科学设置价格管理机构。与计划经济体制相适应的价格管理体制是高度集中的计划管理，价格决策权限完全掌握在政府手中，几乎所有商品的价格都是由政府决定的。实践证明，这种价格管理体制必然导致价格体系不合理和价格总水平大幅度上涨。在市场经济条件下，合理的价格管理体制是一种分散的体制，即国家只管理极少数关系到国计民生的商品的定价，大部分商品价格和劳务收费由供求双方根据市场供求状况来决定。确立合理的价格管理体制就是要建立这样一种主要由市场来调节价格的机制。

第三，调整价格结构。所谓价格结构调整，主要是指对商品比价关系和差价关系的调整。商品比价是不同商品在同一市场、同一时间内的价格比例关系，它反映了生产不同商品的国民经济各部门、各企业之间的经济关系。商品比价的形成除了受生产不同商品所耗费的社会必要劳动时间的影响外，还受到供求关系、经济政策等诸多因素的影响。这样一个复杂的过程常会导致商品比价关系的不合理，使生产某些商品的部门、企业获得较多利润，而另一些商品的生产者得到的利润却很少，因而不利于资源优化配置与经济结构的合理化，这就需要国家运用价格政策进行干预。商品差价则是同种商品由于购销环节、购销地区、购销季节或质量不同而形成的价格差额。不合理的商品差价会导致利润在不同商品经营者之间的不合理分配，不利于商品流通和生产发展。因此，也需要国家运用价格政策进行干预。

第四，稳定物价总水平。物价总水平的稳定是实现经济发展的基本目标之一，也是发挥市场机制对经济调节功能、促进资源合理配置的基本条件。价格的频繁波动会使得生产要素的流动毫无规则，不利于资源的有效运用，还容易引起经济波动。所以，稳定物价总水平是包括价格政策在内的各项经济政策的共同目标。

3. 价格政策手段

价格政策目标需借助一系列的手段来实现，所以，价格政策手段是构成价格政策的重要内容。价格政策手段实质上就是国家干预价格形成和价格运动的形式。

这些干预形式主要可以分为两大类：一类是直接干预形式；另一类是间接干预形式。

第一，直接干预形式。所谓直接干预形式，就是国家直接规定价格水平，主要包括国家定价和国家指导价两种。在采用国家定价干预形式时，国家是价格决策的主体，直接掌握价格决策权并决定价格变动。一般说来，国家定价干预主要是为了实现一些社会政策目标，在国民经济中所占比例较小，其范围限于一些具有垄断性质的产品，如邮电、铁路、煤气、电力等，这些产品对国民经济运行影响极大，但投资规模大、风险高、收益低，非国家投资无法经营。因此，按照谁投资经营谁定价的原则，这类产品应由国家定价。

国家指导价与国家定价不同，它只是国家规定一些产品和劳务的基准价和浮动幅度或规定一些产品和劳务的最高、最低限价，在国家规定的允许范围内，企业拥有最后定价权。国家指导价干预主要是针对一些未来供求难以预测，供求变动易因价格变动而大起大落的产品和劳务。对其实行直接干预有利于通过价格在特定范围内变动对这些产品和劳务的供求进行调节，以避免价格剧烈变动、供求剧烈变动造成生产资源在配置过程中的浪费。

第二，间接干预形式。间接干预是在市场经济条件下广泛采用的干预形式，它是国家借助补贴、税收和国家对市场买卖活动的介入等干预价格的手段，所以，间接干预总是与财政政策等其他经济政策相伴而行的。国家通过向个人或企业提供价格补贴可补偿由于低价格给他们造成的损失，从而支持某种产品的生产；通过增加或减少税收可增加或减少各生产企业的边际成本，从而使他们在价格既定的情况下减少或增加生产；在掌握相当数量商品的情况下，通过以商品买卖者的身份进入市场，可以影响市场价格变动的方向及程度。可以看出，在几种主要间接干预形式的实施过程中，财政都起着基础性作用。

（二）对外经济贸易管理政策

在一个开放的经济条件下，宏观经济管理的目标包括两大类：一类是国内经济目标，即要实现国内经济的均衡发展；另一类是国际经济目标，即要实现对外经济贸易的均衡发展。这两个目标是整体国民经济全面均衡的两根支柱，两者总是相互影响、相互促进的：要发展对外经济贸易离不开国内经济的支持，而要实现国内经济持续稳定协调发展，也离不开对外经济贸易的发展。因此，加强对外经济贸易管理，使对外经济贸易的发展与国内经济发展互相促进就成为政府制定宏观经济政策时必须考虑的一项重要任务。

1. 对外经济贸易管理的目标

对外经济贸易管理的目标，是一国在未来一定时期内，为国民经济和社会发展战略的顺利实现而制定的对外经济贸易管理的标的。对外经济贸易管理的目标，一般由提高出口效益、提高外资和外汇利用效益、保持国际收支平衡等内容构成。

第一，提高出口效益。出口是对外经济贸易的重要内容，它不仅是进口的基础，而且是开展整个对外经济贸易活动的基础。而出口效益如何，从根本上制约着一国对外经济贸易发展的前景，从而在一定程度上制约着一个国家整体经济的发展。这是因为，一国在一定时期内可供出口的商品、劳务、技术等总是一个定量，如果出口效益较高就可使相同数量的出口获得较多的外汇收入，从而为以后的对外经济贸易活动的进行创造良好的条件，或者说，就可使对外经济贸易活动形成良性循环；反之，如果出口效益较低，为获得一定数量的外汇收入就必须加大出口数量，但它又受到出口能力的限制，这样，对外经济贸易活动就难以持续下去。因此，对外经济贸易管理必须追求较高的出口效益。

第二，提高外资和外汇利用效益。外资和外汇是构成一国经济发展的资金的重要来源，但一国在一定时期内的外资和外汇毕竟是有限的，这就需要合理利用外资和外汇，提高其利用效益。外资和外汇利用效益较高，就可在国民经济发展中发挥较大作用，加速国民经济发展；反之则难以发挥外资与外汇应有的作用。因此，提高外资和外汇的利用效益，便构成对外经济贸易管理目标的重要内容。

第三，保持国际收支平衡。国际收支平衡是国民经济平衡的重要组成部分，一国的国际收支状况对该国的国民经济有重要影响。一般说来，如果国际收支是平衡的，它则有利于整个国民经济的平衡，从而有利于整个国民经济持续高速增长；如果国际收支是不平衡的，它将不利于整个国民经济的平衡，从而影响国民经济持续高速地增长。尽管可以说，一国一定时期的社会总供给大于或小于社会总需求，可以通过国际收支差额来弥补，但长时期的国际收支差额终究是不能维持的，终究也是不利于国民经济持续高速增长的。因此，世界各国都把保持国际收支平衡作为对外经济贸易管理和整个宏观经济管理的一个重要目标。

对外经济贸易管理的目标是一个国家对外经济贸易管理的依据。可以说，对外经济贸易管理的一切活动都是围绕目标进行的，都是为实现目标服务的。正因如此，对外经济贸易管理的目标就成为对外经济贸易管理的首要内容。

2. 对外经济贸易管理的手段

在世界各国的对外经济贸易管理中都有一套行之有效的管理手段。这些手段既有经济手段，也有行政手段和法律手段，具体来说，包括以下一些内容。

第一，财政政策。运用财政政策来管理对外经济贸易主要通过财政支出的增减和税率的高低来间接影响和调节进出口与国际收支。因为财政支出和税率的变动会影响总需求变动，进而引起价格变动，使得进出口和国际收支发生变动。因此，当一国需鼓励出口、限制进口，扭转国际收支逆差时，政府可削减财政开支或增加税收，抑制社会总需求，迫使物价降低，使出口商品成本下降，出口商品因而增强了在国际市场上的竞争力，从而出口增加；同时，受国内物价下跌的影响，一部分需求弹性较大的进口品不能维持原有利润，因而减少或停止进口。反之，当一国需鼓励进口、抑制出口，消除国际收支顺差时，政府可通过运用相反的财政政策手段来达到目的。

在运用这一手段时必须考虑到它对国内经济的影响，因为财政支出减少和税收的增加容易引起工商业衰退与失业增加，财政支出增加与税收减少则易导致通货膨胀。

第二，货币政策。运用货币政策管理对外经济贸易主要是通过利率的变动间接影响贸易进出口、资金流入和国际收支。当一国需鼓励出口和资金流入，限制进口和资金流出时，政府可通过提高中央银行对商业银行的再贴现率，促使商业银行利率上升，从而抑制社会总需求，其结果必然使得出口增加，进口减少；另外，利率上升必然会吸引国外资金流入国内，抑制国内资金流出。这两方面的共同作用最终会使国际收支逆差消除。反之，当一国需消除国际收支顺差时，政府通过降低再贴现率就可达到目的。

第三，汇率政策。运用汇率政策管理对外贸易与经济主要是通过汇率的变动来影响贸易进出口和资金流出入。因为汇率的变动，一方面必然引起进出口商品价格的变动，从而使进出口发生变化，另一方面必然引起资本特别是短期资本在国际间流动的变化。因此，一国政府可以通过提高外汇汇率来消除国际收支逆差，也可通过降低汇率来消除国际收支顺差。

第四，外贸直接管制。外贸直接管制又可分为商品输出管制与商品输入管制。商品输出管制是指政府通过制定一定制度、采取一定措施来鼓励或限制商品输出，如采取出口津贴或出口许可证等措施；商品输入管理则是指政府通过制定一些制度或采取一些措施来限制商品输入。

相对于关税手段而言，商品输入管制的制度和措施可统称为非关税壁垒。按照关税及贸易总协定的原则，关税应是商品输入的主要管理手段，这样许多非关税壁垒措施就应取消。但实际上，世界各国出于本国利益的考虑，都在不同程度地采用非关税壁垒措施，主要的有进口限额制、自动出口限制、反倾销、外汇管制等。

第五，关税。关税是国际贸易中各国贸易管理的主要手段，具体包括进口税、出口税、进口附加税、差价税、优惠税等。进口附加税往往是为某种目的，如减少贸易逆差、平衡国际收支、防止外国商品倾销或对某个国家实行歧视政策而临时征收的关税。差价税是对低于本国商品国内价格的进口商品按进口价与国内价的差额浮动征税。优惠税是对某国或某地区进口的全部或部分商品的关税给予减免优待。优惠税可以是单方面的，也可以是互惠的。

【素养提升】

党的十八大以来，我国货币政策调控工具不断丰富　货币政策传导效率明显提高

党的十八大以来，我国经济社会发展取得举世瞩目的成绩，经济总量连续跨越多个重要关口，2021 年国内生产总值（GDP）突破 110 万亿元。经济高质量发展的背后，离不开金融坚持服务实体经济这一根本定位，特别是货币政策始终根据经济形势变化灵活适度调整，加强逆周期和跨周期调控。中国人民银行作为我国的中央银行，通过健全现代货币政策框架，健全宏观调控体系，积极推进以利率等为核心的金融市场化改革，不断提升货币政策传导效率，为经济高质量发展创造了适宜的货币金融环境。

光大银行金融市场部宏观研究员周茂华表示，党的十八大以来，我国货币政策调控工具不断丰富，各项政策工具向实体经济传导顺畅。同时，货币政策调控框架逐步从数量型向价格型转变，货币政策调控在预期引导、精准发力等方面显著增强。此外，货币政策传导效率的提升，也与金融供给侧结构性改革、利率市场化改革、国有企业改革推动市场主体对利率敏感度提升等息息相关。

货币政策调控"有力、有度、有效"

在总量工具的运用上，据统计，2018 年以来，人民银行共 13 次下调存款准备金率，释放长期资金 10.8 万亿元，支持金融机构加大对实体经济信贷支持力度。完善中央银行调节银行货币创造的流动性、资本和利率约束的长效机制，实现了广义货币（M2）和社会融资规模增速同名义经济增速基本匹配，稳住了"货币锚"，既保持了金融支持实体经济力度稳固，又避免了"大水漫灌"，有效防范了宏观金融风险。2018 年至 2021 年，我国 M2 平均增速为 9%，与同期名义 GDP 为 8.3% 的平均增速大致相当。

人民银行货币政策司近期发文表示，面对复杂严峻的国际环境和艰巨繁重的国内改革发展稳定任务，并经历了新冠肺炎疫情的严重冲击和反复扰动，稳健货币政策保持定力、顶住压力、科学施策，坚持不搞"大水漫灌"、不超发货币，没有大起大落、大放大收，而是始终坚持稳字当头、以我为主，保持货币金融条件的合理稳定，在全球高通胀背景下保持了物价形势稳定，支持了宏观经济大盘稳定。

宏观杠杆率水平方面，从纵向来看，中国宏观杠杆率到 2021 年年末是 272.5%，比 2016 年年末上升了 23.9 个百分点，5 年年均上升约 4.8 个百分点。2016 年至 2021 年这 5 年，中国 GDP 年均增速约为 6%，CPI 年均涨幅约为 2%，平均每年新增城镇就业超过 1 300 万人。也就是说，中国以温和可控的宏观杠杆率增幅支持实现了"较高增长、较低通胀、较多就业"的优化组合，

宏观调控取得了良好的成效。

横向对比来看，新冠肺炎疫情暴发以后，各国普遍采取了超宽松的刺激政策来应对衰退，中国则以相对较少的新增债务支持了经济的较快恢复，宏观杠杆率的增幅明显低于其他主要经济体。2021年年末，国际清算银行统计报告国家的杠杆率平均水平是264.4%，比2019年年末高18.3个百分点。相比而言，中国的这一数据是16.5个百分点。专家强调，这体现出我们不搞"大水漫灌"、不超发货币、不透支未来的宏观政策取向，货币政策调控"有力、有度、有效"。在稳杠杆的同时，中国经济表现持续保持领先，通胀总体可控。

结构性货币政策工具创新不断

货币政策既可以发挥总量政策功能，也可以在支持经济结构调整和转型升级方面发挥重要作用。围绕支持普惠金融、绿色发展、科技创新等国民经济重点领域和薄弱环节，服务经济。

例如，2019年，人民银行构建了"三档两优"的存款准备金政策新框架。招联金融首席研究员董希淼表示，这是用改革的办法优化金融供给结构和信贷资金配置，有利于处理好总量和结构的关系，增强服务县域中小银行的资金实力，更好立足本地，支持民营和小微企业发展。

2020年，为应对疫情冲击，人民银行先后出台3 000亿元专项再贷款、5 000亿元和1万亿元普惠性再贷款、再贴现政策，并创设两项直达实体经济的货币政策工具，即普惠小微企业贷款延期还本付息支持工具和普惠小微企业信用贷款支持计划，以此推动金融机构缓解中小微企业贷款还本付息压力，加大对小微企业信用贷款投放力度。2021年，为支持碳中和、促进绿色减碳，人民银行推出碳减排支持工具和支持煤炭清洁高效利用专项再贷款。2022年，人民银行先后出台了科技创新再贷款、普惠养老专项再贷款、交通物流专项再贷款等。

"相较于总量工具，结构性工具对流动性总量的影响较小，更容易将流动性控制在合理充裕的状态并实现流动性的精准滴灌，提高政策的针对性和实效性，因此也更易避免出现结构扭曲、推高宏观杠杆率等问题。同时，结构性货币政策工具也是在总量工具基础上做的加法，对增强信贷总量增长的稳定性也有贡献。"光大证券首席固收分析师张旭表示。

实践证明，在一系列结构性货币政策工具的引导下，金融机构对普惠小微、"三农"、绿色发展和制造业等重点领域和薄弱环节的支持力度明显加大。数据显示，2022年7月末，普惠小微贷款余额为21.9万亿元，为2018年年初的2.7倍；普惠小微贷款支持小微经营主体5 255万户，是2018年年初的2.5倍；小微企业融资成本显著下行，融资难、融资贵问题有所缓解。

利率市场化改革推动实际贷款利率下行

利率是金融资源配置的基石，利率市场化是我国金融领域最核心的改革之一。2015年10月，人民银行放开存款利率上限，我国利率管制基本放开。然而，取消对利率浮动的行政限制并不意味着人民银行不再对利率进行管理。此后，进一步深化利率市场化改革的核心转变为完善中央银行利率调控体系，疏通利率传导渠道，增强人民银行引导和调节市场利率的有效性。货币政策调控框架也由广义货币量为中介目标的数量型框架向以利率为中介目标的价格型框架转变。

"在很长一段时间内，我国贷款实际利率同时受到市场利率和贷款基准利率这两个因素的影响，即我们常说的利率双轨制。双轨制形成了市场价格的扭曲，阻碍了政策信号向贷款实际利率的传导，影响了货币政策的实施效果。"张旭说。

为了破解我国利率体系的双轨制问题，2019年8月，人民银行改革完善贷款市场报价利率（LPR）形成机制。贷款定价锚由此前的贷款基准利率转变为LPR，而LPR直接挂钩人民银行政策利率——中期借贷便利（MLF）利率，利率并轨"靴子"落地。

张旭表示，与 LPR 改革之前的双轨制相比，当前 MLF 利率—LPR—贷款利率的利率调控传导路径明显更为市场化，也使货币政策的传导更为及时和有效。从货币政策调控的角度来看，LPR 改革的意义在于，将 LPR 挂钩 MLF 操作利率，增强了人民银行对于信贷市场利率的调控"抓手"，为未来进一步畅通货币政策的利率传导渠道、货币政策调控向价格型框架转型奠定基础。

从 LPR 改革对贷款实际利率的整体影响来看，自改革以来，企业贷款利率从 2019 年 7 月的 5.32%降至 2022 年 8 月的 4.05%，创有统计以来的最低水平。

除了贷款端的 LPR 改革，人民银行同时注重从存款端入手，推进存款利率进一步市场化，稳定银行负债成本，以改革的办法推动实际贷款利率明显下行。2021 年 6 月，人民银行指导市场利率定价自律机制，优化存款利率自律上限形成方式，由存款基准利率浮动倍数形成改为加点确定，消除了存款利率上限的杠杆效应，优化了定期存款利率期限结构。2022 年 4 月，推动自律机制成员银行参考以 10 年期国债收益率为代表的债券市场利率和以 1 年期 LPR 为代表的贷款市场利率，合理调整存款利率水平。随着存款利率市场化机制的逐步健全，2022 年 9 月中旬，国有商业银行主动下调了存款利率，带动其他银行跟随调整，其中很多银行还自 2015 年 10 月以来首次调整了存款挂牌利率。这是银行加强资产负债管理、稳定负债成本的主动行为，显示存款利率市场化改革向前迈进了重要一步。

人民银行表示，下一步将继续深入推进利率市场化改革，持续释放 LPR 改革效能，加强存款利率监管，充分发挥存款利率市场化调整机制的重要作用，推动提升利率市场化程度，健全市场化利率形成和传导机制，优化央行政策利率体系，发挥利率杠杆的调节作用，促进金融资源优化配置，为经济高质量发展营造良好环境。

（来源：金融时报）

【综合练习】

一、单选题

1. （　　）是对影响宏观经济运行总量指标的因素及其变动规律进行分析来说明整个经济的状态，侧重分析经济运行的动态过程。

A. 总量分析　　　　B. 结构分析　　　　C. 趋势分析　　　　D. 因素分析

2. （　　）就是经济增长速度，它是一个反映一定时期国民经济发展变化程度的动态经济指标。

A. 经济增长率　　　B. 经济运行周期　　C. 通货膨胀率　　　D. 利率

3. （　　）是指经济形势由高峰到低谷周而复始的运动，是沿着经济发展的总体趋势所经历的有规律的扩张和收缩的过程，一般一个周期会历经复苏、繁荣、衰退和萧条四个阶段，周而复始。

A. 经济扩张　　　　B. 经济复苏　　　　C. 经济萧条　　　　D. 经济周期

4. （　　）是政府依据客观经济规律制定的指导财政工作和处理财政关系的一系列方针，准则和措施的总称。

A. 货币政策　　　　B. 收入政策　　　　C. 财政政策　　　　D. 税收政策

5. （　　）是指中央银行规定的金融机构为保证客户提取存款和资金清算需要而准备的在中央银行的存款占其存款总额的比例。

A. 法定存款准备金率　　　　　　　　　B. 再贴现政策

C. 公开市场业务 D. 税收政策

6. （　　）是指中央银行对商业银行用持有的未到期票据向中央银行融资所作的政策规定。

A. 法定存款准备金率 B. 再贴现政策

C. 公开市场业务 D. 税收政策

7. 在多数发达国家，（　　）是中央银行运用基础货币、调节市场流动性的主要货币政策工具，通过中央银行与指定交易商进行有价证券和外汇交易，实现货币政策调控目标。

A. 法定存款准备金率 B. 再贴现政策

C. 公开市场业务 D. 税收政策

8. 以下不属于宽松的货币政策的是（　　）。

A. 增加货币供应量 B. 降低利率

C. 放松信贷控制 D. 提高利率

9. （　　）是价格政策的核心内容。

A. 价格政策目标的确立 B. 价格政策手段的选择

C. 提高价格 D. 降低价格

10. （　　）反映的是一定时期内一国的外汇收支状况。如果经常项目失衡，进口大于出口时，表示国内经济过旺，持续的进口大于出口将导致经济衰退。

A. 国际收支 B. 财政收支 C. 失业率 D. 汇率

11. 从资金层面上讲，本币（　　）外资流入，资本市场中资金充足，股价上涨。

A. 贬值 B. 升值 C. 不变

二、多选题

1. 以下属于影响宏观经济变化相关变量的有（　　）。

A. 经济增长率 B. 经济运行周期 C. 通货膨胀率 D. 利率

2. 一般来说，进行证券投资分析的信息来源主要渠道有（　　）。

A. 公开渠道 B. 商业渠道

C. 实地查访 D. 到商场看公司产品的畅销程度

3. 实施积极财政政策对证券市场的影响有（　　）。

A. 减少税收，降低税率，扩大减免税范围

B. 扩大财政支出，加大财政赤字

C. 减少国债发行

D. 增加财政补贴

4. 以下属于货币政策工具的是（　　）。

A. 法定存款准备金率 B. 再贴现政策

C. 公开市场业务 D. 税收政策

5. 紧缩的货币政策的主要政策手段有（　　）。

A. 减少货币供应量 B. 降低利率 C. 提高利率 D. 加强信贷控制

6. 价格政策的特点有（　　）。

A. 普遍性 B. 基础性 C. 相对稳定性 D. 特殊性

7. 价格政策的目标有（　　）。

A. 促进宏观经济目标的实现 B. 确立合理的价格管理体制

C. 调整价格结构 D. 稳定物价总水平

8. 对外经济贸易管理的目标，一般由（　　　）等内容构成。

A. 提高出口效益

B. 提高外资和外汇利用效益

C. 保持国际收支平衡

D. 稳定物价

9. 以下说法正确的是（　　　）。

A. 通货膨胀率的高低影响企业的长期盈利能力或未来盈利能力

B. 利率既是一个经济指标，又是一个经济调节工具

C. 对微观企业来说，本币升值，利于进口，不利于出口，经营出口业务的企业利润下降

D. 当固定资产投资规模过小时，经济不景气，证券价格降低

10. 通货膨胀按照物价上涨幅度可以分为（　　　）。

A. 温和的通货膨胀

B. 严重的通货膨胀

C. 恶性的通货膨胀

D. 滞涨

三、简述题

1. 简述经济周期与股价变动之间的关系。

2. 简述通货膨胀对证券市场的影响。

3. 简述宽松的货币政策对证券市场的影响。

【学习评价】

知识巩固与技能提高（40分）	得分：
计分标准： 得分＝1×单选题正确个数＋2×多选题正确个数＋1×判断题正确个数	

学生自评（20分）	得分：
计分标准：初始分＝2×A 的个数＋1×B 的个数＋0×C 的个数 　　　　　得分＝初始分÷24×20	

专业能力	评价指标	自测结果	要求 （A 掌握；B 基本掌握；C 未掌握）
认识宏观 经济分析	1. 宏观经济分析基本方法 2. 宏观经济分析相关变量 3. 宏观经济分析信息采集	A □　B □　C □ A □　B □　C □ A □　B □　C □	理解宏观经济分析基本方法；掌握宏观经济分析的相关变量；了解宏观经济分析信息采集
掌握宏观 经济运行 分析	1. GDP 增长影响分析 2. 经济周期变动影响分析 3. 通货膨胀和通货紧缩分析	A □　B □　C □ A □　B □　C □ A □　B □　C □	掌握 GDP 增长影响分析；理解经济周期变动影响分析；了解通货膨胀和通货紧缩分析
熟悉宏观 经济政策 分析	1. 财政政策 2. 货币政策 3. 其他政策	A □　B □　C □ A □　B □　C □ A □　B □　C □	理解财政政策和货币政策的影响分析；了解其他政策的影响
职业道德 思想意识	1. 爱岗敬业、认真严谨 2. 遵纪守法、遵守职业道德 3. 顾全大局、团结合作	A □　B □　C □ A □　B □　C □ A □　B □　C □	专业素质、思想意识得以提升，德才兼备

小组评价（20分）		得分：	
计分标准：得分＝10×A 的个数＋5×B 的个数＋3×C 的个数			
团队合作	A □　B □　C □	沟通能力	A □　B □　C □

教师评价（20分）	得分：
教师评语	
总成绩	教师签字

项目四

证券投资行业分析

知识目标

- 熟悉我国上市公司的行业分类
- 掌握行业的市场结构、生命周期分析
- 掌握经济周期对行业的影响分析、行业竞争结构分析

技能目标

- 能够熟知我国上市公司的行业分类
- 能够运用市场结构、生命周期进行行业分析
- 能够运用经济周期、行业竞争结构进行行业分析

素质目标

- 培养学生对证券市场进行行业分析的素质
- 培养学生对市场结构、生命周期的行业分析能力
- 培养学生对经济周期、行业竞争结构的综合分析能力

知识结构图

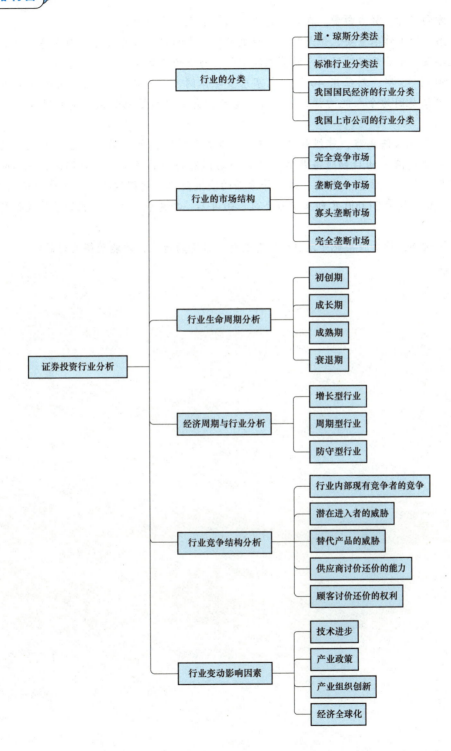

【学习情境】

　　所谓方向不对，努力白费。在当今时代，选择永远大于努力。

　　虽然第一份工作很重要，但是它绝不会决定你一生的职业发展轨迹。1988 年，马云从杭州师范学院毕业，毕业后只做了两年的英文及国际贸易讲师。雷军创立小米时 41 岁；周鸿祎创立奇虎 360 时 35 岁；刘强东 40 岁创立京东多媒体网（京东前身）。他们之所以成为社会的精英，不仅仅是因为个人能力强、个人足够努力，更重要的是他们在关键的时候做出了正确的选择。

　　华为的掌舵人任正非，曾经就读于重庆建筑工程学院，大学毕业后当了十几年的兵，复员转业到深圳南海石油后勤服务基地，成为一名国有企业的员工。在此期间，他体验了国有企业的市场、管理、技术、激励、体制等方面的决策效率，觉得这个企业不适合他的发展。3 年之后，任正非集资 21 000 元创立华为公司。30 年后，华为成为世界一流的手机及信息交换设备供应商。

　　做人是这样，投资股票也是这样！只有选对了投资的行业，才能获得良好的回报。

任务一　行业的分类

【工作任务】

任务清单	内　容
任务情境	小王在选择股票时，想分散到几个行业投资，但小王对股票市场的行业分类并不了解
任务目标	理解不同的行业分类法；掌握我国上市公司的行业分类
典型任务	请你根据任务情境，通过相关知识及网络搜索，完成以下任务。 查找《上市公司行业分类指引（2012年修订）》，掌握我国上市公司的行业分类
任务总结	通过完成上述任务，你学到了哪些知识或技能？
实施人员	
任务点评	

【相关知识】

一、道·琼斯分类法

道·琼斯分类法是 19 世纪末为选取在纽约证券交易所上市的有代表性的股票而对各公司进行分类的方法。它是证券指数统计中最常用的分类法之一。

道·琼斯分类法将大多数股票分为工业、运输业和公用事业三类，然后选取有代表性的股票。虽然入选的股票并不能涵盖各行业中的全部股票，但它们足以表明各行业的一种趋势。在道·琼斯股价指数中，工业类股票取自工业部门的 30 家公司，涵盖采掘业、制造业和商业；运输业类股票取自 20 家交通运输业公司，涵盖航空、铁路、汽车运输与航运业；公用事业类股票取自 6 家公用事业公司，包括电话公司、煤气公司和电力公司等。作为计算道·琼斯股价指数的股票类别，公用事业行业直到 1929 年才被确认添加进来。

二、标准行业分类法

为方便汇总各国的统计资料并进行对比，联合国经济和社会事务统计局曾制定《所有经济活动的国际标准行业分类》（以下简称《国际标准行业分类》），建议各国采用。它将国民经济划分为以下几个门类。

① 农业、畜牧狩猎业、林业和渔业。

② 采矿业及土、石采掘业。

③ 制造业。

④ 电、煤气和水。

⑤ 建筑业。

⑥ 批发和零售业、饮食和旅馆业。

⑦ 运输、仓储和邮电通信业。

⑧ 金融、保险、房地产和工商服务业。

⑨ 政府、社会和个人服务业。

⑩ 其他。

对每个门类再划分大类、中类和小类。例如，制造业部门分为食品、饮料和烟草制造业、纺织、服装、制革业等 9 个大类。食品、饮料和烟草制造业又分为食品业、饮料工业和烟草加工业 3 个中类。食品业中再分为屠宰肉类加工和保藏业，水果、蔬菜罐头制作和保藏业等 11 个小类。各个类目都进行编码。各个门类用 1 个数字来代表，如制造业为 3；各个大类用 2 个数字代表，如食品、饮料和烟草制造业为 31；各个中类用 3 个数字代表，如食品业为 311；各个小类用 4 个数字代表，如屠宰肉类加工和保藏业为 3111。根据上述编码原则，在表示某小类的 4 位数代码中，第一位数字表示所属的门类，第一位和第二位数字合起来表示其所属大类，前三位数字合起来表示其所属中类，全部 4 个数字就表示该小类本身。

三、我国国民经济的行业分类

为了适应社会主义市场经济的发展，正确反映国民经济内部的结构和发展状况，并为国家宏观管理、各级政府部门和行业协会的经济管理以及科研、教学、新闻宣传、信息咨询服务等提供统一的行业分类和编码，《国民经济行业分类》国家标准于 1984 年首次发布，分别于 1994

年和 2002 年进行修订，2011 年第三次修订，2017 年第四次修订。该标准由国家统计局起草，国家质量监督检验检疫总局（现国家市场监督管理总局）、国家标准化管理委员会批准发布，并于 2017 年 10 月 1 日实施。经过调整与修改，新标准共有行业门类 20 个，行业大类 97 个，行业中类 970 个，行业小类 9 700 个，基本反映出我国目前的行业结构状况。

四、我国上市公司的行业分类

2012 年 10 月，中国证监会公布了《上市公司行业分类指引（2012 年修订）》（以下简称《指引》）。按照该《指引》，每季度末中国上市公司协会（以下简称协会）将组织上市公司行业分类专家委员会就上市公司行业分类结果进行专业判断并最终确定。中国证监会将按季度公布协会报送的上市公司行业分类结果。

《指引》将上市公司共分成 19 个门类，包括农、林、牧、渔业，采矿业，制造业，电力、热力、燃气及水生产和供应业，建筑业，交通运输、仓储业，信息技术业，批发和零售业，交通运输、仓储和邮政业，住宿和餐饮业，金融业，房地产业，租赁和商务服务业，水利、环境和公共设施管理业，教育业，卫生和社会工作，综合类及 90 个大类。

任务二 行业的市场结构

【工作任务】

任务清单	内 容
任务情境	小王想根据行业中企业数量的多少、进入限制程度和产品差别进行选股
任务目标	掌握不同行业市场结构的特点
典型任务	请你根据任务情境，通过相关知识及网络搜索，完成以下任务。 （1）请通过相关搜索，寻找符合垄断竞争市场特点的企业。 （2）请通过相关搜索，寻找符合寡头垄断市场特点的企业。
任务总结	通过完成上述任务，你学到了哪些知识或技能？
实施人员	
任务点评	

【相关知识】

现实中各行业的市场是不同的，即存在着不同的市场结构。市场结构就是市场竞争或垄断的程度。根据该行业中企业数量的多少、进入限制程度和产品差别，行业基本上可分为四种市场结构：完全竞争市场、垄断竞争市场、寡头垄断市场、完全垄断市场。

一、完全竞争市场

完全竞争市场是指竞争不受任何阻碍和干扰的市场结构，其特点是：生产者众多，各种生产资料可以完全流动；产品不论是有形或无形的，都是同质的、无差别的；没有一个企业能够影响产品的价格，企业永远是价格的接受者而不是价格的制定者；企业的盈利基本上由市场对产品的需求所决定；生产者可以自由进入或退出这个市场；市场信息对买卖双方而言都是畅通的，生产者和消费者对市场情况非常了解。

从上述特点可以看出，完全竞争市场是一个理论上的假设情况，该市场结构得以形成的根本因素在于企业产品的无差异，所有的企业都无法控制产品的市场价格。在现实经济中，完全竞争的市场类型是极其少见的，初级产品（如农产品）的市场类型类似于完全竞争市场。

二、垄断竞争市场

垄断竞争市场是指既有垄断又有竞争的市场结构。在垄断竞争市场上，每家企业都在市场上具有一定的垄断力，但它们之间又存在激烈的竞争。其特点是：生产者众多，各种生产资料可以流动；生产的产品同种但不完全同质，即产品之间存在着差异，产品的差异性是指各种产品之间存在着实际或想象上的差异，这是垄断竞争与完全竞争的主要区别。由于产品差异性的存在，生产者可以树立自己产品的信誉，从而对其产品的价格有一定的控制能力。

可以看出，垄断竞争市场中有大量企业，但没有一个企业能有效影响其他企业的行为。在该市场结构中，造成垄断现象的原因是产品差别；造成竞争现象的是产品同质，即产品的可替代性。在国民经济各行业中，制成品（如纺织、服装等轻工业产品）的市场类型一般都属于垄断竞争市场。

三、寡头垄断市场

寡头垄断市场是指相对少量的生产者在某种产品的生产中占据很大的市场份额，从而控制这个行业供给的市场结构。该市场结构得以形成的原因有：这类行业初始资本较大，阻止了大量中小企业的进入；这类产品只有在大规模生产时才能获得好的效益，这就会在竞争中自然淘汰大量中小企业。

在寡头垄断的市场上，由于这些少数生产者的产量非常大，因此对市场的价格和交易具有一定的垄断能力。同时，由于只有少量生产者生产同一种产品，因而每个生产者的价格政策和经营方式及其变化都会对其他生产者产生重要影响。

因此，在这个市场上，通常存在着一个起领导作用的企业，其他企业跟随该企业定价与经营方式的变化而相应进行某些调整。资本密集型、技术密集型产品，如钢铁、汽车等重工业，以及少数储量集中的矿产品，如石油等市场，多属这种类型。因为生产这些产品所必需的巨额投资、复杂的技术或产品储量的分布限制了新企业进入这个市场。

四、完全垄断市场

完全垄断市场是指独家企业生产某种特质产品的情形，即整个行业的市场完全处于一家企业所控制的市场结构。特质产品是指那些没有或缺少相近替代品的产品。完全垄断可分为两种类型：政府完全垄断，通常在公用事业中居多，如国有铁路、邮电等部门；私人完全垄断，如根据政府授予的特许专营，或根据专利生产的独家经营以及由于资本雄厚、技术先进而建立的排他性私人垄断经营。

完全垄断市场结构的特点是：市场被独家企业所控制，其他企业不可以或不可能进入该行业；产品没有或缺少相似的替代品。在当前的现实生活中没有真正完全垄断市场，每个行业都或多或少地引进了竞争。公用事业（如电力、煤气、自来水和邮电通信等）和某些资本、技术高度密集型或稀有金属矿藏的开采等行业属于接近完全垄断的市场类型。

任务三　行业生命周期分析

【工作任务】

任务清单	内　容
任务情境	小王想了解每个行业由成长到衰退的发展演变过程，并以此为依据进行行业生命周期分析
任务目标	掌握行业初创期、成长期、成熟期和衰退期的特点
典型任务	请你根据任务情境，通过相关知识及网络搜索，完成以下任务。 　　处于不同行业生命周期阶段的企业，所发行的股票或债券的投资收益和投资风险是否存在差异？请说明原因。
任务总结	通过完成上述任务，你学到了哪些知识或技能？
实施人员	
任务点评	

【相关知识】

通常，每个行业都要经历一个由成长到衰退的发展演变过程，这个过程便称为行业的生命周期。一般来说，行业的生命周期可分为初创期、成长期、成熟期和衰退期。

一、初创期

一个行业的初始形成，最基本和最重要的条件是人们的物质文化需求。社会的物质文化需求是行业经济活动的最基本动力。资本的支持与资源的稳定供给是行业形成的基本保证。

行业形成的方式有三种：分化、衍生和新生长。分化是指新行业从原行业（母体）中分离出来，分解为一个独立的新行业，比如，电子工业从机械工业中分化出来，石化行业从石油工业中分化出来等。衍生是指出现与原有行业相关、相配套的行业，如汽车业衍生出来的汽车修理业，房地产业衍生出来的房地产咨询业等。新生长是指新行业以相对独立的方式进行，并不依附于原有行业。这种行业的生产往往是科学技术取得突破性进步的结果，经常产生于实验室或者科技园区。

在这一阶段，由于新行业刚刚诞生或初建不久，只有为数不多的投资公司投资于这个新兴的行业。另外，创业公司的研究和开发费用较高，而大众对其产品尚缺乏全面了解，致使产品市场需求狭小，销售收入较低，因此这些创业公司财务上可能不但没有盈利，反而出现较大亏损。

较高的产品成本和价格与较小的市场需求之间的矛盾使得创业公司面临很大市场风险，而且可能因财务困难而导致破产。因此，这类企业更适合投机者和创业投资者。

在初创后期，随着行业生产技术的成熟、生产成本的降低和市场需求的扩大，新行业便逐步由高风险、低收益的初创期迈入高风险、高收益的成长期。

二、成长期

行业的成长实际上就是行业的扩大再生产。各个行业成长的能力是有差异的。成长能力主要体现在生产能力和规模的扩张、区域的横向渗透能力以及自身组织结构的变革能力。

在成长期的初期，企业的生产技术逐渐成形，市场认可并接受了行业的产品，产品的销量迅速增长，市场逐步扩大，然而企业可能仍然处于亏损或者微利状态，需要外部资金注入以增加设备、人员，并着手下一代产品的开发。

进入加速成长期后，企业的产品和劳务已为广大消费者所接受，销售收入和利润开始加速增长，新的机会不断出现，但企业仍然需要大量资金来实现高速成长。在这一时期，拥有较强的研究开发实力、市场营销能力、雄厚资本实力和畅通融资渠道的企业逐渐占领市场。这个时期的行业增长非常迅猛，部分优势企业脱颖而出，这些企业的投资者往往获得极高的投资回报，所以成长期阶段有时被称为投资机会时期。

进入成长期后期，产品产量不断增长，生产厂商数量也不断增加，市场竞争不断加剧。生产厂商不仅依靠扩大产量和提高市场份额来获得竞争优势，还需不断提高生产技术水平，降低成本，研制和开发新产品，从而战胜或紧跟竞争对手，维持企业的生存。这一时期企业的利润增长很快，但所面临的竞争风险也非常大，破产率与被兼并率相当高。由于市场竞争优胜劣汰规律的作用，市场上生产厂商的数量会在一个阶段后出现大幅度减少，之后开始逐渐稳定下来。由于市场需求趋向饱和，产品的销售增长率减慢，迅速赚取利润的机会减少，整个行业便开始进入成熟期。

三、成熟期

进入成熟期的行业市场已被少数资本雄厚、技术先进的大厂商控制，整个市场的生产布局和份额在相当长的时间内处于稳定状态，行业利润由于一定程度的垄断也达到了较高水平，市场风险大大降低了。

在行业成熟期，由于企业销售增长率开始下降。在某些情况下，整个行业的增长可能完全停止，甚至会出现下降。当然由于技术创新、产业政策、经济全球化等原因，某些行业可能会在进入成熟期后迎来新的增长。

四、衰退期

行业衰退是客观必然规律。在经过较长的稳定期后，社会上又会有新的技术和新的产品出现，消费者偏好逐渐转移，原行业的市场需求量逐渐减少，产品的销售量也因替代品的出现而减少，价格下降，利润额也会低于其他行业平均水平。此时，某些厂商开始向其他更有利可图的行业转移资金，至此，整个行业便进入生命周期的最后阶段。

在衰退期里，厂商数目逐渐减少，市场不断萎缩，利润额下降，当正常利润无法维持时，或者当现有投资折旧收回之后，整个行业便逐渐解体。但在很多情况下，行业的衰退期往往比行业生命周期的其他三个阶段的总和还要长，大量的行业都是衰而不亡，甚至会与人类社会长期共存。例如，钢铁业、纺织业在衰退，但是人们看不到它们的消亡，烟草业更是如此，难有终期。

综上所述，处于不同行业生命周期阶段的企业，所发行的股票或债券的投资收益和投资风险存在很大差异。投资者要善于跟踪考察行业的发展趋势，对各行业的未来前景做出合理判断。同时根据自己对收益的偏好和对风险的厌恶程度，选择适合的投资对象。如对于收益型的投资者，可选择处于成熟期的行业，因为这些行业基础稳定，盈利丰厚，市场风险相对小。

行业生命周期

任务四　经济周期与行业分析

【工作任务】

任务清单	内　　容
任务情境	小王想了解经济周期的变化会对行业的发展产生什么影响，这一影响对不同的行业作用是否一样
任务目标	掌握经济周期的变化会对行业的发展产生什么影响
典型任务	请你根据任务情境，通过相关知识及网络搜索，完成以下任务。 请分别列举属于增长型行业、周期型行业和防守型行业的企业
任务总结	通过完成上述任务，你学到了哪些知识或技能？
实施人员	
任务点评	

【相关知识】

经济周期的变化不可避免地会对行业的发展产生影响，但这一影响对不同的行业作用是不一样的。根据经济周期与行业发展的相互关系，可将行业分为以下三类。

一、增长型行业

增长型行业收入增长的速度不会随着经济周期的变动而出现同步变动，或者这些行业虽受经济周期的影响，但其行业的增幅足以抵消经济下降的幅度。因为它们主要依靠技术的进步、新产品的推出及更优质的服务，而使其经常呈现增长形态。增长型行业能创造大量的社会需求，这种社会需求可能在几年甚至几十年中不断存在并增长。投资者对高增长的行业十分感兴趣，主要是因为这些行业的股票价格不会明显随着经济周期的变化而变化。这些行业对经济周期性波动来说，为投资者提供了一种财富套期保值的手段。在过去的几十年内，计算机和复印机行业表现出了这种形态。

二、周期型行业

周期型行业的运行状态与经济周期紧密相关。当经济处于上升时期，这些行业会紧随其扩张；当经济衰退时，这些行业也相应衰落。该类型行业收益的变化幅度往往会在一定程度上夸大经济的周期性。

产生这种现象的原因是，这些行业的产品需求受人们收入水平的影响较大。当经济上升时，人们的收入增加，对这些行业相关产品的购买力相应增加；当经济衰退时，人们对这些行业相关产品的购买被延迟到经济改善之后。例如，珠宝行业、消费品业、耐用品制造业等，就属于典型的周期型行业。

三、防守型行业

防守型行业又称防御性行业，是指那些在经济波动中需求起伏不大的行业。该类型行业的产品需求相对稳定，需求弹性小，经济周期处于衰退阶段对这种行业的影响也比较小，甚至有些防守型行业的利润在经济衰退时期还会有一定增长。该类型行业的产品往往是生活必需品或是必要的公共服务，公众对其产品有相对稳定的需求，因而该行业中有代表性的公司盈利水平相对较为稳定。例如，食品业和公用事业就属于防守型行业。也正是这个原因，投资于防守型行业一般属于保守的收入型投资，而非投机的资本利得型投资。

任务五　行业竞争结构分析

【工作任务】

任务清单	内　　容
任务情境	小王想进一步了解行业竞争强度与企业盈利水平之间的关系
任务目标	掌握行业竞争结构分析的五种力量模型
典型任务	请你根据任务情境，通过相关知识及网络搜索，完成以下任务。 请选择一个行业，试运用行业竞争结构分析的五种力量模型对其进行分析
任务总结	通过完成上述任务，你学到了哪些知识或技能？
实施人员	
任务点评	

【相关知识】

一个企业的盈利水平与其所处的行业有一定关系。哈佛商学院的企业经济学教授迈克尔·波特对这种关系进行了科学的解释并提供了分析工具。他运用经济学的理论和方法分析行业竞争强度与企业盈利水平之间的关系，提出了行业竞争结构分析的五种力量模型：行业内部现有竞争者的竞争；潜在进入者的威胁；替代产品的威胁；供应商讨价还价的能力；顾客讨价还价的权利。

一、行业内部现有竞争者的竞争

一个企业的盈利潜力取决于其所处行业的盈利潜力，一个行业的盈利水平又取决于这个行业的竞争强度。当一个行业中存在激烈的竞争时，由于企业力图扩大其市场份额，市场中就会产生价格战，价格战降低了企业的边际利润。如果行业本身增长缓慢，行业内部的竞争就会更加激烈。一个企业只有通过对竞争对手市场份额的掠夺才能扩大自身规模。如果行业的生产成本中固定成本所占的比例较高，企业为了能充分利用生产能力进行生产，企业之间的价格竞争就会进一步加剧。

二、潜在进入者的威胁

在一个行业刚刚兴起的时候，如家用空调、保健品、计算机等行业，新的进入者可能会带来新的资金、产品和观念，促进整个行业的早期发展。但是，当行业进入成长阶段以后，新的进入者所带来的主要是行业竞争强度的增加，行业平均利润的降低。一般来说，行业进入壁垒是行业竞争力的一个重要因素。如果一个行业的进入壁垒很高，潜在进入者就较少，潜在进入者的威胁就较低，行业就能保持较高的平均利润率。例如，飞机制造、通信、汽车制造、石油化工等行业的进入壁垒就很高，进入者不仅需要巨额资本，而且需要相应的专利、大量的技术人员等，相反，初始投入少的行业、技术含量低的行业等，一般不可能长期维持高水平的投资收益率。

三、替代产品的威胁

一个没有替代产品威胁的行业，由于产品的需求具有刚性，整个行业就可以获取高额利润，如计算机专用软件。但是如果一个行业受到替代产品的威胁，那么它不仅会受到替代产品对价格的限制，而且即使遇到严重供不应求的情况时，也不能过分提高产品的价格。例如，我国民用航空管理部门曾经规定，所有航空公司不允许提供高于八折的优惠，理由是只要所有航空公司严格执行统一的价格政策，乘客是不会出现大幅下降的。但是，民用航空管理部在做出这个决策的时候，没有认真考虑替代产品的威胁（汽车、火车和轮船等交通工具的威胁），更没有预测到这些替代产品在性价比改进之后会对航空业造成一定的威胁。

四、供应商讨价还价的能力

如果供应商的市场势力大，那么供应商会以要求提高供应商品价格或者通过降低产品质量和服务的方法来降低下游行业的利润率。下列几种情况都会增加供应商的议价能力。

① 如果供应商所处行业集中度高，而其所供应的下游行业集中度低，那么供应商的市场势力就会自然增加。如世界矿业巨头力拓、必和必拓等公司对中国钢铁企业供应铁矿石就属于这

种情况。

② 如果供应商所供应的产品几乎没有替代产品，则供应商就拥有很强的议价能力，如我国的包钢稀土等。

③ 如果供应商所供应的产品是非标准化的，那么顾客对供应商的依赖就更大，供应商讨价还价的能力就因此上升。

④ 如果供应商所供应产品的转换成本高，下游企业在转换供应商或者选择不同供应商生产的产品时，需要改造设备、调整工艺或者有可能发生质量问题，那么供应商的讨价还价能力就比较大。此外，供应商与下游企业讨价还价能力还取决于哪一方进入对方所从事的行业更加容易。如果下游企业进入供应商的行业比较容易，那么供应商的议价能力就会受到很大限制。

五、顾客讨价还价的权利

如果顾客讨价还价的权利比这个行业大，那么顾客就会要求这个行业中的企业降低产品价格、提高产品和服务质量，这样，行业的整体盈利水平就会降低。在下列情况下，顾客讨价还价的权利会自动提高。

① 顾客的集中度高。如果顾客所处行业的集中度比供应商所处行业的集中度高，就意味着顾客控制和压低价格的能力更大。

② 一个顾客的购买量在供应企业总销售额中占很大的比例。供应商一旦失去这个顾客，就很难找到同样的顾客，从而出现销售额和利润水平的大幅下降，在这种情况下，顾客讨价还价的权利会自动提高。如大型综合零售企业沃尔玛、家电零售企业苏宁电器等，它们在全球进行采购，采购成本较低。

③ 如果顾客所购买的产品没有差异，那么其对供应商的依赖性就很低，就有更大的选择权和讨价还价的权利。

④ 顾客没有转换产品的成本。如果顾客在调整供应商的过程中不会产生高成本，那么他们挑选或者更换供应商就更加容易。

任务六　行业变动影响因素

【工作任务】

任务清单	内　容
任务情境	小王在进行一定的行业分析后，发现有些因素会对行业变动产生影响，于是小王试图寻找这些因素
任务目标	掌握影响行业变动的相关因素
典型任务	请你根据任务情境，通过相关知识及网络搜索，完成以下任务。 请列举一个技术进步推动行业变动的例子
任务总结	通过完成上述任务，你学到了哪些知识或技能？
实施人员	
任务点评	

【相关知识】

一、技术进步

当前正是科学技术日新月异的时代，不仅新兴学科不断涌现，而且理论科学向实用技术的转化过程也被大大缩短，速度大大加快。技术进步对行业的影响是巨大的，它往往催生一个新的行业，同时迫使一个旧的行业加速进入衰退期。例如，电灯的出现极大地削减了对煤油灯的需求，蒸汽动力行业则被电力行业逐渐取代，喷气式飞机代替了螺旋桨飞机，大规模集成电路计算机则取代了一般的电子计算机等。这些新产品在定型和大批量生产后，市场价格大幅度下降，从而很快就能被消费者应用。新兴行业能够很快超过并代替旧行业，严重地威胁原有行业的生存。未来优势行业将伴随新的技术创新而到来，处于技术尖端的基因技术、纳米技术等将催生新的优势行业。

当然，新、旧行业并存是全球行业发展的基本规律和特点，大部分行业都是国民经济不可或缺的。多数行业都会在竞争中发生变化，以新的增长方式为自己找到生存空间。例如，传统农业已经遍布全世界，未来农业还会靠技术创新获得深度增长。传统工业在通过技术创新获得深度增长的同时，还可以通过行业的国际转移，在其他相对落后的国家获得增长的机会。

二、产业政策

政府对于行业的管理和调控主要是通过产业政策来实现的。产业政策是国家干预或参与经济的一种形式，是国家（政府）系统设计的有关产业发展的政策目标和政策措施的总和。一般认为，产业政策包括产业结构政策、产业组织政策、产业技术政策和产业布局政策等，其中，产业结构政策与产业组织政策是产业政策的核心。

（一）产业结构政策

产业结构政策是选择行业发展重点优先顺序的政策措施，其目标是促使行业之间的关系更协调、社会资源配置更合理，产业结构高级化。产业结构政策是一个政策系统，主要包括以下内容。

1. 产业结构长期构想

它是根据现阶段发展水平和进一步发展的要求，遵循产业发展演变的规律，提出在较长一段时期内产业发展的目标和方向。

2. 对战略产业的保护和扶植

对战略产业的保护和扶植政策是产业结构政策的重点。所谓战略产业，一般是指具有较高需求弹性和收入弹性、能够带动国民经济其他部门发展的产业。

3. 对衰退产业的调整和援助

对衰退产业的救援与调整，有助于减少经济损失、避免社会动乱。

（二）产业组织政策

产业组织政策是调整市场结构和规范市场行为的政策，以"反对垄断、促进竞争、规范大型企业集团、扶持中小企业发展"为主要核心，其目的在于实现同一产业内企业组织形态和企业间关系的合理化。所谓同一产业，是指具有相同使用功能和替代功能的产品或劳务的集合，实质上就是具有竞争关系的卖方企业的集合。产业组织政策主要包括以下内容。

1. 市场秩序政策

其目的在于鼓励竞争、限制垄断。

2. 产业合理化政策

其目的在于确保规模经济的充分利用，防止过度竞争。

3. 产业保护政策

其目的就是减少国外企业对本国初创产业的冲击。

（三）产业技术政策

产业技术政策是促进产业技术进步的政策，是产业政策的重要组成部分，它主要包括两方面内容。

1. 产业技术结构的选择和技术发展政策

其主要涉及制定具体的技术标准、规定各产业的技术发展方向、鼓励采用先进技术等方面。

2. 促进资源向技术开发领域投入的政策

其主要包括技术引进政策、促进技术开发政策和基础技术研究的资助与组织政策。

（四）产业布局政策

产业布局是产业存在和发展的空间形式。产业布局政策的目标是实现产业布局的合理化。产业布局政策一般遵循以下原则：经济性原则、合理性原则、协调性原则和平衡性原则。

三、产业组织创新

产业组织是指同一产业内的组织形态和企业间的关系，包括市场结构、市场行为、市场绩效三方面的内容。因此，所谓产业组织创新，是指同一产业内企业的组织形态和企业间关系的创新。产业组织的创新过程实际上是对影响产业组织绩效的要素进行整合优化的过程，是使产业组织重新获取竞争优势的过程。

四、经济全球化

21世纪以来，经济全球化的趋势大大加强。导致经济全球化的直接原因是国际直接投资与贸易环境发生了新变化。经济全球化导致产业的全球性转移。随着高新技术行业逐渐成为发达国家的主导产业，传统的劳动密集型行业（如纺织服装、消费类电子产品）甚至是低端技术的资本密集型行业（如中低档汽车制造）将加快向发展中国家转移。

发达国家在将发展中国家变成它的加工组装基地和制造工厂的同时，仍然可以掌握传统行业的核心技术，并通过不断向发展中国家转让其技术专利取得市场利益。

行业变动
影响因素

【素养提升】

不断做强做优做大我国数字经济

近年来，互联网、大数据、云计算、人工智能、区块链等技术加速创新，日益融入经济社会发展各领域全过程，各国竞相制定数字经济发展战略，出台鼓励政策，数字经济发展速度之快、辐射范围之广、影响程度之深前所未有，正在成为重组全球要素资源、重塑全球经济结构、改变全球竞争格局的关键力量。

长期以来，我一直重视发展数字技术、数字经济。2000年我在福建工作期间就提出建设"数字福建"，2003年在浙江工作期间又提出建设"数字浙江"。党的十八大以来，我多次强调要发展数字经济。2016年在十八届中央政治局第三十六次集体学习时强调要做大做强数字经济、拓展经济发展新空间；同年在二十国集团领导人杭州峰会上首次提出发展数字经济的倡议，得到各国领导人和企业家的普遍认同；2017年在十九届中央政治局第二次集体学习时强调要加快建设数字中国，构建以数据为关键要素的数字经济，推动实体经济和数字经济融合发展；2018年在中央经济工作会议上强调要加快5G、人工智能、工业互联网等新型基础设施建设；2021年在致世界互联网大会乌镇峰会的贺信中指出，要激发数字经济活力，增强数字政府效能，优化数字社会环境，构建数字合作格局，筑牢数字安全屏障，让数字文明造福各国人民。

党的十八大以来，党中央高度重视发展数字经济，将其上升为国家战略。党的十八届五中全会提出，实施网络强国战略和国家大数据战略，拓展网络经济空间，促进互联网和经济社会融合发展，支持基于互联网的各类创新。党的十九大提出，推动互联网、大数据、人工智能和实体经济深度融合，建设数字中国、智慧社会。党的十九届五中全会提出，发展数字经济，推进数字产业化和产业数字化，推动数字经济和实体经济深度融合，打造具有国际竞争力的数字产业集群。我们出台了《网络强国战略实施纲要》《数字经济发展战略纲要》，从国家层面部署推动数字经济发展。这些年来，我国数字经济发展较快，成就显著。根据2021全球数字经济大会的数据，我国数字经济规模已经连续多年位居世界第二。特别是新冠肺炎疫情暴发以来，数字技术、数字经济在支持抗击新冠肺炎疫情、恢复生产生活方面发挥了重要作用。

同时，我们要看到，同世界数字经济大国、强国相比，我国数字经济大而不强、快而不优。还要看到，我国数字经济在快速发展中也出现了一些不健康、不规范的苗头和趋势，这些问题不仅影响数字经济健康发展，而且违反法律法规、对国家经济金融安全构成威胁，必须坚决纠正和治理。

综合判断，发展数字经济意义重大，是把握新一轮科技革命和产业变革新机遇的战略选择。一是数字经济健康发展，有利于推动构建新发展格局。构建新发展格局的重要任务是增强经济发展动能，畅通经济循环。数字技术、数字经济可以推动各类资源要素快捷流动、各类市场主体加速融合，帮助市场主体重构组织模式，实现跨界发展，打破时空限制，延伸产业链条，畅通国内外经济循环。二是数字经济健康发展，有利于推动建设现代化经济体系。数据作为新型生产要素，对传统生产方式变革具有重大影响。数字经济具有高创新性、强渗透性、广覆盖性，不仅是新的经济增长点，而且是改造提升传统产业的支点，可以成为构建现代化经济体系的重要引擎。三是数字经济健康发展，有利于推动构筑国家竞争新优势。当今时代，数字技术、数字经济是世界科技革命和产业变革的先机，是新一轮国际竞争重点领域，我们一定要抓住先机、抢占未来发展制高点。

面向未来，我们要站在统筹中华民族伟大复兴战略全局和世界百年未有之大变局的高度，统筹国内国际两个大局、发展安全两件大事，充分发挥海量数据和丰富应用场景优势，促进数字技术和实体经济深度融合，赋能传统产业转型升级，催生新产业新业态新模式，不断做强做优做大我国数字经济。

第一，加强关键核心技术攻关。要牵住数字关键核心技术自主创新这个"牛鼻子"，发挥我国社会主义制度优势、新型举国体制优势、超大规模市场优势，提高数字技术基础研发能力，打好关键核心技术攻坚战，尽快实现高水平自立自强，把发展数字经济自主权牢牢掌握在自己手中。

第二，加快新型基础设施建设。要加强战略布局，加快建设以5G网络、全国一体化数据中心体系、国家产业互联网等为抓手的高速泛在、天地一体、云网融合、智能敏捷、绿色低碳、安全可控的智能化综合性数字信息基础设施，打通经济社会发展的信息"大动脉"。要全面推进产业化、规模化应用，培育具有国际影响力的大型软件企业，重点突破关键软件，推动软件产业做大做强，提升关键软件技术创新和供给能力。

第三，推动数字经济和实体经济融合发展。要把握数字化、网络化、智能化方向，推动制造业、服务业、农业等产业数字化，利用互联网新技术对传统产业进行全方位、全链条的改造，提高全要素生产率，发挥数字技术对经济发展的放大、叠加、倍增作用。要推动互联网、大数据、人工智能同产业深度融合，加快培育一批"专精特新"企业和制造业单项冠军企业。当然，要脚踏实地、因企制宜，不能为数字化而数字化。

第四，推进重点领域数字产业发展。要聚焦战略前沿和制高点领域，立足重大技术突破和重大发展需求，增强产业链关键环节竞争力，完善重点产业供应链体系，加速产品和服务迭代。要聚焦集成电路、新型显示、通信设备、智能硬件等重点领域，加快锻造长板、补齐短板，培育一批具有国际竞争力的大企业和具有产业链控制力的生态主导型企业，构建自主可控产业生态。要促进集群化发展，打造世界级数字产业集群。

第五，规范数字经济发展。推动数字经济健康发展，要坚持促进发展和监管规范两手抓、两手都要硬，在发展中规范、在规范中发展。要健全市场准入制度、公平竞争审查制度、公平竞争监管制度，建立全方位、多层次、立体化监管体系，实现事前事中事后全链条全领域监管，堵塞监管漏洞，提高监管效能。要纠正和规范发展过程中损害群众利益、妨碍公平竞争的行为和做法，防止平台垄断和资本无序扩张，依法查处垄断和不正当竞争行为。要保护平台从业人员和消费者合法权益。要加强税收监管和税务稽查。

第六，完善数字经济治理体系。要健全法律法规和政策制度，完善体制机制，提高我国数字经济治理体系和治理能力现代化水平。要完善主管部门、监管机构职责，分工合作、相互配合。要改进提高监管技术和手段，把监管和治理贯穿创新、生产、经营、投资全过程。要明确平台企业主体责任和义务，建设行业自律机制。要开展社会监督、媒体监督、公众监督，形成监督合力。要完善国家安全制度体系，重点加强数字经济安全风险预警、防控机制和能力建设，实现核心技术、重要产业、关键设施、战略资源、重大科技、头部企业等安全可控。要加强数字经济发展的理论研究。

第七，积极参与数字经济国际合作。要密切观察、主动作为，主动参与国际组织数字经济议题谈判，开展双、多边数字治理合作，维护和完善多边数字经济治理机制，及时提出中国方案，发出中国声音。

数字经济事关国家发展大局。我们要结合我国发展需要和可能，做好我国数字经济发展顶层设计和体制机制建设。要加强形势研判，抓住机遇，赢得主动。各级领导干部要提高数字经济思维能力和专业素质，增强发展数字经济本领，强化安全意识，推动数字经济更好服务和融入新发展格局。要提高全民全社会数字素养和技能，夯实我国数字经济发展社会基础。

（摘自人民网 2022-1-15《习近平总书记 2021 年 10 月 18 日
在十九届中央政治局第三十四次集体学习时讲话》）

【综合练习】

一、单选题

1.（   ）是指相对少量的生产者在某种产品的生产中占据很大市场份额，从而控制了这个行业的供给的市场结构。

A. 完全竞争市场　　B. 垄断竞争市场　　　C. 寡头垄断市场　　　D. 完全垄断市场

2.（   ）是指独家企业生产某种特质产品的情形，即整个行业的市场完全处于一家企业所控制的市场结构。

A. 完全竞争市场　　B. 垄断竞争市场　　　C. 寡头垄断市场　　　D. 完全垄断市场

3.（   ）收入增长的速度不会随着经济周期的变动而出现同步变动，或者这些行业虽受经济周期的影响，但其行业的增幅足以抵消经济下降的幅度。

A. 增长型行业　　　B. 周期型行业　　　　C. 防守型行业　　　　D. 发展型行业

4.（   ）的运行状态与经济周期紧密相关。当经济处于上升时期，这些行业会紧随其扩张；当经济衰退时，这些行业也相应衰落。

A. 增长型行业　　　B. 周期型行业　　　　C. 防守型行业　　　　D. 发展型行业

5.（   ）是指那些在经济波动中，需求起伏不大的行业。

A. 增长型行业　　　B. 周期型行业　　　　C. 防守型行业　　　　D. 发展型行业

二、多选题

1. 根据该行业中企业数量的多少、进入限制程度和产品差别，行业基本上可分为（   ）。

A. 完全竞争市场　　B. 垄断竞争市场　　C. 寡头垄断市场　　　D. 完全垄断市场

2. 以下属于完全竞争市场特点的有（   ）。

A. 生产者众多，各种生产资料可以完全流动

B. 产品不论是有形或无形的，都是同质的、无差别的

C. 没有一个企业能够影响产品的价格，企业永远是价格的接受者而不是价格的制定者

D. 企业的盈利基本上由市场对产品的需求决定

E. 生产者可以自由进入或退出这个市场

3. 以下属于完全垄断市场结构特点的是（   ）。

A. 市场被独家企业所控制，其他企业不可以或不可能进入该行业

B. 产品没有或缺少相似的替代品

C. 没有一个企业能够影响产品的价格，企业永远是价格的接受者而不是价格的制定者

D. 企业的盈利基本上由市场对产品的需求决定

4. 行业的生命周期可分为（   ）。

A. 初创期　　　　　B. 成长期　　　　　　C. 成熟期　　　　　　D. 衰退期

5. 行业形成的方式有（   ）。

A. 分化　　　　　　B. 衍生　　　　　　　C. 新生长　　　　　　D. 裂变

6. 根据经济周期与行业发展的相互关系，可将行业分为（   ）。

A. 增长型行业　　　B. 周期型行业　　　　C. 防守型行业　　　　D. 发展型行业

7. 迈克尔·波特提出了行业竞争结构分析的五种力量模型，是指（   ）。

A. 行业内部现有竞争者的竞争　　　　　B. 潜在进入者的威胁

C. 替代产品的威胁　　　　　　　　　　D. 供应商讨价还价的能力

E. 顾客讨价还价的权利

8. 以下属于影响行业变动的因素有（　　　）。

A. 技术进步　　　　B. 产业政策　　　　　C. 公司治理　　　　D. 购置设备

三、简答题

1. 垄断竞争市场的特点是什么？

2. 请简述波特五力模型。

3. 简述影响行业变动的因素。

【学习评价】

知识巩固与技能提高（40分）		得分：
计分标准： 得分＝2×单选题正确个数＋3×多选题正确个数＋2×简答题正确个数		
学生自评（20分）		得分：
计分标准：初始分＝2×A的个数＋1×B的个数＋0×C的个数 得分＝初始分÷36×20		

专业能力	评价指标	自测结果	要求 （A 掌握；B 基本掌握；C 未掌握）
认识行业的分类	1. 道·琼斯分类法 2. 标准行业分类法 3. 我国国民经济行业分类 4. 我国上市公司行业分类	A □　B □　C □ A □　B □　C □ A □　B □　C □ A □　B □　C □	理解道·琼斯分类法和标准行业分类法；掌握我国国民经济行业分类和我国上市公司行业分类
掌握行业的市场结构	1. 完全竞争市场 2. 垄断竞争市场 3. 寡头垄断市场 4. 完全垄断市场	A □　B □　C □ A □　B □　C □ A □　B □　C □ A □　B □　C □	掌握完全竞争市场、垄断竞争市场、寡头垄断市场、完全垄断市场的特点
熟悉行业生命周期	1. 初创期 2. 成长期 3. 成熟期 4. 衰退期	A □　B □　C □ A □　B □　C □ A □　B □　C □ A □　B □　C □	理解初创期、成长期、成熟期、衰退期行业的特点
了解经济周期与行业分析	1. 增长型行业 2. 周期型行业 3. 防御型行业	A □　B □　C □ A □　B □　C □ A □　B □　C □	了解哪些行业属于增长型行业、周期型行业、防御型行业
了解行业竞争结构	波特五力模型	A □　B □　C □	掌握波特五力模型
熟悉行业变动因素	1. 技术进步 2. 产业政策	A □　B □　C □ A □　B □　C □	熟悉技术进步、产业政策对行业变动的影响

小组评价（20分）		得分：
计分标准：得分＝10×A的个数＋5×B的个数＋3×C的个数		

团队合作	A □　B □　C □	沟通能力	A □　B □　C □

教师评价（20分）		得分：

教师评语	
总成绩		教师签字	

项目五

证券投资公司分析

知识目标

- 熟悉上市公司基本面分析
- 掌握上市公司财务分析的类型及各指标
- 掌握上市公司重大事项分析的两种具体情况

技能目标

- 能够进行上市公司的竞争力和成长性分析
- 能够运用财务数据进行财务报表和财务指标分析
- 能够对资产重组、关联交易等重大事项进行分析

素质目标

- 培养学生对上市公司基本面进行分析的素质
- 培养学生对上市公司进行财务分析的能力
- 培养学生对上市公司重大事项进行分析的能力

知识结构图

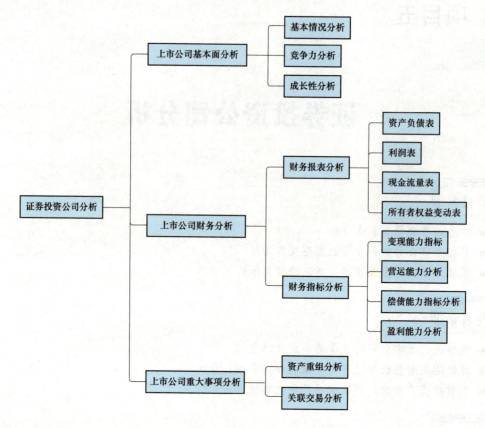

【学习情境】

康美药业与康得新财务舞弊案

2017 年康美药业账面货币资金高达 341 亿元，占总资产的 49.64%，有息负债（短期借款、长期借款和一年内到期的其他流动负债＋其他流动负债）共 272 亿元，其中利息收入 2.69 亿元，利息支出为 12.16 亿资金。同年 2017 年 6 月末，康得新账面货币资金高达 168.43 亿元，占总资产比例高达 54.07%，有息负债（短期借款、长期借款和应付债券）同时高达 98.33 亿元，而利息收入只有 0.5 亿元，利息支出 2.34 亿元，利息净支出为 1.84 亿元。两个案例企业的账面上都有大量货币资金，还要去大量借钱，融资成本大大高于货币资金的持有收益，而且持有的资金收益率与理财产品相比过低，显然存贷双高所包含的财务信息特征不符合正常的商业逻辑。两个企业都因债券到期无法偿还违约事件为导火线，收入舞弊的内幕不攻自破，被诟病为"纸上富贵"的白马股。根据证监会发布的行政处罚文件，康美药业和康得新都存在虚增货币资金配合收入造假的情况，其中康美药业 2017 年度虚构高达 300 亿元，康得新 2017 年和 2018 年分别虚增高达 100 多亿元。

虽然都是虚增账面货币资金，但它们使用的手法是有区别的：（1）康美药业的手法简单、粗暴，表现为直接虚构银行存单、银行流水和控制银行询证函回函等方式，配合收入和利润造假。（2）康得新的手法比较清奇，前所未有，在对其银行存款函证中，使用了偷换"银行回函余额"概念的障眼法，将大股东循环套用康得资金不入账，再将套用资金作为外部资金注入康得新，虚构为收入货款进行资金回笼。货币资金在康得新、集团财务公司与控股股东康得投资三者之间的循环路径如图5-1所示。康得新与其大股东（康得投资集团）曾和北京银行西单支行签订了《现金管理合作协议》，集团内部设立财务公司，对康得新等子公司的相关账户的资金进行集中管理，且在该资金管理账户的银行对账单余额设置成只显示子公司累计上存扣减下拨金额，并不显示母子账户间的上存下划等归集交易。也就是说，在该种操作下，控股股东与康得新在财务公司中的账户之间资金往来划拨（图中用虚框部分来表示）并不影响康得新的货币资金账面余额。因此，康得新的货币资金被不断循环划转至控股股东的账户，然后作为体外资金注入，配合康得新造虚增收入的货款的回笼。这就是康得新账面上银行存款"122亿"被审计机构问询函询到，但实际上却不存在的缘由。

康美药业与
康得新财务
舞弊案

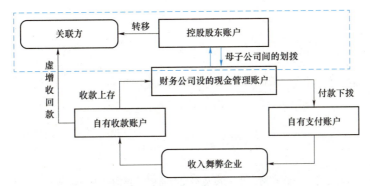

图5-1　货币资金在康得新、集团财务公司与控股股东三者之间的循环路径

任务一　上市公司基本面分析

【工作任务】

任务清单	内　容
任务情境	小王计划对一家上市公司进行股票投资，他不想通过到处"打听消息"的方式进行股票投资，想通过官方渠道获取可靠且有价值的数据信息，通过具体分析他所投资的公司情况，挖掘公司价值以获取投资收益
任务目标	理解上市公司基本情况分析；掌握上市公司竞争力分析和成长性分析
典型任务	请你根据任务情境，通过相关知识及网络搜索，完成以下任务。 （1）对上市公司进行竞争力分析的维度可以有哪些？ （2）对上市公司进行成长性分析的维度具体有哪些？ （3）思考一下，在对上市公司基本面分析时，我们可以借助哪些官方网站？ （请登录东方财富网、同花顺等财经证券门户网站，了解获取上市公司基本面信息的途径。）
任务总结	通过完成上述任务，你学到了哪些知识或技能？
实施人员	
任务点评	

【相关知识】

一、上市公司基本情况分析

（一）公司行业地位分析

行业地位分析的目的是判断公司在所处行业中的竞争地位，如是否为领导企业，在产品价格上是否具有影响力，是否有竞争优势等。在大多数行业中，无论其行业平均盈利能力如何，总有一些企业比其他企业具有更强的获利能力。企业的行业地位决定了其盈利能力是高于还是低于行业平均水平，决定了其在行业内的竞争地位。

（二）公司经济区位分析

经济区位是指地理范畴上的经济增长点及其辐射范围。上市公司的投资价值与区位经济的发展密切相关，如处于发达经济区位内的上市公司，一般具有较高的投资价值。我们对上市公司进行区位分析，就是将上市公司的价值分析与区位经济的发展联系起来，以便分析上市公司未来发展的前景，确定上市公司的投资价值。具体来讲，我们在对公司进行区位分析时，通常要考虑区位内的自然条件与基础条件、区位内政府的产业政策、区位内的经济特色。

（三）公司管理人员分析

投资者往往通过公司管理人员公布的政策分析决策层的指导思想属于保守的还是开放的，是稳健的还是冒进的，是改革的还是守旧的，是具有进取精神的还是只想维持现状的，等等。投资者可以概括出公司是一个积极开拓型的公司，还是消极保守型的公司，甚至是一个无所作为、前景暗淡的公司，并据此做出合理的投资选择。还有一点，公司决策层和上层管理人员的稳定性也很重要，有些人员变动频繁，可能造成公司的方针政策多变，工作成败的前后责任难以分清，工作容易脱节，效率可能受到影响。管理人员的性格、品质、知识、才干的表现和发挥，很难一一加以分析和综合。但是，管理作为一个总体，可以从解决内部问题能力、处理外部事务能力、进行调查研究和开发新产品的能力、吸收培养和训练新的管理人员的能力等几方面进行分析。

图 5-2 所示为光大证券股份有限公司（简称"光大证券"）2022 年 8 月 12 日的收盘情况，在"公司概况"栏目下我们可以清晰看到对公司基本情况的介绍，其中包括"同行比较""经营分析""公司高管"等具体栏目，可以获得更准确的信息数据。

图 5-2 光大证券 2022 年 8 月 12 日的收盘情况

二、上市公司竞争力分析

（一）成本优势

成本优势是指公司的产品依靠低成本获得高于同行业其他企业的盈利能力。在很多行业中，成本优势是决定竞争优势的关键因素，理想的成本优势往往成为同行业价格竞争的有力手段。

成本优势的来源各不相同，并取决于行业结构。一般来讲，产品的成本优势可以通过规模经济、专有技术、优惠的原材料、低廉的劳动力、科学的管理、发达的营销网络等实现。其中，由资本的集中程度决定的规模效益是决定产品生产成本的基本因素。当公司达到一定的资本投入或生产能力时，根据规模经济的理论，生产成本和管理费用将会得到有效降低。

（二）技术优势

技术优势是指公司拥有的比同行业其他竞争对手更强的技术实力及其研究与开发新产品的能力。这种能力主要体现在生产的技术水平和产品的技术含量上。在现代经济中，公司新产品的研究与开发能力是决定公司竞争成败的关键因素。

（三）质量优势

质量优势是指公司的产品以高于其他公司同类产品的质量赢得市场，从而取得竞争优势。由于公司技术能力及管理等诸多因素的差别，不同公司之间相同产品的质量是有差别的。消费者在进行购买选择时，产品的质量始终是影响他们购买倾向的一个重要因素。

（四）产品的市场占有情况

产品的市场占有情况在衡量公司产品竞争力方面占有重要地位。通常可以从两个方面进行考察：其一，公司产品销售市场的地域分布情况。从这一角度可将公司的销售市场划分为地区型、全国型和世界范围型。市场地域的范围能大致估计一个公司的经营能力和实力。其二，公司产品在同类产品市场上的占有率。市场占有率是对公司实力和经营能力较精确的估计。市场占有率是指一个公司产品销售量占该类产品整个市场销售总量的比例。市场占有率越高，表示公司经营能力和竞争力越强，公司销售和利润水平越好、越稳定。

（五）产品的品牌战略

品牌是一个商品名称和商标的总称，可以用来辨别一个卖者或卖者集团的货物或劳务，以便同竞争者的产品相区别。一个品牌不仅是一种产品的标识，而且是产品质量、性能、满足消费者效用可靠程度的综合体现。品牌竞争是产品竞争的深化和延伸。

三、上市公司成长性分析

企业成长性是指处于初创期的企业具有的一种充分激发内在潜能并合理把握外在投资机会，从而实现快速成长的能力。企业的成长性对于判断公司的发展潜力十分重要：一方面是指生产数量方面会增加，另一方面是指规模的扩大，成长性持续推动企业自身组织与管理功能不断分化，能够使企业根据外部环境的变化灵活进行调整，实现高质量的发展，扩大企业规模。具体体现在两个方面，分别为量的增长和质的提高，量的增长主要是指规模的扩大以及公司效益的提升；质的提高是指企业整体素质的提升，主要体现在生产水平的改进，产品质量的提升以及组织形式的变革等。

企业成长的方式通常包括内生增长以及并购成长。内生增长主要是指企业自身核心竞争力成长，而并购成长主要是通过并购其他企业使自身在短时间内规模得以扩张。企业成长性是指企业能够保持自身发展状态的一种能力，体现为在未来一段时期内所变现出来的一种持续增长的能力。

上市公司成长性分析旨在从证券投资决策的角度，多方面宽领域地分析上市公司的盈利能力与未来发展前景，判断其是否具备投资潜力，以获得预期的投资盈利，主要包括公司盈利预测分析、公司经营战略分析、公司规模变动特征及扩张潜力分析三种分析方式。

（一）公司盈利预测分析

公司盈利预测，是判断公司估值水平及投资价值的重要基础。盈利预测是建立在对公司深入了解和判断基础之上的，通过对公司的基本面进行分析，进而对公司的预测做出假设。所做的假设应该与公司、行业和宏观经济环境相符，而且与以往年度各项财务指标比率的变化相符。盈利预测假设主要针对销售收入、生产成本、管理和销售费用、财务费用等环节进行预测，是从财务管理的角度做出的成长性分析。

（二）公司经营战略分析

经营战略是企业面对激烈的市场竞争环境，为求得长期生存和不断发展而对企业从事的经营范围、成长方向和竞争对策进行的总体性谋划。它是企业战略思想的集中体现，是在符合和保证实现企业使命的条件下，在充分利用环境存在的各种机会基础上，合理地调整企业结构和分配企业资源。经营战略具有全局性、长远性和纲领性的特征，它从宏观上规定了公司的成长方向、成长速度及其实现方式。

（三）公司规模变动特征及扩张潜力分析

公司规模变动特征和扩张潜力一般与其所处的行业发展阶段、企业生命发展周期、经营战略与市场结构密切相关，它是从微观方面具体考察公司的成长性指标，可以从以下几个方面进行分析。

① 依据行业发展现状，判断上市公司规模扩张的动力，是由供给推动，还是由市场需求拉动，是依靠技术进步，还是依靠其他生产要素等，以此找出企业成长的内生动力与规律。

② 从企业生命发展周期的角度，纵向比较上市公司历年的销售、利润、资产、规模等数据，判断企业所处的发展阶段，区分公司的发展趋势是初设期、加速发展、稳步扩展，还是停滞不前，用以预测上市公司的财务状况以及未来的筹资、投资潜力。

③ 从企业自身战略选择的视角，分析上市公司战略导向对成长性的影响。常见的战略类型包括发展型战略、稳定型战略、收缩型战略、并购战略、成本领先战略、差异化战略和集中化战略。一般情况下，采用发展型战略、稳定型战略、差异化战略和集中化战略的上市公司其成长性预测指标趋于良性。

④ 依据上市公司所处的市场结构类型，来判断上市公司的成长性。常见的市场结构包括完全竞争市场、垄断竞争市场、寡头垄断市场、完全垄断市场。对于完全竞争市场、垄断竞争市场下新设立企业来说，其成长性指标比寡头垄断市场和完全垄断市场下的同行业企业要更具潜力。

SWOT 分析法示例如图 5-3 所示。

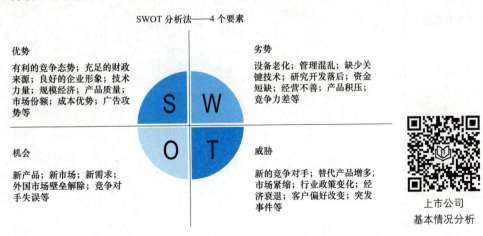

图 5-3　SWOT 分析模型

任务二 上市公司财务分析

【工作任务】

任务清单	内　　容
任务情境	小王计划对一家上市公司进行股票投资，投资前他想了解清楚该公司近五年的经营情况、财务状况以及现金流量情况，于是他查询了正规的证券投资交易网站，开始探索关于上市公司的财务分析类型及相关指标
任务目标	掌握上市公司财务报表分析和上市公司财务指标分析
典型任务	请你根据任务情境，通过相关知识及网络搜索，完成以下任务。 （1）常见的财务分析方法有哪些？ （2）上市公司财务报表分析的主要内容是什么，可以分为哪几类？ （3）上市公司财务指标共分为哪几类，每类包括哪些主要指标？
任务总结	通过完成上述任务，你学到了哪些知识或技能？
实施人员	
任务点评	

【相关知识】

一、财务分析的含义和方法

（一）财务分析的含义

公司的财务状况最能直接反映公司的实际生产经营情况。通过对公司的财务状况进行分析，可以了解公司的经营业绩，预测公司的未来发展前景，评估公司证券的内在投资价值。可见，财务分析是证券投资基本分析的重要组成部分。

财务分析是根据企业财务报表等信息资料，采用专门方法，系统分析和评价企业财务状况、经营成果和未来发展趋势的过程。财务分析以企业财务报告及其相关资料为主要依据，对企业的财务状况和经营成果进行评价和剖析，反映企业在运营过程中的利弊得失和发展趋势，从而为改进企业财务管理工作和优化经营决策提供重要的财务信息。

（二）财务分析的方法

1. 比较分析法

比较分析法是指对两个或两个以上的可比数据进行对比，找出企业财务状况、经营成果中的差异与问题。

比较分析法的具体运用主要有三种方式。

（1）重要财务指标的比较

定基动态比率＝分析期数额÷固定基期数额×100%　——反映长期发展趋势

环比动态比率＝分析期数额÷前期数额×100%　——反映短期发展趋势

（2）会计报表的比较

（3）会计报表项目构成的比较

采用比较分析法时，应当注意以下问题。

第一，用于对比的各个时期的指标，其计算口径必须保持一致。

第二，应剔除偶发性项目的影响，使分析所利用的数据能反映正常的生产经营状况。

第三，应运用例外原则对某项有显著变动的指标作重点分析，研究其产生的原因，以便采取对策，趋利避害。

2. 比率分析法

比率分析法是通过计算各种比率指标来确定财务活动变动程度的方法。

比率分析法的类型包括构成比率、效率比率、相关比率。

构成比率，也称为"结构比率"。构成比率＝某个组成部分数值÷总体数值×100%

效率比率，是某项财务活动中所费与所得的比率，反映投入与产出的关系，如利润率类指标。

相关比率，是以某个项目和与其有关但又不同的项目加以对比所得的比率，反映有关经济活动的相互关系，如周转率类指标。

3. 因素分析法

因素分析法是依据分析指标与其影响因素的关系，从数量上确定各因素对分析指标影响方向和影响程度的一种方法。

因素分析法具体有两种：连环替代法和差额分析法。

（1）连环替代法

连环替代法是将分析指标分解为各个可以计量的因素，并根据各个因素之间的依存关系，顺次用各因素的比较值（通常为实际值）替代基准值（通常为标准值或计划值），据以测定各因素对分析指标的影响。

设 $R=A\times B\times C$，在测定各因素变动对指标 R 的影响程度时可按顺序进行。

基期	$R_0=A_0\times B_0\times C_0$	①
第一次替代	$=A_1\times B_0\times C_0$	②
第二次替代	$=A_1\times B_1\times C_0$	③
第三次替代	$R_1=A_1\times B_1\times C_1$	④

②－①的差表示因素 A 的变动对指标 R 的影响。

③－②的差表示因素 B 的变动对指标 R 的影响。

④－③的差表示因素 C 的变动对指标 R 的影响。

把各因素变动综合起来得到总影响：$\Delta R=R_1-R_0$

【注意】

如果将各因素替代的顺序改变，则各个因素的影响程度也会发生变化。因此，连环替代法必须依次序进行替代，不可乱序。

（2）差额分析法

差额分析法是连环替代法的一种简化形式，是利用各个因素的比较值与基准值之间的差额，来计算各因素对分析指标的影响。

设 $R=A\times B\times C$，则各因素变动对指标 R 的影响如下。

A 因素变动对指标 R 的影响＝$(A_1-A_0)\times B_0\times C_0$

B 因素变动对指标 R 的影响＝$A_1\times (B_1-B_0)\times C_0$

C 因素变动对指标 R 的影响＝$A_1\times B_1\times (C_1-C_0)$

【注意】

① 因素分解的关联性。（指标与因素存在因果关系）

② 因素替代的顺序性。替代因素时，必须按照各因素的依存关系，排列成一定的顺序并依次替代，不可随意加以颠倒，否则就会得出不同的计算结果。

③ 顺序替代的连环性。（每次替代是在上一次的基础上进行的）

④ 计算结果的假定性。分析时应力求使这种假定合乎逻辑，具有实际经济意义，这样计算结果的假定性才不至于妨碍分析的有效性。

二、上市公司财务报表分析

财务报表包括资产负债、利润表、现金流量表及所有者权益变动表四大报表。上市公司每个季度都会公布季报，每半年公布半年报，每年公布年报，这些报告的主要组成部分就是上述四大报表。其中，年报的资料最为详尽，并且必须要经过注册会计师审计。为保障广大投资者的知情权与监督权，上市公司的财务报表资料均可通过国内主要财经报刊、网站以及行情系统获取。

依据财务报表类型和功能的不同，我们将财务报表分析划分为四类：资产负债表分析、利润表分析、现金流量表分析以及所有者权益变动表分析。

（一）资产负债表分析

资产负债表主要结构和内容见表 5-1。资产负债表是反映上市公司会计期末全部资产、负债和所有者权益情况的报表。通过资产负债表，能了解企业在报表日的财务状况、长短期的偿债能力、资产、负债权益和结构等重要信息。资产部分表示公司所拥有的或所掌握的以及其他公司所欠的各种资源或财产；负债表示公司所应支付的所有债务；股东权益表示公司的净值。资产、负债和股东权益的关系用公式可表示为：资产＝负债＋股东权益。

阅读资产负债表的主要目的是研究企业的资产和负债情况，而资产的质量是重中之重。资产分为流动资产和非流动资产，流动资产的变现能力至关重要，而非流动资产所能创造出的价值以及效率如何是研究重点。分析资产负债表要剔除资产中的水分和潜在的减值风险，而负债部分则主要关注负债的性质和成本以及偿债的能力。

表 5-1 资产负债表

编制单位： 年 月 单位：万元

资　　产	行次	年初数	期末数	负债及所有者权益	行次	年初数	期末数
流动资产：				流动负债：			
货币资金	1			短期借款	46		
交易性金融资产	2			应付票据	47		
应收票据	3			应付账款	48		
应收股利	4			预收账款	49		
应收利息	5			其他应付款	50		
应收账款	6			应付工资	51		
其他应收款	7			应付福利费	52		
预付账款	8			未交税金	53		
存货	9			未付利润	54		
一年内到期的非流动资产	10			其他未交款	55		
其他流动资金	11			预提费用	56		
流动资产合计	12						
非流动资产：				一年内到期的长期负债	57		
可供出售金融资产	14			其他流动负债	58		
持有出售金融资产	15						
持有至到期投资	16						
投资性房地产							
	20			流动负债合计	65		
长期投资：				长期负债：			
长期投资	21			长期借款	66		
固定资产：				应付债券	67		
固定资产原价	24			长期应付款	68		

资　　产	行次	年初数	期末数	负债及所有者权益	行次	年初数	期末数
减：累计折旧	25			其他长期负债	69		
固定资产净值	26			其中：住房周转金	70		
固定资产清理	27						
在建工程	28						
待处理固定资产净损失	29			长期负债合计	76		
				递延税项：			
固定资产合计	35			递延税款贷项			
无形资产及递延资产：							
无形资产	36			负债合计	80		
递延资产	37			所有者权益：			
				实收资本	81		
无形资产及递延资产合计	40			资本公积	82		
其他长期资产：				盈余公积	83		
其他长期资产	41			其中：公益金	84		
递延税项：				未分配利润	83		
递延税款借项	42						
				所有者权益合计	88		
资产总计	45			负债及所有者权益总计			

1. 应收账款

应收账款是指在经营活动中应当收到但还未收到的款项，与应收账款对应的是应付账款。对多数企业而言多多少少都会有一定的应收账款。在对应收账款的具体数额和增减情况进行分析时，还要看其和利润表中营业收入的匹配关系。

一般来说，公司存在 3 年以上的应收账款是一种极不正常的现象。这是因为在会计核算中设有"坏账准备"这一科目，在正常情况下，3 年的时间已经把应收账款全部计提了坏账准备，因此它不会对股东权益产生负面影响。但在我国，由于存在大量"三角债"，以及利用关联交易通过该科目来进行利润操纵等情况，因此，当投资者发现一个上市公司的资产很高时，一定要分析该公司的应收账款项目是否存在 3 年以上的应收账款，同时要结合"坏账准备"科目，分析其是否存在资产不实、"潜亏挂账"等现象。至于突然增加的大量应收账款，虽然不涉及 3 年以上应收账款的问题，但也有虚增利润或者回款不畅导致利润缺少真金白银支持的可能。

2. 预付账款和预收账款

预付账款（也称预付款项）和预收账款（也称预收款项）是用来核算企业间的购销业务的。这也是一种信用行为。对付款方而言，在资产项下以预付账款记账；对收款方而言则在负债项下以预收账款记账。一旦接受预付款方经营恶化而不能正常完成预订的业务，付款方的这笔货物就会难以取得，其科目所体现的资产也就不可能实现，从而出现资产流失的现象；但对于收款方而言，预收账款尽管是负债，但起码说明有业务可做，不愁生产出的产品没有人要。此外，预收账款是对应业务的定金部分，对应的业务金额要比预收账款多，具体是多少要查该公司披露的重大合同事项。

3. 其他应收款

主要核算企业发生的非购销活动的应收债权，如企业发生的各种赔款、存储保证金、备用金以及应向职工收取的各种垫付款等。但在实际工作中，并非这么简单。例如，大股东或关联企业往往将占用的上市公司的资金挂在其他应收款项下，形成难以解释和收回的资产，这样就形成了虚增资产。因此，投资者应该注意到，当上市公司报表中的"其他应收款"数额异常放大时，应当加以警惕。

4. 长期应收款

根据 2007 年新会计准则的规定，由于分期收款销售商品的核算方法与以前不同，企业应设置"长期应收款"科目，本科目核算企业融资租赁产生的应收款项以及采用递延方式分期收款、实质上具有融资性质的销售商品和提供劳务等经营活动所产生的应收款项。

5. 存货

存货是指企业在生产经营过程中为销售或耗用而储备的各种资产，包括商品、产成品、半成品、在产品以及各种材料、燃料、包装物、低值易耗品等。就对上市公司的分析而言，大致可以将其存货分为三大类——原材料、半成品和产成品，尤其要区分原材料存货和产品存货，而区分这一点要借助会计报表附注的说明。一定的原材料储备是必要的，但储备数量过大将面临一定的风险，原材料价格一旦走低，公司在成本控制上和对手竞争时就将处于劣势。产品的存货过大一般是由销售不畅所致，但有些行业有其特殊性，产品和商品还不能画等号。例如，白酒行业的基酒是产品但不是商品，其商品是在基酒的基础上勾兑而成的。而白酒的年份决定了白酒的品质及售价，因而基酒库存大就未必是坏事，尤其是对于畅销的品牌酒而言。当然，反腐浪潮导致其终端白酒不畅销应另当别论。

6. 固定资产和在建工程

要研究上市公司的成长性，产能扩张也是必要的关注事项，在资产负债表中固定资产的增加是表现形式，在建工程完成后会转入固定资产净额。固定资产增加的幅度、在建工程和固定资产的比值都是应当重点关注的数据。当然，对于产能扩张，要防备产能过剩，应根据上市公司的重大事项公告分析具体扩张产能的市场潜力。

此外，在固定资产科目下不同类别固定资产的折旧率也是关注的重点之一，加速折旧的企业利润是扎实的，而慢速折旧的企业有虚增利润的嫌疑。

7. 长期股权投资和金融资产

长期股权投资是指通过投资取得被投资单位的股份。企业对其他单位的股权投资通常是长期持有，以期通过股权投资达到控制被投资单位或对被投资单位施加重大影响的目的，或者是为了与被投资单位建立密切关系，以分散经营风险、获得投资收益为目的。

可交易金融资产对应的是交易性金融资产，即公开交易并可随时买卖的金融资产。交易性金融资产的价格随着交易时间是不断变化的，若卖出，将对上市公司的当期利润构成影响，可以理解为上市公司的短期投资理财行为，在流动资产中体现。

8. 长期待摊费用

长期待摊费用是指企业已经支出，但摊销期限在 1 年以上的各项费用。长期待摊费用不能全部计入当年损益，应当在以后年度内分期摊销。我们关注该科目的重点，要提防一些不良企业利用长期待摊费用虚增利润，对于突然放大的长期待摊费用更要小心。

（二）利润表分析

在财务报表中，企业的盈亏情况是通过利润表来反映的。利润表反映企业在一定时期内的经营成果和经营成果的分配关系。它展示公司的损益账目，反映公司在一定时期的业务经营状况，直接明了地揭示公司获取利润能力的大小、潜力以及经营趋势。

利润表包括营业收入，与营业收入相关的生产性费用、销售费用和其他费用，利润，公司利润分配去向。利润表的实例见表5-2。

表5-2 利润表

编制单位：　　　　　　　　　　年　　月　　　　　　　　　　单位：万元

项　目	行次	本月数	本年累计数
一、营业收入	1		
减：营业成本	2		
营业税金及附加	3		
销售费用	4		
管理费用	5		
财务费用	6		
资产减值损失	7		
加：公允价值变动收益（损失以"-"号填列）	8		
投资收益（损失以"-"号填列）	9		
其中：对联营企业和合营企业的投资收益	10		
二、营业利润（亏损以"-"号填列）	11		
加：营业外收入	12		
减：营业外支出	13		
其中：非流动资产处置损失	14		
三、利润总额（亏损以"-"号填列）	15		
减：所得税费用	16		
四、净利润（亏损以"-"号填列）	17		
五、每股收益	18		
（一）基本每股收益	19		
（二）稀释每股收益	20		

1. 利润表结构分析

利润表是把上市公司在一定期间的营业收入与同一会计期的营业费用进行配比，以得到该期间的净利润（或净亏损）的情况。由此可知，该报表的重点是相关收入指标和费用指标。"收入-费用=利润"可以视作阅读这一报表的基本思路。

当投资者看到一份利润表时，会注意到以下几个会计指标，它们分别是营业收入、营业利润、利润总额、净利润。在这些指标中应重点关注营业收入、营业利润、净利润，尤其应关注营业利润与净利润的盈亏情况。许多投资者往往只关心净利润的情况，认为净利润为正就代表公司盈利，于是高枕无忧。实际上，企业的长期发展动力来自对自身主营业务的开拓与经营，从严格意义上说，主营亏损但净利润有盈余的企业比主营业务盈利但净利润亏损的企业更危险。

上市公司可以通过政府财政补贴、营业外收入，尤其是变卖资产等手段，将当期利润总额和净利润做成盈利，可谁又敢保证下一年度还有政府补贴、营业外收入以及还有资产可以变卖呢？因此，投资人更应该关注扣除非经常性损益后的净利润。

在分析上市公司的利润表时，首要的是判断利润的真实性，虚增利润和隐瞒利润都属于操纵利润的行为。上市公司虚增利润是为了在上市时股票卖个好价钱，但将来业绩改变是早晚的事情。隐瞒利润要么是为了配合主力吃货，要么是为了使管理层轻松获得股权激励，还有的是利润被大股东侵吞。当然，也有因股市市况不好，业绩好也不一定会得到市场的欢迎而故意隐瞒利润，等市况好时再释放利润的。除被侵吞的利润外，隐瞒的利润迟早是要释放出来的。

2. 通过分析关联交易判断上市公司利润的来源

上市公司为了向社会公众展现自己的经营业绩，抬高股价，往往利用关联方之间的交易来调节其利润，主要方法有以下几种。

（1）增加收入、转嫁费用

投资者在进行投资分析时，一定要分析其关联交易，特别是母子公司间是否存在着相互关联交易、转嫁费用的现象。对于有母子公司关联交易的，一定要从上市公司的当年利润中剔除关联交易所虚增的利润。

（2）资产租赁

由于上市公司大部分是从母公司中剥离出来的，上市公司的大部分资产主要是从母公司以租赁方式取得的，因而租赁资产的租赁数量、租赁方式和租赁价格就是上市公司与母公司之间可以随时调整利润的阀门。有的上市公司还可将从母公司租来的资产同时转租给母公司的子公司，从中轻易获得纸上财富来粉饰业绩。

（3）委托投资

当上市公司接受一个周期长、风险大的项目时，可将某一部分现金转移给母公司，以母公司的名义进行投资，将其风险全部转嫁给母公司，却将投资收益确定为上市公司当年的利润。

（4）合作投资

上市公司要想配股，其净资产收益率须达到一定的标准。公司一旦发现其净资产收益率很难达到这个要求，便倒推出利润缺口，然后与母公司签订联合投资合同，投资回报按倒推出的利润缺口确定，其实这块利润是由母公司出的。

（5）资产转让置换

一般来说上市公司通过与母公司进行资产转让置换，可以从根本上改变自身的经营状况，以便长期拥有"壳资源"所带来的再融资能力，对上市公司及其母公司来说这是双赢。通常上市公司购买母公司优质资产的款项挂往来账，不计利息或资金占用费，这样上市公司不仅获得了优质资产的经营收益，而且不需要付出任何代价，就把风险转嫁给母公司。另外，上市公司往往将不良资产和等额的债务剥离给母公司或母公司控制的子公司，以达到避免不良资产经营所产生的亏损或损失的目的。

（三）现金流量表分析

现金流量表是以现金为基础编制的财务状况变动表，称为现金流量表。它是反映企业在一定时期内现金流入、流出及其净额的报表，主要说明公司本期现金来自何处、用往何方以及现金余额是如何构成的。现金流量表主要反映的是现金的来源及运用以及不涉及现金的重大投资和理财活动的财务报表。

它主要包括三部分：一是经营活动产生的现金流量；二是投资活动产生的现金流量；三是筹资活动产生的现金流量。现金流量表实例见表5-3。

表5-3　现金流量表

编制单位：　　　　　　　　　　　　　年　　月　　　　　　　　　　　单位：万元

项　　目	本期金额	上期金额
一、经营活动产生的现金流量：		
销售商品、提供劳务收到的现金		
收到的税费返还		
收到其他与经营活动有关的现金		
经营活动现金流入小计		
购买商品、接受劳务支付的现金		
支付给职工以及为职工支付的现金		
支付的各项税费		
支付其他与经营活动有关的现金		
经营活动现金流出小计		
经营活动产生的现金流量净额		
二、投资活动产生的现金流量：		
收回投资收到的现金		
取得投资收益收到的现金		
处置固定资产、无形资产和其他长期资产收回的现金净额		
处置子公司及其他营业单位收到的现金净额		
收到其他与投资活动有关的现金		
投资活动现金流入小计		
购建固定资产、无形资产和其他长期资产支付的现金		
投资支付的现金		
取得子公司及其他营业单位支付的现金净额		
支付其他与投资活动有关的现金		
投资活动产生流出小计		

续表

项　目	本期金额	上期金额
投资活动产生的现金流量净额		
三、筹资活动产生的现金流量：		
吸收投资收到的现金		
取得借款收到的现金		
收到其他与筹资活动有关的现金		
筹资活动现金流入小计		
偿还债务支付的现金		
分配股利、利润或偿付利息支付的现金		
支付其他与筹资活动有关的现金		
筹资活动现金流出小计		
筹资活动产生的现金流量净额		
四、汇率变动对现金及现金等价物的影响		
五、现金及现金等价物净增加额		
加：期初现金及现金等价物余额		
六、期末现金及现金等价物余额		

经营活动产生的现金流量是最重要的现金流量，经营性现金流量净额不仅要为正，而且最好是大于净利润，它直接反映公司赚取的是纸上财富还是真金白银。销售商品、提供劳务收到的现金最好是大于等于营业收入，这样不仅说明百分之百地实现了销售转化为收入，而且超出部分还意味着清收了多少以前的应收账款。否则，说明公司销售回款不佳或者销售不畅，具体程度要对照资产负债表中的应收账款和存货的变化情况来分析。

（四）所有者权益变动表

所有者权益变动表是指反映构成所有者权益各组成部分当期增减变动情况的报表。所有者权益变动表应当全面反映一定时期所有者权益变动的情况，不仅包括所有者权益总量的增减变动，而且包括所有者权益增减变动的重要结构性信息。特别是要反映直接计入所有者权益的利得和损失，让报表使用者准确理解所有者权益增减变动的根源。2007年以前，公司所有者权益变动情况是以资产负债表附表的形式予以体现的。新会计准则颁布后，要求上市公司于2007年正式对外呈报所有者权益变动表，所有者权益变动表成为与资产负债表、利润表和现金流量表并列披露的第四张财务报表。所有者权益变动表实例见表5-4。

在所有者权益变动表中，企业至少应当单独列示反映下列信息的项目：净利润；直接计入所有者权益的利得和损失项目及其总额；会计政策变更和差错更正的累积影响金额；所有者投入资本和向所有者分配利润等；提取的盈余公积；实收资本或股本、资本公积、盈余公积、未分配利润的期初和期末余额及其调节情况。

表 5-4　所有者权益变动表

编制单位：　　　　　　　　　　——年度 会企××表　　　　　　　　　　单位：万元

项目	本年金额						上年金额					
	实收资本（或股本）	资本公积	减：库存股	盈余公积	未分配利润	所有者权益合计	实收资本（或股本）	资本公积	减：库存股	盈余公积	未分配利润	所有者权益合计
一、上年年末余额												
加：会计政策变更												
前期差错更正												
二、本年年初余额												
三、本年增减变动金额（减少以"-"号填列）												
（一）净利润												
（二）直接计入所有者权益的利得和损失												
1. 可供出售金融资产公允价值变动净额												
2. 权益法下被投资单位其他所有者权益变动的影响												
3. 与计入所有者权益项目相关的所得税影响												
4. 其他												
上述（一）和（二）小计												
（三）所有者投入和减少资本												
1. 所有者投入资本												
2. 股份支付计入所有者权益的金额												
3. 其他												
（四）利润分配												
1. 提取盈余公积												
2. 对所有者（或股东）的分配												
3. 其他												
（五）所有者权益内部结转												

续表

项目	本年金额						上年金额					
	实收资本（或股本）	资本公积	减：库存股	盈余公积	未分配利润	所有者权益合计	实收资本（或股本）	资本公积	减：库存股	盈余公积	未分配利润	所有者权益合计
1. 资本公积转增资本（或股本）												
2. 盈余公积转增资本（或股本）												
3. 盈余公积弥补亏损												
4. 其他												
四、本年年末余额												

三、上市公司财务指标分析

财务比率是指同一张财务报表的不同项目之间、不同类别之间、同一年度不同财务报表的有关项目之间，各会计要素的相互关系。分析财务报表所使用的比率以及对同一比率的解释和评价，因使用者的着眼点、目标和用途不同而异。例如，一家银行在考虑是否给一家公司提供短期贷款时，它关心的是该公司的资产流动性比率；长期债权人则不然，他们着眼于公司的获利能力和经营效率，对资产的流动性则较少注意；投资者的目的在于考察公司的获利能力和经营趋势，以便取得理想的报酬；至于公司的管理当局，则需要关心财务分析的一切方面，既要保证公司具有偿还长、短期债务的能力，又要替投资者赢得尽可能多的利润。比率分析涉及公司管理的各个方面，大致可归为以下几大类：变现能力分析、营运能力分析、长期偿债能力分析、盈利能力分析、投资收益分析等。

1. 变现能力分析

变现能力是公司产生现金的能力。它取决于可以在近期转变为现金的流动资产的多少，是考察公司短期偿债能力的关键。反映变现能力的财务比率主要有流动比率和速动比率。

（1）流动比率

流动比率是流动资产与流动负债的比值。其计算公式为：

$$流动比率＝流动资产/流动负债$$

流动比率可以反映短期偿债能力。它表明公司的短期债务可由预期在该债务到期前变成现金的资产来偿还的能力，即 1 元流动负债可以由几元流动资产来偿付做保证。一般说来，流动比率越大，公司偿债能力越强。反之，公司偿债能力越弱，容易产生资金周转不灵的问题。一般认为，生产型公司合理的最低流动比率是 2。

（2）速动比率

速动比率是从流动资产中扣除存货部分，再除以流动负债的值。速动比率的计算公式为：

$$速动比率＝（流动资产－存货）/流动负债$$

速动比率反映公司的短期偿债能力的作用要强于流动比率。速动比率越高，公司短期偿债能力就越强。通常认为，正常的速动比率为 1，低于 1 的速动比率被认为是短期偿债能力偏低。但这也仅是一般的看法，因为行业不同，速动比率会有很大差别，没有统一标准的速动比率。

2. 营运能力分析

营运能力主要表现为资产管理及资产利用的效率，因此，资产管理比率通常又称为运营效率比率，主要包括存货周转率（存货周转天数）、应收账款周转率（应收账款周转天数）、流动资产周转率和总资产周转率等。

（1）存货周转率和存货周转天数

在流动资产中，存货所占的比例较大。存货的流动性将直接影响公司的流动比率。因此，必须特别重视对存货的分析。存货的流动性一般用存货的周转速度指标来反映，即存货周转率或存货周转天数。其计算公式为：

$$存货周转率 = 营业成本/平均存货$$

$$平均存货 = （期初存货 + 期末存货）/2$$

$$存货周转天数 = 360/存货周转率$$

存货周转率是营业成本被平均存货所除得到的比例，即存货的周转次数。它是衡量和评价公司购入存货、投入生产、销售回款等各环节管理状况的综合性指标。用时间表示的存货周转率就是存货周转天数。

一般来讲，存货周转速度越快，存货的占用水平越低，流动性越强，存货转换为现金或应收账款的速度越快。提高存货周转率可以提高公司的变现能力。

存货周转分析的目的是从不同的角度和环节找出存货管理中的问题，使存货管理在保证生产经营连续性的同时，尽可能少地占用经营资金，提高资金使用效率，增强公司短期偿债能力，促进公司管理水平的提高。

（2）应收账款周转率和应收账款周转天数

应收账款周转率是营业收入与平均应收账款的比值。它反映年度内应收账款转为现金的平均次数，说明应收账款流动的速度。应收账款周转天数是应收账款周转率的倒数乘以360天，也称应收账款回收期或平均收现期。它表示公司从取得应收账款的权利到收回款项转换为现金所需要的时间，是用时间表示的应收账款周转速度。

应收账款周转率和应收账款周转天数的计算公式分别为：

$$应收账款周转率 = 营业收入/平均应收账款$$

$$平均应收账款 = （期初应收账款 + 期末应收账款）/2$$

$$应收账款周转天数 = 360/应收账款周转率$$

应收账款和存货一样，在流动资产中占据举足轻重的地位。及时收回应收账款，不仅能增强公司的短期偿债能力，而且能反映出公司管理应收账款方面的效率。一般来说，应收账款周转率越高，平均收账期越短，说明应收账款的收回越快；否则，公司的营运资金会过多地滞留在应收账款上，影响正常的资金周转。

（3）流动资产周转率

流动资产周转率是营业收入与平均流动资产的比值。其计算公式为：

$$流动资产周转率 = 营业收入/平均流动资产$$

$$平均流动资产 = （期初流动资产 + 期末流动资产）/2$$

流动资产周转率反映流动资产的周转速度。周转速度快，会相对节约流动资产，等于相对扩大资产投入，增强公司盈利能力；而延缓周转速度，则需要补充流动资产，加速周转，形成资金浪费，降低公司盈利能力。

（4）总资产周转率

总资产周转率是营业收入与平均资产总额的比值。其计算公式为：

$$总资产周转率＝营业收入/平均资产总额$$

如果企业各期资产总额稳定，波动不大，则：

$$平均资产总额＝（期初资产总额＋期末资产总额）/2$$

如果资金占用的波动性较大，企业应采用更详尽的资料进行计算，则：

$$月平均资产总额＝（月初资产总额＋月末资产总额）/2$$

$$季平均资产总额＝（½ 季初＋第一月末＋第二月末＋½ 季末）/3$$

$$年平均资产总额＝（½ 年初＋第一季度末＋第二季度末＋第三季度末＋½ 年末）/4$$

该项指标反映资产总额的周转速度。周转越快，反映销售能力越强。公司可以通过薄利多销的方法，加速资产的周转，带来利润绝对额的增加。总之，各项资产的周转指标用于衡量公司运用资产赚取收入的能力，经常和反映盈利能力的指标结合在一起使用，可全面评价公司的盈利能力。

3. 长期偿债能力分析

长期偿债能力是指公司偿付到期长期债务的能力，通常以反映债务与资产、净资产关系的负债比率来衡量。负债比率主要包括资产负债率、产权比率、有形资产净值债务率、已获利息倍数等。

（1）资产负债率

资产负债率是负债总额与资产总额的比值。它反映在总资产中有多大比例是通过借债来筹资的，也可以衡量公司在清算时保护债权人利益的程度。其计算公式如下：

$$资产负债率＝负债总额/资产总额$$

不同行业的资产负债率差异很大，所以，计算结果只能与同行业的平均水平相比较。

（2）产权比率

产权比率是负债总额与股东权益总额的比值，也称为债务股权比率。其计算公式如下：

$$产权比率＝负债总额/股东权益总额$$

该项指标反映由债权人提供的资本与股东提供的资本的相对关系，反映公司基本财务结构是否稳定。一般来说，股东资本大于借入资本较好。产权比率高，是高风险、高报酬的财务结构；产权比率低，是低风险、低报酬的财务结构。资产负债率与产权比率具有相同的经济意义，两个指标可以相互补充。

（3）已获利息倍数

已获利息倍数是指公司经营业务收益与利息费用的比率，用以衡量偿还借款利息的能力，也称利息保障倍数，其计算公式如下：

$$已获利息倍数＝息税前利润/利息费用$$

要合理评价公司的已获利息倍数，不仅需要与本行业中的平均水平公司进行比较，而且要从稳健性的角度出发，分析、比较本公司连续几年的该项指标水平，并选择指标最低年度的数据作为标准。

4. 盈利能力分析

盈利能力就是公司赚取利润的能力，它是决定股票价值大小的重要因素。反映公司盈利能力的指标主要有营业净利率、营业毛利率、资产净利率、净资产收益率等。

（1）营业净利率

营业净利率是指净利润与营业收入的比值。其计算公式为：

$$营业净利率 = 净利润/营业收入$$

该指标反映每 1 元营业收入带来的净利润是多少，表示营业收入的收益水平。从营业净利率的指标关系来看，净利润额与营业净利率呈正比关系，而营业收入额与营业净利率呈反比关系。公司在增加营业收入额的同时，必须相应获得更多净利润，才能使营业净利率保持不变或有所提高。通过分析营业净利率的升降变动，可以促使公司在扩大营业业务收入的同时，注意改进经营管理，提高盈利水平。

（2）营业毛利率

营业毛利率是毛利与营业收入的比值，其中毛利是营业收入与营业成本的差。其计算公式为：

$$营业毛利率 = （营业收入 - 营业成本）/营业收入$$

营业毛利率表示每 1 元营业收入扣除营业成本后，有多少钱可以用于各项期间费用和形成盈利。营业毛利率是公司营业净利率的基础，没有足够大的毛利率便不能盈利。

（3）资产净利率

资产净利率是公司净利润与平均资产总额的比值。其计算公式为：

$$资产净利率 = 净利润/平均资产总额$$

把公司一定期间的净利润与公司的总资产相比较，可表明公司资产利用的综合效果。指标越高，表明资产的利用效率越高，说明公司在增加收入和节约资金使用等方面取得了良好效果，否则相反。

（4）净资产收益率（ROE）

净资产收益率是净利润与净资产的比值，也称净值报酬率或权益报酬率。其计算公式为：

$$净资产收益率 = 净利润/年末净资产$$

净资产收益率反映公司所有者权益的投资报酬率，作为判断上市公司盈利能力的一项重要指标，一直受到证券市场参与各方的极大关注，具有较强的综合性。

5. 投资收益分析

投资人要想选出满意的股票，进行投资收益分析十分重要。其中，最重要的财务指标是每股收益、每股净资产和净资产收益率。

（1）每股收益（EPS）

每股收益是净利润与公司发行在外普通股股数的比值。其计算公式为：

$$每股收益 = 净利润/发行在外的普通股股数$$

每股收益是衡量上市公司盈利能力最重要的财务指标，反映普通股的获利水平。在分析时，可以比较公司之间的每股收益，以评价该公司相对的盈利能力；也可以进行不同时期的比较，了解该公司盈利能力的变化趋势；可以进行经营实绩和盈利预测的比较，掌握该公司的管理能力。

（2）稀释每股收益

企业存在稀释性潜在普通股的，应当计算稀释每股收益。稀释性潜在普通股是指假设当期转换为普通股会减少每股收益的潜在普通股。潜在普通股主要包括可转换公司债券、认股权证和股份期权等。

① 可转换公司债券。对于可转换公司债券，计算稀释每股收益时，分子的调整项目为可转换公司债券当期已确认为费用的利息等的税后影响额，分母的调整项目为假定可转换公司债券

当期期初或发行日转换为普通股股数的加权平均数。

②认股权证和股份期权。认股权证、股份期权等的行权价格低于当期普通股平均市场价格时，应当考虑其稀释性。

计算稀释每股收益时，作为分子的净利润金额一般不变；分母的调整项目为增加的普通股股数，同时还应考虑时间权数。

$$认股权证或股份期权行权增加的普通股股数=行权认购的股数×$$
$$（1-行权价格/普通股平均市价）$$

行权价格和拟行权时转换的普通股股数，按照有关认股权证合同和股份期权合约确定。公式中的普通股平均市场价格，通常按照每周或每月具有代表性的股票交易价格进行简单算术平均计算。在股票价格比较平稳的情况下，可以采用每周或每月股票的收盘价作为代表性价格；在股票价格波动较大的情况下，可以采用每周或每月股票最高价与最低价的平均值作为代表性价格。无论采用何种方法计算平均市场价格，一经确定，则不得随意变更，除非有确凿证据表明原计算方法不再适用。当期发行认股权证或股份期权的，普通股平均市场价格应当自认股权证或股份期权的发行日起计算。

（3）每股净资产

每股净资产是年末净资产（年末股东权益）与年末普通股总数的比值，也称为每股账面价值或每股权益，其计算公式为：

$$每股净资产=年末净资产/发行在外的股票总数$$

该指标反映发行在外的每股普通股所代表的净资产成本，即账面权益，每股净资产在理论上提供了股票的最低价值。

（4）市盈率（PE）

市盈率是（普通股）每股市价与每股收益的比率，亦称本益比。其计算公式为：

$$市盈率=每股市价/每股收益$$

该指标反映投资者对每 1 元净利润所愿支付的价格，可以用来估计公司股票的投资报酬和风险，是市场对公司的共同期望指标，一般说来，市盈率越高，表明市场对公司的未来越看好。在市价确定的情况下，每股收益越高，市盈率越低，投资风险越小。

（5）市净率（PB）

市净率是公司每股市价与每股净资产的比值。其计算公式为：

$$市净率=每股市价/每股净资产$$

由于每股净资产是投资者在企业破产时所能获得的最低保障和底线，所以，市净率越小，说明证券的投资价值越高，证券价格的支付越有保证；反之，则投资价值越低。一般来说，市净率达到 3 倍则可以树立较好的公司形象。

上市公司
财务分析

任务三　上市公司重大事项分析

【工作任务】

任务清单	内　　容
任务情境	小王计划对一家上市公司进行股票投资，投资前他想了解更多该公司近五年的股权分布情况，通过查询证券投资交易网站，他发现许多可能对公司经营、决策产生重大影响的情形或事件
任务目标	掌握上市公司资产重组和关联交易分析
典型任务	请你根据任务情境，通过相关知识及网络搜索，完成以下任务。 （1）上市公司的重大事项有哪些？ （2）资产重组会带来哪些投资机会？ （3）关联交易对上市公司会产生哪些影响？
任务总结	通过完成上述任务，你学到了哪些知识或技能？
实施人员	
任务点评	

【相关知识】

一、上市公司重大事项含义

上市公司重大事项分析是指当出现、发生或即将发生可能对公司经营、决策产生较大影响的情形或事件时，证券投资者应当密切关注、谨慎分析这些重大事项未来可能会对投资盈利带来的影响。《中华人民共和国证券法》对上市公司重大事件的界定范围包括：

公司的经营方针和经营范围的重大变化；

公司的重大投资行为和重大的购置财产的决定；

公司订立重要合同，可能对公司的资产、负债、权益和经营成果产生重要影响；

公司发生重大债务和未能清偿到期重大债务的违约情况；

公司发生重大亏损或者重大损失；

公司生产经营的外部条件发生的重大变化；

公司的董事、三分之一以上监事或者经理发生变动；

持有公司百分之五以上股份的股东或者实际控制人，其持有股份或者控制公司的情况发生较大变化；

公司减资、合并、分立、解散及申请破产的决定；

涉及公司的重大诉讼，股东大会、董事会决议被依法撤销或者宣告无效；

公司涉嫌犯罪被司法机关立案调查，公司董事、监事、高级管理人员涉嫌犯罪被司法机关采取强制措施；

国务院证券监督管理机构规定的其他事项。

各证券交易所对上市公司重大事件的披露时间和要求大致相同，下面以上海证券交易所在2007年发布的相关要求为例展示。上海证券交易所发布《关于做好上市公司2007年年度报告工作的通知》（以下简称《通知》），布置沪市上市公司2007年年度年报披露工作。该《通知》要求上市公司应当于2008年4月30日前完成2007年年度报告的编制、报送和披露工作。在2008年1月1日至4月30日期间新上市的公司，如在上市公告书中未披露经审计的2007年年度业绩情况的，也应当于4月30日前披露2007年年报。上市公司预计不能在4月30日前完成本次年报披露的，应当在4月15日之前提交书面报告，并公告不能按期披露的原因、解决方案及延期披露的最后期限。上证所将自5月1日起对该公司股票及其衍生品种实施停牌，并对公司或相关人员予以公开谴责。另外，存在大股东及其附属企业非经营性占用上市公司资金的上市公司，须增加披露非经营性资金占用的发生时间、占用金额、发生原因、责任人和董事会拟定的解决措施。《通知》还特别要求上市公司应当根据中国证监会和交易所的相关要求，结合公司内部控制制度的建设情况，在2007年年报全文的"重要事项"部分，说明公司建立健全内部控制制度的情况。上证所鼓励有条件的上市公司同时披露董事会对公司内部控制的自我评估报告和审计机构对自我评估报告的核实评价意见。根据均衡披露原则，上证所每日最多安排45家上市公司公布2007年报。

中国证监会指定的信息披露媒体有上海证券报、证券时报、中国证券报等。

在上市公司重大事项分析中需要特别关注的是资产重组事项和关联方交易事项。这两项事项对公司经营、决策影响较为重大，影响程度深、范围广。

二、上市公司资产重组分析

资产重组是指企业资产的拥有者、控制者与企业外部的经济主体进行的,对企业资产的分布状态进行重新组合、调整、配置的过程,或对设在企业资产上的权利进行重新配置的过程。

(一)资产重组的方式

根据我国证券市场的约定俗成,一般可以把上市公司资产重组分为以下几类:收购兼并;股权转让,包括非流通股的划拨,有偿转让和拍卖等,以及流通股的二级市场购并;资产剥离或所拥有的股权出售,是指上市公司将企业资产或所拥有股权从企业中分离、出售的行为;资产置换,包括上市公司资产(含股权、债权等)与公司外部资产或股权互换的活动等方式。

(二)上市公司资产重组带来的投资机会

资产重组是支持中国股市高速发展的最重要动力。重大的资产重组能够快速改善上市公司的经营状况,而公司基本面翻天覆地的变化所带来的高成长性,往往会获得市场的高度认同,相关上市公司的股价在资产重组消息公布后的巨大刺激下,时常爆发出惊人的表现。

股权分置改革后高效率、大面积的大宗资产重组事件频繁发生,不但有效地提升了上市公司的质量,更进一步诠释了 A 股市场中有关外延式增长这一投资主题的价值。

无论是在国内还是国际、牛市还是熊市,资产重组都是永恒的炒作主题,重组带给市场的获利机会,远超过任何题材。

总体而言,资产重组带来的相关公司内在价值的提升,构成全流通形势下遵循价值投资思路的重要趋势之一。

上市公司的重大资产重组以前更多发生在对即将退市或者持续亏损的上市公司中,发生重大资产重组的目的也主要体现在对上市公司的"借壳"上。而股改后,特别是政策鼓励央企整体上市做大做强后,以消除同业竞争甚至整体上市,改善上市公司质量,提高上市公司盈利能力为目的的主动性资产重组开始占据主导地位。尤其以 2013 年改革以来的上市公司资产重组体现更为明显。随着市场的进一步发展,大型资产重组将会在 A 股市场延续,对较快提高上市公司盈利能力、上市公司的质量能起到积极的作用。

三、上市公司关联交易分析

(一)关联交易方式

关联方交易,是指关联方之间转移资源、劳务或义务的行为,而不论是否收取价款。我国上市公司的关联交易具有形式繁多、关系错综复杂、市场透明度较低的特点。按照交易的性质划分,关联交易主要可划分为经营往来中的关联交易和资产重组中的关联交易。前者符合一般意义上关联交易的概念,而后者则具有鲜明的中国特色,是在目前现实法律、法规环境下使用频率较高的形式,常见的关联交易主要有以下几种。

1. 关联购销

关联购销类关联交易,主要集中在以下几个行业:一种是资本密集型行业,如冶金、有色、石化和电力行业等;另一种是市场集中度较高的行业,如家电、汽车和摩托车行业等。一些上市公司仅是集团公司的部分资产,与集团其他公司之间产生关联交易在所难免。除了集团公司外,其他大股东如果在业务上与上市公司有联系的话,也有可能产生关联交易。因此,此类关联交易在众多上市公司中或多或少都存在,交易量在各类关联交易中居首位。

2. 资产租赁

由于非整体上市，上市公司与其集团公司之间普遍存在着资产租赁关系，包括土地使用权、商标等无形资产的租赁和厂房、设备等固定资产的租赁。

3. 担保

涉及上市公司的关联信用担保也普遍存在，上市公司与集团公司或者各个关联公司可以相互提供信用担保。关联公司之间相互提供信用担保虽能有效解决各公司的资金问题，但也会形成或有负债，增加上市公司的财务风险，有可能引起经济纠纷。上市公司与其主要股东，特别是控股股东之间的关联担保可以是双向的，既可能是上市公司担保主要股东的债务，也可能反过来是主要股东为上市公司提供担保。

4. 托管经营、承包经营等管理方面的合同

绝大多数的托管经营和承包经营属于关联交易，关联方大多是控股股东。托管方或是上市公司，或是关联企业。所托管的资产要么质量一般，要么是上市公司没有能力进行经营和管理的资产。但自己的资产被关联公司托管或承包经营以后，可以获得比较稳定的托管费用和承包费用。另外，关联托管和承包往往是进行关联收购的第一步，因为在托管期间，可以对所托管或承包的企业进行深入细致的了解，考察企业的发展潜力，以降低收购的风险。

5. 关联方共同投资

共同投资形式的关联交易通常是指上市公司与关联公司就某一具体项目联合出资，并按事前确定的比例分配收益。这种投资方式因关联关系的存在达成交易的概率较高，但操作透明度较低，特别是分利比例的确定。

（二）关联交易对公司的影响

从理论上说，关联交易属于中性交易，它既不属于单纯的市场行为，也不属于内幕交易的范畴，其主要作用是降低交易成本，促进生产经营渠道的畅通，提供扩张所需的优质资产，有利于实现利润的最大化等。但在实际操作过程中，关联交易有其非经济特性。与市场竞争、公开竞价的方式不同，关联交易价格可由关联双方协商决定。特别是在我国评估和审计等中介机构尚不健全的情况下，关联交易容易成为企业调节利润、避税和一些部门及个人获利的途径，往往会使中小投资者利益受损。交易价格如果不能按照市场价格来确定，就有可能成为利润调节的工具。例如，各项服务收费的具体数量和摊销原则因外界无法准确判断其是否合理，可操作弹性较大。目前通常的做法是，当上市公司经营不理想时，集团公司或者调低上市公司应缴纳的费用标准，或者承担上市公司的相关费用，甚至将以前年度已缴纳的费用退回，从而达到转移费用、增加利润的目的。又由于各类资产租赁的市场价格难以确定，租赁也可能成为上市公司与集团公司等关联公司之间转移费用、调节利润的手段。上市公司利润水平不理想时，集团公司调低租金价格或以象征性的价格收费，或上市公司以远高于市场价格的租金水平将资产租赁给集团公司使用。有的上市公司将从母公司租来的资产同时以更高的租金再转租给其他关联方，形成股份公司的其他业务利润，实现向股份公司转移利润。

上市公司获得类似的贴补从表面上看对上市公司和投资者来说是好事，但这种贴补首先不可能持久且终究要付出代价；其次不利于上市公司核心竞争力的培育，对其长远发展不利。

资产重组中的关联交易，其对公司经营和业绩的影响需要结合重组目的、重组所处的阶段、重组方的实力、重组后的整合具体分析。首先，重组谈判过程一般长达几个月，其中变数颇多，因此在重组谈判或审批阶段，难以判断重组成功的概率和绩效。如果上市公司重组目的带有短期化倾向，如为了短期业绩的改观、配股融资能力的增强等，企业经营现状的改变将是非质变

性的。其次，重组后能否带来预期效益还要看后期整合的结果。由于原有企业的文化、管理模式具有一定程度的排他性，新资产从进入正常运转还要面临一段时间的磨合。由此可见，资产重组类股票的投资不确定性较大，而带有关联交易性质的资产重组，由于其透明度较低，更需要进行较长时期的、仔细的跟踪分析。在分析关联交易时，尤其要注意关联交易可能给上市公司带来的隐患。投资者在分析关联交易时，应尤其关注交易价格的公允性、关联交易占公司资产的比重、关联交易的利润占公司利润的比重以及关联交易的披露是否规范等事项。

上市公司
重大事项分析

【素养提升】

守法且精通专业知识是防范财务舞弊的第一道防线

党的二十大报告指出："全面依法治国是国家治理的一场深刻革命，关系党执政兴国，关系人民幸福安康，关系党和国家长治久安。必须更好发挥法治固根本、稳预期、利长远的保障作用，在法治轨道上全面建设社会主义现代化国家。"作为证券从业人员，首先自身要遵纪守法，诚实守信，严格遵守《证券法》的管理规定。同时，在工作中也要坚持原则、锤炼本领，从源头防范收入舞弊的发生，一旦产生类似业务，要及时上报处理，不得随意处置。

下面，列举上市公司收入舞弊的12种手段，供大家了解并加强防范。

1. 虚构销售交易。其具体包括通过与其他方签订虚假购销合同，虚构存货，并通过伪造出库单、发运单、验收单等单据以及虚开商品销售发票虚构收入；为了虚构销售收入，将商品从某一地点移送至另一地点，以出库单、发运单、验收单等为依据记录销售收入；根据其所处行业特点进行虚构销售交易，例如，游戏公司利用体外资金进行"刷单"，对其自有游戏进行充值以虚增收入等。

2. 进行显失公允的交易。其具体包括通过未披露的关联方或真实非关联方进行显失公允交易；通过出售关联方的股权，并进行显失公允交易；与同一客户或同受一方控制的多个客户在各期发生多次交易，通过调节各次交易的商品销售价格，调节各期销售收入金额。

3. 在客户取得相关商品控制权前确认销售收入。例如，在委托代销安排下，被审计单位在向受托方转移商品的时点即刻确认收入，而此时的受托方并未获得对该商品的控制权。出库单、发运单、验收单等证明客户已取得相关商品控制权的单据尚未及时送达，作为委托方的被审计单位却提前确认了销售收入。

4. 通过隐瞒退货条款，在发货时全额确认销售收入。

5. 通过隐瞒不符合收入确认条件的售后回购或售后租回协议，而将以售后回购或售后租回方式发出的商品作为销售商品确认收入。

6. 在被审计单位属于代理人的情况下，被审计单位按主要责任人确认收入。例如，被审计单位为代理商，在仅向购销双方提供帮助接洽、磋商等中介代理服务的情况下，按照相关购销交易的总额而非净额（佣金和代理费等）确认收入。

7. 对属于在某一时段内履约的销售，通过高估履约进度的方法实现当期多确认收入。

8. 当存在多种可供选择的收入确认会计政策或会计估计方法时，随意变更所选择的会计政策或会计估计方法。

9. 选择与销售模式不匹配的收入确认会计政策。

10. 被审计单位在满足收入确认条件后，不确认收入，而将收到的货款作为负债挂账，或转入本单位以外的其他账户。

11. 被审计单位采用以旧换新的方式销售商品时，以新旧商品的差价确认收入。

12. 对属于在某一时段内履约的销售，被审计单位未按履约进度确认收入，而推迟到履约义务完成时确认收入。

因此，守法且精通专业知识的证券从业者是防范财务舞弊的第一道防线。

【综合练习】

一、单选题

1. （　　）是判断公司估值水平及投资价值的重要基础。

A. 公司盈利预测　　　　　　　　　B. 公司经营战略

C. 公司规模变动特征　　　　　　　D. 公司规模扩张潜力

2. （　　）是反映上市公司会计期末全部资产、负债和所有者权益情况的报表。

A. 资产负债表　　　B. 利润表　　　C. 现金流量表　　　D. 所有者权益变动表

3. 在财务报表中，企业的盈亏情况是通过（　　）来反映的。

A. 资产负债表　　　B. 利润表　　　C. 现金流量表　　　D. 所有者权益变动表

4. （　　）是以现金为基础编制的财务状况变动表。

A. 资产负债表　　　B. 利润表　　　C. 现金流量表　　　D. 所有者权益变动表

5. （　　）是指反映构成所有者权益各组成部分当期增减变动情况的报表。

A. 资产负债表　　　B. 利润表　　　C. 现金流量表　　　D. 所有者权益变动表

6. 以下属于营运能力分析的财务指标是（　　）。

A. 应收账款周转率　　　　　　　　B. 流动比率

C. 速动比率　　　　　　　　　　　D. 资产负债率

7. （　　）是衡量上市公司盈利能力最重要的财务指标，它反映普通股的获利水平。

A. 净利润　　　B. 主营业务收入　　　C. 每股收益　　　D. 利润总额

二、多选题

1. 上市公司基本情况分析主要包括（　　）。

A. 公司行业地位分析　　　　　　　B. 公司经济区位分析

C. 公司管理人员分析　　　　　　　D. 公司财务分析

2. 上市公司竞争力分析主要包括（　　）。

A. 成本优势　　　　　　　　　　　B. 技术优势

C. 质量优势　　　　　　　　　　　D. 产品市场占有情况

E. 产品的品牌战略

3. 上市公司的成长性分析主要包括（　　）。

A. 公司盈利预测分析　　　　　　　B. 公司经营战略分析

C. 公司规模变动特征分析　　　　　D. 公司规模扩张潜力分析

4. 上市公司财务分析的方法主要有（　　）。

A. 比较分析法　　　B. 比率分析法　　　C. 因素分析法　　　D. 整体分析法

5. 财务报表包括（　　）。

A. 资产负债表　　　B. 利润表　　　C. 现金流量表　　　D. 所有者权益变动表

6. 以下属于上市公司重大事件的是（　　）。

A. 公司的经营方针和经营范围的重大变化

B. 公司的重大投资行为和重大的购置财产的决定

C. 公司订立重要合同，可能对公司的资产、负债、权益和经营成果产生重要影响

D. 公司发生重大债务和未能清偿到期重大债务的违约情况

E. 公司发生重大亏损或者重大损失

7. 常见的关联交易主要有（   ）。

A. 关联购销　　　　　　　　　　　B. 资产租赁

C. 担保　　　　　　　　　　　　　D. 托管经营、承包经营

E. 关联方共同投资

三、简述题

1. 盈利能力分析包含哪些财务指标？

2. 上市公司资产重组会带来哪些投资机会？

3. 关联交易会对上市公司产生哪些影响？

4. 资产负债表分析时应重点分析哪些项目？

5. 上市公司往往利用关联方之间的交易来调节其利润，其使用的主要方法有哪些？

【学习评价】

知识巩固与技能提高（40分）	得分：

计分标准：
得分 = 2 × 单选题正确个数 + 3 × 多选题正确个数 + 1 × 简答题正确个数

学生自评（20分）	得分：

计分标准：初始分 = 2 × A 的个数 + 1 × B 的个数 + 0 × C 的个数
　　　　　得分 = 初始分 ÷ 26 × 20

专业能力	评价指标	自测结果	要求（A 掌握；B 基本掌握；C 未掌握）
熟悉上市公司基本面分析	1. 上市公司基本情况分析 2. 成长性分析的含义 3. SWOT 分析法 4. 公司盈利预测分析 5. 公司扩张潜力分析	A □　B □　C □ A □　B □　C □ A □　B □　C □ A □　B □　C □ A □　B □　C □	理解上市公司基本情况分析；掌握上市公司竞争力分析和成长性分析
掌握上市公司财务分析	1. 财务分析的含义 2. 常见的财务分析方法 3. 连环替代法 4. 资产负债表分析 5. 利润表分析 6. 现金流量表分析	A □　B □　C □ A □　B □　C □ A □　B □　C □ A □　B □　C □ A □　B □　C □ A □　B □　C □	理解上市公司财务分析的原因与意图；掌握变现能力分析、营运能力分析、长期偿债能力分析、盈利能力分析等具体指标；掌握上市公司财务报表分析和上市公司财务指标分析
掌握上市公司重大事项分析	1. 上市公司重大事项含义 2. 关联方交易	A □　B □　C □ A □　B □　C □	能够厘清上市公司资产重组和关联交易分析的过程；了解各重大事项会对上市公司造成哪些影响

小组评价（20分）	得分：

计分标准：得分 = 10 × A 的个数 + 5 × B 的个数 + 3 × C 的个数

团队合作	A □　B □　C □	沟通能力	A □　B □　C □

教师评价（20分）	得分：

教师评语	
总成绩	教师签字

项目六

证券投资技术分析

知识目标

- 熟悉技术分析的基本假设条件、要素以及局限性
- 掌握 K 线基本形态和组合形态的识别与应用
- 熟悉道氏理论、形态理论、波浪理论、切线理论、量价关系理论的主要内容

技能目标

- 能够熟知技术分析中注意的问题
- 能够运用证券分析软件对 K 线基本形态和组合形态的市场含义进行验证
- 能够熟知道氏理论、形态理论、波浪理论、切线理论、量价关系理论的应用
- 能够运用相关技术分析理论进行证券价格走势的研判

素质目标

- 培养学生对证券价格辩证分析的素质
- 培养学生对技术分析的基本理论素养
- 培养学生对技术分析理论具体应用的能力
- 培养学生对不同技术分析理论综合应用的能力

知识结构图

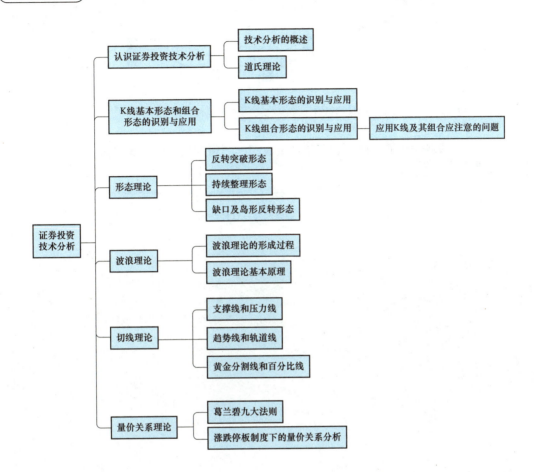

【学习情境】

如图 6-1 所示为 688107 安路科技-U 出现曙光初现 K 线组合的图形，2021 年 12 月 29 日之前股价持续下跌，当天出现一根实体较长的阴线，随后在第二天出现了实体差不多的阳线，阳线的收盘价在阴线实体一半以上，两天的 K 线组合起来即是曙光初现的组合，随后股价出现了上涨。如果投资者在曙光初现组合出现后进场做多，可以说是抓到了这波上涨行情的底部。以上即是用到了技术分析中的 K 线组合分析技术。

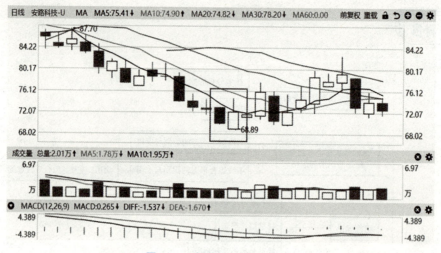

图 6-1　安路科技—U K 线图

任务一　认识证券投资技术分析

【工作任务】

任务清单	内　容
任务情境	小王打开证券分析软件，看到不断波动的股票价格图，感到无所适从，于是开始寻求股票价格变动的分析技术
任务目标	理解技术分析的假设及要素；掌握技术分析的局限性；掌握证券行情软件的使用
典型任务	请你根据任务情境，通过相关知识或网络搜索，完成以下任务。 （1）技术分析四要素指的是什么？ （2）通过互联网下载并安装同花顺软件，并了解软件的基本界面元素。 （3）行情软件中 F3（03），F4（04），F5（05），F6（06），F10（10）分别可以实现什么功能？ （4）在应用技术分析时，需要注意哪些问题？
任务总结	通过完成上述任务，你学到了哪些知识或技能？
实施人员	
任务点评	

【 相关知识 】

一、技术分析的含义

技术分析是以证券市场过去和现在的市场行为为分析对象，应用数学和逻辑的方法，探索出一些典型变化规律，并据此预测证券市场未来变化趋势的分析方法。它凭借图表和各种指标来解释、预测市场的未来走势，实质上它是一个数据分析和数据推演的过程。

同花顺
软件的安装

二、技术分析的基本假设条件

技术分析的理论基础是基于三项合理的市场假设：市场行为涵盖一切信息；证券价格沿趋势移动；历史会重演。

（一）市场行为涵盖一切信息

市场行为涵盖一切信息说明是有效市场。根据有效市场假设，如果信息是高度对称的、透明的，那么任何信息都会迅速而充分地反映在市场价格中。技术分析也认为，如果证券市场是有效的，那么影响证券价格的所有因素都会立即反映在市场行为中，并在证券价格上得以体现。作为技术分析方法的使用者，不用去关心是什么因素影响证券价格，只需要从市场的量价变化中知道这些因素对市场行为的影响效果。这一假设是有一定合理性的，因为任何一个因素对证券市场的影响最终都必然体现在证券价格变动上，所以这一假设是技术分析的基础，离开这一假设条件，技术分析将无法进行。

（二）证券价格沿趋势移动

证券价格沿趋势移动表示证券价格变动有规律，即有保持原来运动方向的惯性，而证券价格的运动方向是由供求关系决定的。技术分析法认为，供求关系是一种理性和非理性力量的综合，证券价格运动反映了一定时期内供求关系的变化。供求关系一旦确定，证券价格的变动趋势就会一直持续下去。只要供求关系不发生彻底改变，证券价格走势就不会发生反转。运用这些规律并对证券投资活动进行有效指导的技术分析法才有存在的价值。

（三）历史会重演

历史会重演是建立在对投资者心理分析基础上的，即当市场出现和过去相同或相似的情况时，投资者会根据过去的成功经验或失败教训来做出目前的投资选择，市场行为和证券价格走势会历史重演。因此，技术分析法认为，根据历史资料概括出来的规律已经包含了未来证券市场一切变动的趋势，所以可以根据历史预测未来。这一假设也有一定的合理性，因为投资者的心理因素影响着投资行为，进而影响证券价格。

技术分析的三个假设条件有合理的一面，也有不尽合理的一面。如第一个假设存在的前提条件是证券市场是有效市场，但现实中很多情况不是这样。又如，一切基本因素确实通过供求关系影响证券价格和成交量，但证券价格最终要受它的内在价值制约。再如，历史也确实有相似之处，但绝不是简单的重复，差异总是存在的，绝不会出现完全相同的历史重演。正因为如此，技术分析显得说服力不够强、逻辑联系不够充分并引起不同的看法和争论。

三、技术分析的四个要素

在证券市场中，价格、成交量、时间和空间是进行观测与分析的要素。这几个要素的具体情况和相互关系是进行技术分析的基础。

（一）价格

价格指股票价格或指数，可细分为开盘价、收盘价、最高价和最低价，分析长期走势常以收盘价为主。价格变化是投资者最关注的因素，是市场变化的方向。

（二）成交量

成交量是反映价格的单位时间中计量的成交总量，如日成交量、周成交量等。若价格反映市场变化的方向，则成交量反映投资者对这一方向的认同程度，也反映人们在这一状况下愿意和实际参与程度。量的概念十分重要，因为价格往往是主力或庄家做出来的，而量则是较难做假的。

（三）时间

时间指某一段行情所需要的时间、一种走势持续的时间等。某种趋势不可能无限发展，总会有调整和转势的时间，对其研究可帮助投资者把握时机。

（四）空间

空间指某一趋势可能达到的高点或低点。过高或过低的股价都会引起市场变盘，结合时间分析，投资者通过预测趋势的空间，可把握变盘的时间和空间，从而找到恰当的买卖时机。

在我们分析股票的过程中，需要多种技术要素综合应用，单看一个因素比较容易做假，控盘主力常常利用广大散户对技术分析的一知半解而在各种指标上做文章。分时图就是基于实时行情"价、量、时、空"四要素的分析。坐标的横轴是开市时间；纵轴的上半部分是分时图的主图，主要记录个股股价即时运动轨迹，而下半部分是分时图的副图，体现个股的即时成交量的大小。图6-2所示为2022年4月8日人人乐（002336）的分时图。"价、量、时、空"四要素的综合分析也启示我们在以后的工作和生活中，用全面和发展的眼光看待问题。

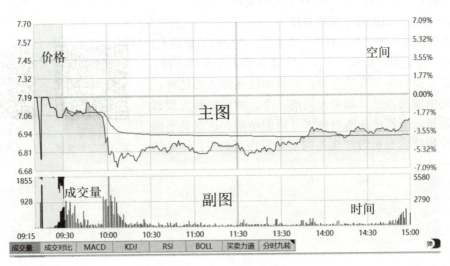

图6-2 人人乐（002336）分时走势图

四、证券投资技术分析的局限性

技术分析存在一定的局限性，市场行为涵盖一切信息的假设存在的前提条件是证券市场是有效市场，但现实中很多情况不是这样。一切基本因素确实通过供求关系影响证券价格和成交量，但证券价格最终要受它的内在价值制约。再就是历史也确实有相似之处，但绝不是简单的重复，差异总是存在的，绝不会出现完全相同的历史重演。技术分析侧重于短期预测，因此技术分析无法指导投资者进行长期投资。有时候，技术分析会失灵，其数据图形得出的股价未来变化趋势是错误的，投资者如果照此操作，就会步入陷阱。

五、应用证券投资技术分析应注意的问题

（一）技术分析与基本面分析结合起来使用

对于刚刚兴起的不成熟的证券市场，由于市场突发消息较为频繁，人为因素较多，所以仅靠过去和现在的数据、图表去预测未来是不可靠的。事实上，在中国的证券市场上，技术分析仍然有较高的预测成功率。这里，成功的关键在于不能机械地使用技术分析。除了在实践中不断修正技术分析参数外，还必须注意结合基本面进行分析。

（二）多种技术分析方法的综合使用

注意多种技术分析方法的综合研判，切忌片面使用某一种技术分析结果。投资者必须全面考虑各种技术分析方法对未来的预测，综合这些方法得到的结果，最终得出一个合理的多空双方力量对比的描述。实践证明，单独使用一种技术分析方法有相当大的局限性和盲目性。如果应用每种方法后得到同一结论，那么依据这一结论出错的可能性就很小；如果仅靠一种方法，得到的结论出错的机会就大。为了减少自己的失误，应尽量多掌握一些技术分析方法。

（三）别人的经验和自己分析的结合

前人和别人得到的结论要通过自己实践验证后才能放心使用。由于证券市场能给人们带来巨大的利益，上百年来研究股票的人层出不穷，分析的方法各异，使用同一分析方法的风格也不同。前人和别人得到的结论是在一定的特殊条件和特定环境中得到的，随着环境的改变，自己在使用前人和别人成功的方法时有可能失败。

（四）适合自己的技术指标参数

技术分析是一种工具，要靠人去使用，决定的因素是人。在运用技术分析时，在很大程度上依赖使用者个人的选择。例如，技术指标中参数的选择，切线中线条画法的选择，波浪理论中波的数法，都是人为的。个人的偏好和习惯影响这些选择，当然也就影响技术分析的结果。这就是不同的人在使用技术分析时产生不同后果进而得到不同结论的原因之一。

同花顺
软件的基本操作

同花顺画图
工具的应用

任务二　道氏理论

【工作任务】

任务清单	内　容
任务情境	小王听说道氏理论是最古老、最闻名的技术分析理论，他想对道氏理论一探究竟
任务目标	理解道氏理论的主要内容和确认原理，对道氏理论进行正确评价
典型任务	请你根据任务情境，通过相关知识及网络搜索，完成以下任务。 （1）道氏理论的主要内容是什么？ （2）道氏理论有哪些确认的原理？ （3）如何评价道氏理论？
任务总结	通过完成上述任务，你学到了哪些知识或技能？
实施人员	
任务点评	

【相关知识】

一、道氏理论的主要内容

道氏理论是美国投资者预测股市价格涨跌最常用的方法之一。道氏理论是最古老、最闻名的技术分析理论，由《华尔街日报》编辑查尔斯·亨利·道于 19 世纪末创立。但道氏生前并未形成系统的理论，后由当时的记者查尔斯·丽尔和威廉·皮特·汉密尔顿等人，将散见于报纸中的道氏的思想系统化，逐渐形成了道氏理论。

道氏理论创立之初并未引人注目，后因其于 1929 年 10 月 23 日《华尔街日报》上撰文《浪潮转向》一文指出：牛市已经结束，熊市即将到来。而同年 10 月 24 日、10 月 28 日、10 月 29 日，股市持续大跌，到 11 月股市跌到 198 点，跌幅达 48%。由于道氏理论成功地预测了大灾难即将来临而名声大噪，因此迄今为止，它仍是技术分析的基石。

道氏理论的主要内容包括以下四个方面。

（一）市场平均价格指数能够解释和反映市场的大部分行为

为了反映股票市场的整体变化，道氏创建了平均价格指数，这为后来的各种指数奠定了基础。按照道氏理论，通过选择一些具有代表性的股票来编制平均指数，实际上是将投资者的各种行为综合起来，通过平均指数加以集中体现。换言之，平均价格指数是市场行为的整体刻画和反映。

（二）市场存在三种波动趋势

虽然价格波动的表现形式不同，但最终可以将其区分为三种趋势，即主要趋势、次要趋势和短暂趋势。主要趋势，也称长期趋势、基本趋势，是指连续一年或一年以上的股价变动趋势，体现市场价格波动的最主要方向；次要趋势，也称中期趋势，其经常与长期的运行方向相反，并对其产生一定的牵制作用，是对主要趋势的修正和调整；短期趋势，也称日常趋势，是指股价的日常波动。这种将价格趋势区分为不同等级的观点，为后来的波浪理论打下了基础。

（三）成交量在确定趋势中起着重要作用

成交量跟随当前的主要趋势，体现出成交量对价格的验证作用。例如，证券市场中价格上升，成交量增加；价格回调，成交量萎缩。但是，成交量并非总是跟随当前的主要趋势，若出现价升量减，此时成交量所提供的信息则可以为确定反转走势提供依据。不言而喻，寻找到趋势的反转点对于投资者来说意义重大。

（四）收盘价是最重要的价格

道氏理论非常关注收盘价，认为在所有价格中收盘价最重要。现实中，由于生活节奏的加快，收盘价可能是人们浏览、阅读财经类信息时最为关注的指标之一。收盘价被视为对当天股价的最后评价，大部分投资者会根据该价位来做买卖的委托。

道氏理论的
内容

二、道氏理论的确认原理

（一）两种指数必须互相验证

就同一个股票市场来说，某一单独的指数产生的变化不足以构成整个市场趋势改变的信号。如果两个指数都发出看涨或看跌的信号，才表示市场运动处于确定状态。如果其中一个指数上涨，而另一个没有呼应却继续下降，那么整个市场就不能被这一上涨的指数带动起来，迟早这一过程也会结束，上涨的指数仍会回到下降之中。如果两个指数朝着同一个方向运动，那么市场运动方向的判定就顺理成章了。

当然，两种指数的验证并不是说二者必须在时间上完全吻合，有时一种指数可能会滞后，但只要二者趋于一致，就说明市场总体运动方向是可靠的。当然，更多的情况是两种指数会同时达到新的高点（或低点）。在不能相互验证的情况下，稳健的投资者最好保持耐心，等待市场给出明确的反转信号。

（二）交易量跟随趋势

"交易量跟随趋势"说明成交量对价格的验证作用。一般来说，当价格沿着基本运动的方向发展时，成交量也应随之递增。例如，证券市场中价格上升，成交量增加；价格回调，则成交量萎缩。这一规律在次级运动中也同样适用，再比如，熊市中的次级反弹，价格上涨时，成交量增加；而反弹结束后，价格下降时，成交量减少。

成交量并非总是跟随趋势，例外的情况也并非少见，仅仅从一天或几天的交易量中得出有价值的结论显然是缺乏依据的。道氏理论强调的是市场的总体趋势，是基本运动，其方向变化的结论性信号只能通过价格分析得出，而交易量只是起辅助性作用，是对价格运动变化的参照和验证。

（三）盘局可以代替中级趋势

盘局是股票价格或指数仅在小的幅度中波动。这种形状显示买进和卖出两者的力量是平衡的。当然，最后的情形之一是，在这个价位水准的卖方力量枯竭，那些想买进的人必须提高价位来诱使卖者出售。另一种情况是，本来想要以盘局价位水准卖出的人发觉买方力量削弱了，结果他们必须削价来卖出自己的股票。因此，价位向上突破盘局的上限是多头市场的征兆。相反，价位向下跌破盘局的下限是空头市场的征兆。一般来说，盘局的时间越久，价位越窄，它最后的突破越容易。

盘局常发展成重要的顶部和底部，分别代表着出货和进货的阶段，但是，它们更常出现在主要趋势的休息和整理阶段。在这种情形下，它们取代了正式的次级波动。

（四）把收盘价放在首位

道氏理论并不注意一个交易日当中的最高价、最低价，而只注意收盘价。因为收盘价是时间仓促的人看财经版唯一阅读的数字，是对当天股价的最后评价，大部分人根据这个价位做买卖的委托。这是又一个经过时间考验的道氏理论规则。

（五）在反转趋势出现之前主要趋势仍将发挥作用

股价波动的主要趋势是经常变化的，多头市场并不能永远持续下去，空头市场总有到达底部的一天。当一个新的主要趋势第一次由两种指数确定后，如不管短期内的波动，趋势绝大部分会持续，但越往后这种趋势持续下去的可能性会越小。这条规则告诉投资者，一个旧趋势的反转可能发生在新趋势被确认后的任何时间。作为投资人，一旦做出委托后，必须随时注意市场。

三、道氏理论的评价

道氏理论作为最著名、最基本的股价理论，揭示了股市本身所固有的运动规律，指出了股市循环与经济周期变动的联系，在一定程度上能对股市的未来变动趋势作出预测和判断。同时，作为技术分析方法的鼻祖，后人在其基础上演绎出许多长期和中短期的技术分析方法。但是，作为最古老的股价理论和技术分析方法，道氏理论本身也存在一些不足，主要表现在以下方面。

1. 道氏理论对中短期帮助甚少

道氏理论过于偏重长期分析而没能对股市变动的中短期做出分析，更没指明最佳的买卖时机。因此，道氏理论主要适合长期趋势的判断，对于中短期投资者帮助甚少。

2. 道氏理论预测股市变动有滞后性

它说明的只是看涨股市或看跌股市已经出现，或者还在继续，往往是在股市已经发生实质性变化才发出趋势转变的信号，指出股市的转向，信号比较迟缓。

3. 道氏理论存在局限性

由于道氏理论是依据工业指数和运输业指数来观察和研判股市的变动，而时至今日，仅用工业指数和运输业指数来判断股市的变动趋势及股市与整个经济景气程度的关系，是存在一定局限性的。

道氏理论的
确认原理和评价

4. 道氏理论对选股没用

道氏理论虽能判断和预测股市的长期变动方向，但对选股来说并没有帮助。

任务三　K 线组合形态的识别与应用

【工作任务】

任务清单	内　　容
任务情境	小王在学完单根 K 线分析的相关知识后，发现不同的 K 线组合也有一定的市场含义，于是小王对不同 K 线组合进行了深入的学习
任务目标	理解不同种类的 K 线组合及其市场含义；掌握应用 K 线及其组合应注意的问题
典型任务	请你根据任务情境，通过相关知识及网络搜索，完成以下任务。 下图为华阳股份（600348）2021 年 11 月 18 日到 2022 年 4 月 1 日的 K 线图。 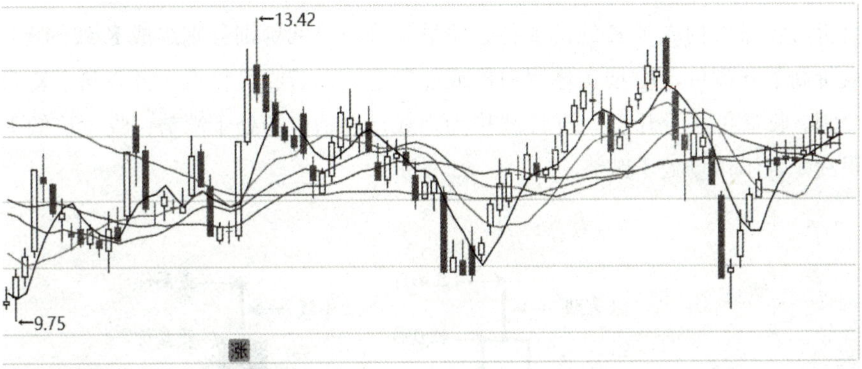 （1）找到上图中的红三兵，并解释其代表的市场含义。 （2）找到上图中的三乌鸦，并解释其代表的市场含义。 （3）找到上图中的一阴吃两阳，并解释其代表的市场含义。 （4）应用 K 线及其组合应注意哪些问题？
任务总结	通过完成上述任务，你学到了哪些知识或技能？
实施人员	
任务点评	

【相关知识】

一、K 线图的含义

(一) K 线图的起源

K 线，也称日本线、阴阳烛，是一种世界上最古老的图表分析方法。远在 18 世纪中叶，日本德川幕府时代，在大孤堂岛的米市交易中，就有人开始运用阴阳烛的图表分析技术。阴阳烛分析方法中同时记录了每日的开盘、收盘、最高及最低价格等多项资料。这种图形就是 K 线的雏形，后来被推广到股市并在全世界应用起来。

(二) K 线图的绘制方法

K 线图的绘制比较简单，它由开盘价、收盘价、最高价和最低价四种价格组成（见图 6-3）。开盘价与收盘价构成了 K 线的实体，而最高价与最低价则分别组成 K 线的上影线和下影线。若收盘价高于开盘价，K 线实体用白色或红色绘制；若收盘价低于开盘价，K 线实体用黑色或绿色绘制。收盘价高于开盘价的 K 线称为阳线，表示市场处于涨势；收盘价低于开盘价的 K 线称为阴线，表示市场处于跌势。

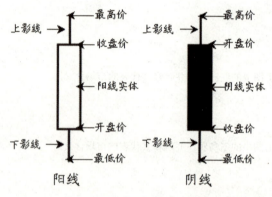

图 6-3　阳线与阴线

K 线是一个时间周期的概念：一分钟、一小时、一天、一个星期、一个月、一年等。任何一个时间段都可以被用来作为一个 K 线的时间周期单位。依据计算 K 线的周期不同，K 线分为日 K 线、周 K 线、月 K 线和年 K 线几种，还可绘制分时 K 线图。周 K 线是指以周一的开盘价，周五的收盘价，全周最高价和全周最低价来画的 K 线图。月 K 线则以一个月的第一个交易日的开盘价，最后一个交易日的收盘价和全月最高价与全月最低价来画的 K 线图，同理可以推得年 K 线定义。周 K 线、月 K 线常用于研判中期行情。对于短线操作者来说，众多分析软件提供的 5 分钟 K 线、15 分钟 K 线、30 分钟 K 线和 60 分钟 K 线也具有重要参考价值。不同形态的 K 线图反映了不同的市场态势，只有熟悉了各种形态的 K 线图才能对市场走势进行正确的分析。

二、K线基本形态的识别与应用

（一）没有上下影线只有实体的K线

1. 光头光脚阳线

光头光脚的阳线（见图6-4），即没有上影线和下影线，只有阳实体的图形表示开盘价为最低价，股价呈上升趋势收盘于最高价。阳线表示买方的力量占据优势，阳线越长，这种优势就越明显。

2. 光头光脚阴线

光头光脚的阴线（见图6-4），即没有上影线和下影线，只有阴实体的图形表示开盘价即是最高价，股价一路下跌，收盘于最低价。阴线说明卖方的力量占据优势，阴线越长，这种优势越明显。

没有上下影线，只有实体的K线

图6-4　光头光脚阳线与光头光脚阴线

3. 一字线

一字线（见图6-5），是一种非常特殊的形状。它表示全部的交易只在一个价位上成交。冷门股可能会产生这种情况，或者在实行涨跌停板制度下，开盘后直接到涨跌停板，并维持到收盘时，也会出现这种情况。

（二）只有上影线的K线

图6-5　一字线

1. 倒锤线

由上影线与实体组成，且上影线比实体短或者上影线与实体相等的图形，称为倒锤线。倒锤线分为光脚阳线与光脚阴线两种（见图6-6）。

光脚阳线倒锤线，即由上影线和阳实体组成的图形，没有下影线。这种图形说明开盘价为最低价，开盘后股价攀升逐渐受到卖方的压力，到最高价处上升势头受阻，价格调头回落，但收盘价仍比开盘价高。这种图形表示总体上买方的力量比卖方强，但是在高价位处卖方占有优势。这种图形属上升抗型。买卖双方力量的对比可以根据上影线与实体长度的比例来判断。实体越长，上影线越短，说明买方的优势越明显；反之，说明买方的优势越弱。在上升趋势的后期，出现上影线很长、阳线实体很短的图形，往往是上升趋势疲软、逆转的前兆。

图6-6　倒锤线：光脚阳线与光脚阴线

光脚阴线倒锤线，即由上影线与阴实体组成的图形。这种图形表明开盘后，价格曾经上升，在最高价位处受阻回落，在最低价位处收盘，属于先涨后跌类型的图形。这种形态说明卖方的力量占优使得买方抬高股价的努力没有成功。实体部分越长，影线越短，表示卖方力量越强。

2. 射击之星

上影线比实体长 1.5 倍以上的 K 线，称为射击之星（见图 6-7），体现出卖方超过买方的实力，对股价的上涨形成了压力。阳线射击之星表明买方受到卖方的挑战，买方当天只获得微弱的优势，卖方在最高点反击成功，实力不可低估。此种 K 线大多出现在股市的顶部或阶段性顶部，是一种见顶的信号。阴线射击之星表明买方当天被卖方击败，股价收在当天开盘价之下。如果没有低于昨天的收盘价，买方只是暂时受挫；如果低于昨天的收盘价，进入调整或者是下跌将是必然的。此种 K 线大多出现在顶部和下跌途中。

3. 墓碑线

上影线特别长而实体只是一条横线的 K 线，称为上升转折线，有强烈的下降意味，也称为墓碑线（见图 6-8），表明当天的收盘价与开盘价相同，当天买方没有获得进展，买卖双方的实力旗鼓相当。这种 K 线大多出现在股价顶部。上影线表示上方所受卖方的抛压较重，它的应用要结合证券的价格水平。在上涨趋势末端出现，为卖出信号；在下跌趋势末端出现，是买进信号；在上涨途中出现，继续看涨；在下跌途中出现，继续看跌。

图 6-7　射击之星　　　　**图 6-8　墓碑线**

（三）只有下影线的 K 线

1. 锤头线

由下影线与实体组成，且下影线比实体短或者下影线与实体相等的图形，称为锤头线。锤头线分为光头阳线锤头线与光头阴线锤头线（见图 6-9）。

光头阳线锤头线，即由下影线和阳实体组成的图形，没有上影线。这种图形表示开盘后，价格一度下探，在最低价位处得到支撑，然后一路上扬，在最高价位收盘，图形属先跌后涨型。图形说明买方经受了抛盘的压力，开始显示出优势。双方力量的对比可以从实体与下影线的长度的比例中看出来。实体越长，买方的优势就越明显。

光头阴线锤头线，即由下影线与阴实体组成的图形。它表示开盘后，价格顺势下滑，在最低价位受阻后反弹上升，但收盘价仍低于开盘价，为下跌抵抗型的图形。这种图形说明，开始阶段卖方的力量占优势，但是在价格下跌过程中，卖方力量逐渐削弱。在收盘前，买方力量稍稍占优，将股价向上推动。但从整个周期来看，收盘价没有超过开盘价，买方的力量仍占下风。实体越长，表示买方力量越弱。

2. 吊颈线

下影线比实体长 1.5 倍以上的阳线或阴线，我们统称为吊颈线（见图 6-10），在股价的底部经常能见到，由于承接力强，再往下跌的可能性不大。人们在积极买进股票，虽然还有卖出者，但买卖双方的力量对比基本一致，股价很难再跌下去。当股价跌落到支撑较强的位置时，买进者就会蜂拥而至，又把股价托上去。出现大量买进者时，就是股价的底部。

图6-9 光头阳线锤头线与光头阴线锤头线　　　　图6-10 吊颈线

3. T形线

由下影线和长度为零的实体组成的图形为T形线（见图6-11）。它表示交易都在开盘价以下的价位成交，并以最高价收盘，属于下跌抵抗型，说明卖方力量有限，买方力量占有优势，下影线越长，优势越大。

（四）带上下影线的K线

1. 小阳线与小阴线

我们将上下影线与K线实体差不多长的阳线称为小阳线，将上下影线与K线实体差不多长的阴线称为小阴线（见图6-12）。无论是小阳线还是小阴线都表明了行情的无奈，一般出现在行情难以确定的态势中。

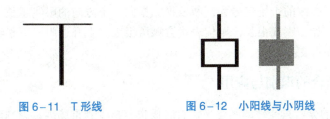

图6-11 T形线　　　　图6-12 小阳线与小阴线

2. 螺旋桨

我们将上下影线比K线实体长1.5倍以上的阳线与阴线统称为螺旋桨（见图6-13）。螺旋桨转势信号明显：在涨势中出现，后市看跌；在下跌途中出现，继续看跌；在连续下跌行情中出现，有见底回升的意义。

3. 十字星

K线无实体，只有上下影线，我们统称为十字星（见图6-14）。十字星K线的实体小到开盘价与收盘价同为一个价，盘中价格上下振荡，说明买卖双方对比的不确定性和不稳定性，形势不明朗，常见于市场的顶部或底部。在上涨末端出现，是见顶信号，在下跌末端出现，是见底信号。十字星的影线越长，信号可靠性越强，可作为"逃顶""抄底"的重要参考。如图6-15所示，是泉峰汽车（603982）2021年9月6日至2021年11月5日的日K线图，若十字星在筑底阶段频繁出现，意味着空方力量即将耗尽，多方有望展开反攻。

图6-13 螺旋桨　　　　图6-14 十字星

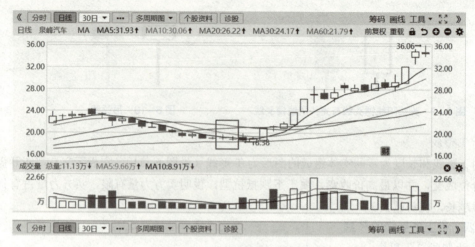

图6-15 泉峰汽车（603982）

（五）单根K线分析的一般规律

对于单根K线来说，其阳线实体越长，越有利于上涨；阴线实体越长，越有利于下跌。如果实体长度明显大于影线长度，以实体阴阳作为K线市场信号的判断依据；如果影线长度明显大于实体长度，以影线的市场信号为判断依据。指向一个方向的影线越长，越不利于股票价格朝这个方向移动。如上影线很长，则代表卖方抛压很大，上升遇阻；下影线很长，则代表买方支撑越强，下跌获得支撑。

三、K线组合的识别与应用

对单根K线的分析只能理解其含义，有时候也容易受到市场因素影响而造成误判，对于投资实践影响力也比较有限，所以在实践中会拓展分析的周期，用多日的K线来综合判断走势，分析不同K线组合的含义。一般K线组合都是由若干条单根K线组成的，至于多少条K线才能有代表性，学术界尚无定论。下面分析常见的几组K线组合以及它们所代表的市场含义。常见K线组合的指导意义分为两种，即做多信号和做空信号。

（一）早晨之星与黄昏之星（见图6-16）

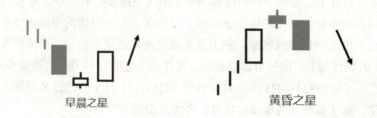

图6-16 早晨之星与黄昏之星

1. K线组合特征

① 该组合均由三根K线组合而成。第一根K线的阴阳性与原运行趋势方向一致。早晨之星是阴线；黄昏之星是阳线。

② 第二根K线是小阴线或小阳线或者是十字星，构成该组合的主体。第二根K线与第一

根之间有缺口，小实体的阴阳并不重要，如果是十字星，那么转势信号更加明显。

③ 第三根 K 线的阴阳与第一根 K 线的阴阳相反。

④ 第一根 K 线是长实体，第三根 K 线基本上也是长实体，有时实体会略小于第一根 K 线，有没有上下影线并不影响该组合的市场含义，但影线不能长过实体。

2. 早晨之星的市场含义

该组合往往出现在下跌行情的末期。第一天，股价继续下跌，延续原下跌的趋势，并且由于恐慌性的抛盘而出现一根巨大的阴线。第二天，跳空下行，但跌幅不大，实体部分较短，也可以是螺旋桨、十字星（实战中也能看到墓碑线、T 形线、射击之星、锤头线等），表示市场中多空双方在博弈，而且力量相差无几。第三天，一根长阳线拔地而起，价格收复第一天的大部分失地，多方在博弈中最后取胜，市场发出明显的看涨信号。图 6-17 为小盘股天地源（600665）的早晨之星组合，该股在一路上升之后，在后面面临一段回调整理的过程，价格在下跌过程中，出现了早晨之星后再次上涨，投资者可选择在股票回调出现底部形态时买入。对于该只股票来说，如果在出现早晨之星的时刻买入，则可以获得较为可观的收入空间。

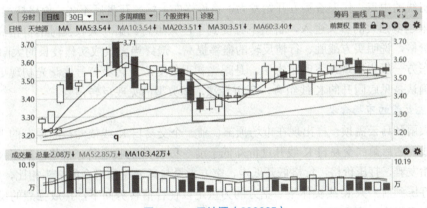

图 6-17　天地源（600665）

3. 黄昏之星的市场含义

黄昏之星出现在上涨行情的末期。当出现黄昏之星组合时，第一天，市场会继续涨势，并且拉出一根长阳线，看似市场延续原趋势继续上扬。而第二天即出现疲软的迹象，出现小阴小阳线，这根 K 线构成"星"的主体，也可以是射击之星或者是吊颈线，还可以是十字星，它们都代表着趋势的转涨为跌。如果是十字星，那么反转的信号就更加强烈。第三天，价格跳空低开，收盘更低，价格拉出长阴线，显著的趋势反转向下已经发生。

黄昏之星的图形，预示市场趋势已经见顶，卖出的时机悄然来临，市场发出明显看跌信号。黄昏之星充当顶部的概率非常之高，在牛市的后期，要特别警惕这种反转信号。

（二）日出东方与倾盆大雨（见图 6-18）

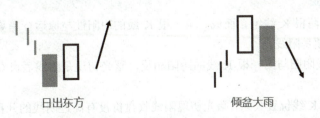

图 6-18　日出东方与倾盆大雨

155

1. K 线组合特征

① 该组合均由两根 K 线组合而成。第一根 K 线的阴阳性与原运行趋势方向一致。日出东方是阴线；倾盆大雨是阳线。

② 第二根 K 线阴阳与第一根 K 线的阴阳相反，日出东方是阳线后市看涨，倾盆大雨则是阴线后市看跌。

③ 注意第二根 K 线的位置关系，日出东方阳线开盘价高过阴线的收盘价，阳线收盘价高于阴线的开盘价；倾盆大雨阴线的开盘价低于阳线的收盘价，阴线的收盘价低于阳线的开盘价。与曙光初现与乌云盖顶相比，第二根 K 线重心向下。

④ 两根 K 线均是长实体，实践中也存在变形有一些上下影线，影线的长度不能超过实体长度。

2. 日出东方的市场含义

日出东方的第一个交易日 K 线延续市场原本下跌的行情，长实体阴线看似没有丝毫反转的迹象，而第二天却没有延续跌势。第二天开盘止跌，开盘价就高于前一天 K 线的收盘价，但没有高于大阴线的中点，代表着买方开始发力，将价格向上抬。开盘后不久，价格持续向上运行，说明有越来越多强大的多头进入，价格下行受到了巨大阻力。第二天收盘时的价格高于前一交易日开盘价格，说明买方战胜、行情反转的概率提高，最终当天收成实体较长的大阳线。

日出东方一般也出现在下跌市态中，是曙光初现的变形，转势信号比曙光初现更加强烈，基本可以确认是见底回升的 K 线组合，后市看涨，即典型的见底反转信号。

3. 倾盆大雨的市场含义

倾盆大雨和乌云盖顶一样出现在市场顶部，前一个交易日 K 线依然按照原有的上涨趋势，是一根阳线。之后第二交易日 K 线开盘价却低于前一日 K 线的收盘价，价格出现了反转。随即空方就开始发难，打压价格，价格低开低走，空方力量与乌云盖顶组合的空头相比，力量更强，它将价格打压到前一天 K 线实体下。空方的力量足以使行情转势向下，构成强烈的反转信号。

倾盆大雨组合一般出现在上升市态中，是乌云盖顶的延续，转势信号更加强烈，基本可以确认是见顶回落的 K 线组合，后市看跌，即典型的见顶反转信号。

（三）曙光初现与乌云盖顶（见图 6-19）

图 6-19　曙光初现与乌云盖顶

1. K 线组合特征

① 该组合均由两根 K 线组合而成。第一根 K 线的阴阳性与原运行趋势方向一致。曙光初现是阴线；乌云盖顶是阳线。

② 第二根 K 线阴阳与第一根 K 线的阴阳相反，曙光初现是阳线后市看涨，乌云盖顶则是阴线后市看跌。

③ 注意第二根 K 线位置关系，曙光初现阳线收盘价没有高过阴线的开盘价，阳线开盘价低于阴线的收盘价；乌云盖顶阴线的收盘价高于阳线的开盘价，阴线的开盘价高于阳线的收盘价。

④ 两根 K 线均是长实体，实践中也存在变形有一些上下影线，影线的长度不能超过实体长度。

2. 曙光初现的市场含义

市场原本处于下跌行情中，曙光初现的第一个交易日 K 线出现后，市场依然保持下跌势头，没有丝毫反转的迹象。第二根 K 线开盘就低于前一根 K 线的收盘价，代表着价格依然在下跌。但是在开盘后不久，价格没有继续大幅下跌，反而是向上运行，说明在开盘价附近有强大的多头进入，价格下行受到了一定的阻力，最终当天收成阳线，收盘价格位于前一根阴 K 线实体的一半以上。这时候，一些小资金的空头开始动摇，他们不再认为价格会继续下跌，于是纷纷买入股票，进行抄底，于是多头的队伍开始壮大，行情反转的概率提高。

3. 乌云盖顶的市场含义

乌云盖顶组合出现在市场的顶部，前一个交易日 K 线依然按照原有的上涨趋势，是一根阳线。之后的一个交易日 K 线开盘价高于前一日 K 线的收盘价，价格依然上涨。但是随即就遭到了空方的打压，价格开始下跌。

乌云盖顶一般出现在上升势态中，是一种可能见顶回落的 K 线组合。乌云盖顶表明多方的力量受到空方的打压，若结合价格水平综合考虑，在股价运行的顶部区域出现，则是典型的见顶反转信号。

如图 6-20 所示，为明德生物（002932）出现的乌云盖顶的 K 线组合。从图中可以看出，在价格上涨图中，形成了乌云盖顶的组合，而且阴线实体较长，大有吞没阳线的趋势，后遇买方顽强抵抗勉强将价格抬高到前一个交易日的实体内，说明卖方的实力还是很强大的。自乌云盖顶形成后，股价开始急剧下跌。

图 6-20　明德生物（002932）

（四）牛市鲸吞与熊市鲸吞（见图 6-21）

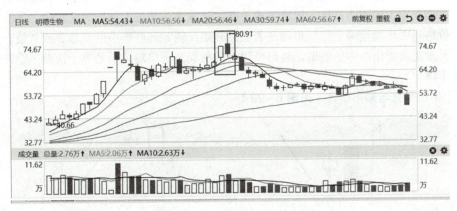

牛市鲸吞　　　　　　　熊市鲸吞

曙光初现和
乌云盖顶

图 6-21　牛市鲸吞与熊市鲸吞

1. K线组合特征

① 本组合由两根K线组成，K线实体前短后长。该形态出现之前一定经历了相当长的明确的趋势。

② 鲸吞型的第二根K线阴阳与第一根的阴阳相反。

③ 第二根K线的阴阳反映趋势。牛市鲸吞的阳线呈反应上升趋势；熊市鲸吞的阴线反应呈下降趋势。

④ 第二天的实体必须完全包含前一天的实体，是否将前一K线的上下影线包含在内并不是最重要的。而第一天如果是十字星，则该K线组合的市场信号将更加明显。

2. 牛市鲸吞的市场含义

市场本来处于一波下跌的行情中，牛市鲸吞组合的第一个交易日K线仍然延续原有的下跌趋势。但是第二日K线的出现，标志着反转的可能。第二日K线开盘就低于前日K线的收盘价，方向看似有利于空方，但是价格未能延续原有下跌趋势运行很远，而是调头向上，而且多方势力还很强大，涨幅超过了第一日K线的实体范围。此时空方的信心开始逐步动摇，因此反转概率大大提高。第二日K线实体越大，反转的概率也就越大。

牛市鲸吞在下跌趋势末端中出现，是买入信号；阳线实体较长，表明空方的打压受到多方的猛烈反击，若结合价格水平综合分析，在股价运行的底部区域出现，则是典型的见底反转信号。

3. 熊市鲸吞的市场含义

市场原本处于一大拨上涨行情中，熊市鲸吞的第一个交易日K线出现，仍然延续原有的上涨趋势，为一根阳线，市场到此并没有出现反转信号。但是当第二天的阴线出现后，反转信号就出现了。因为第二天的开盘价高于前一天K线的收盘价，市场仍然在上涨，但是价格在上涨后没多久就遭到空头的强力打压，股价迅速下跌，跌幅远远超过了前一天的涨幅。多头信心开始动摇，价格是否还能继续上涨？市场是否已经开始反转？一些胆小的交易者或者资金较少的投资者，开始纷纷卖出手中的股票，将已经赚得的利润装进口袋，于是等于帮助了空方，价格会进一步下落。

（五）牛市孕育与熊市孕育（见图6-22）

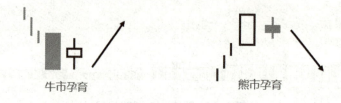

牛市孕育　　　　　　　　熊市孕育

图6-22　牛市孕育与熊市孕育

1. K线组合特征

① 孕育组合有时也称为身怀六甲组合，由两根K线组成，K线实体前长后短（与鲸吞线正好相反）。在本组合出现之前一定经历了相当长的明确趋势。

② 长实体之后是小实体，小实体被完全包含在长实体的实体区域内（第二根K线的影线是否包含于第一根K线实体内并没有严格要求）。

③ 第一天的长实体颜色反映市场的原趋势方向，但是该组合反映的是反转信号，预示后市将沿原趋势相反的方向变动。

④ 第二根 K 线可以是小阴、小阳，亦可以是十字星。

2. 牛市孕育的市场含义

市场原本处于下跌行情中，牛市孕育的第一日阴线出现以后，市场下跌的趋势仍没有改变，此时没有任何迹象表明行情将要反转。但是第二天的开盘价没有按照原有的价格走势来运行，而是高于前一日的收盘价，说明下跌的势头将要减缓。随后，价格也没有开始大幅下跌；相反，向上的涨幅很明显，最终 K 线收成阳线。尽管阳线的实体很小，没有超过前一日的阴线实体，但是已经说明空头势力在减弱，在目前的价位上，已经有少量的多头开始进入。如果有更多的多头进入市场，行情将会发生转变。

牛市孕育组合表明空方进攻力度减弱，出现在低位，则是一种见底反转的信号。若第二天的实体是十字，十字星是比普通孕育型更为强烈的反转组合形态，后市看涨。图 6-23 是中国海城（002116）在 2021 年 6 月 23 日到 2021 年 9 月 3 日的日 K 线图。股价从高位一路下滑，直到 2021 年 7 月 28 日达到最低点 5.65 元，次日出现一根阳线小实体，显示出反转意味，但这也是多方进入市场的一种信号，股价开始逐渐上调。

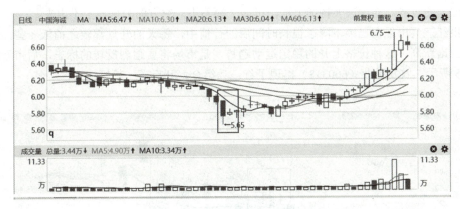

图 6-23　中国海城（002116）

3. 熊市孕育的市场含义

熊市孕育组合出现以前，市场处于上涨行情中。第一天 K 线也代表了原有的上涨走势，至此，还没有出现行情反转的迹象。但是，第二天 K 线的开盘价低于前一天 K 线的收盘价，说明股价并没有按照原有趋势运行，而是出现一个小幅的低开，随后，股价也没有继续上行，在最后收盘时，收成了阴线。尽管阴线实体很小，但是也反映出多方已经有人开始卖出手中的股票，获利了结。如果卖出股票的人数继续增加，行情将有可能发生反转。

熊市孕育组合表明多方进攻力度减弱，出现在高位，则是一种见顶反转的信号，应适当减仓或卖出。若第二天的实体是十字，十字星是比普通孕育型更为强烈的反转组合形态，后市看跌。

（六）红三兵与三乌鸦（见图 6-24）

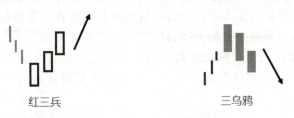

红三兵　　　　　　　　　三乌鸦

图 6-24　红三兵与三乌鸦

1. K 线组合特征

① 这一对组合均由三根阴阳相同的 K 线实体组成，且实体长度较长而影线较短或者无上下影线。

② 三根实体较长的阴阳线表示未来的变动趋势。红三兵是三根阳线，预示后市看涨；三乌鸦是三根阴线，预示后市看跌。

③ 这对组合若分别出现在股价运行的低位或高位，通常都是见底或见顶反转的信号。红三兵出现在底部，三乌鸦出现在顶部。

④ 每根 K 线均为跳空开盘，如红三兵连续三日跳空低开高走，三乌鸦连续三天跳空高开低走。

⑤ 若红三兵连续三日跳空高开高走，三乌鸦连续三天低开低走，那么后市涨跌的信号将更加强烈。

2. 红三兵的市场含义

红三兵可以出现在盘整后期，也可以出现在上涨途中，它们所代表的含义是一致的，都表明买方强大的攻势，连续三天持续上涨，可能涨幅不小，空方的力量显示不出来。

如果红三兵出现在已经下降了很长时间后的行情中，每天的开盘都较之前低一些，而收盘却屡屡创出新高，这种价格上升的稳定运动趋势，是市场将要强烈反转的标志，后市看涨。如图 6-25 所示，农发种业（600313）出现了红三兵组合，开启了一轮行情。

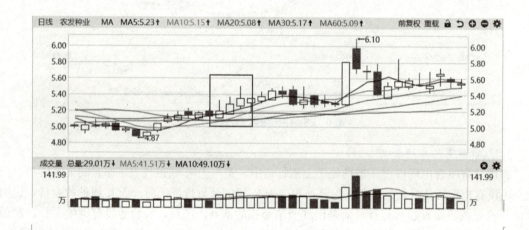

图 6-25　农发种业（600313）

3. 三乌鸦的市场含义

三乌鸦可发生在上升趋势末期，是看跌的组合形态。如果在上升趋势中，三乌鸦呈阶梯状逐步下降。此时，市场要么靠近顶部，要么已经有一段时间处于较高位置。由于出现一根长阴线，明确的趋势倒向了下降的一边，后面两天伴随着由更多的卖出压力所引起的价格的进一步下跌，是市场将要大幅下降的标志。三乌鸦既可以出现在盘整后期，也可出现在上涨或下跌的途中，无论出现在什么位置，其所代表的含义是相同的。三乌鸦说明空方控制着整个局面，买方则没有还手之力。多头从未能将价格向上大幅推进，后市已然看跌。

（七）一阳吃两阴与一阴吃两阳（见图6-26）

一阳吃两阴　　　　　　　　　一阴吃两阳

图6-26　一阳吃两阴与一阴吃两阳

1. K线组合特征

① 这对组合均由三根K线组成，前两根K线阴阳相同，第三根K线阴阳与前两根阴阳不同。

② 第三根K线实体吞没前两根K线实体部分，K线是否有上下影线，不影响组合的市场判断信号。

③ 均为反转的信号。一阳吃两阴是底部反转，后市看涨；一阴吃两阳是顶部反转，后市看跌。

④ 其市场信号都比鲸吞组合更为强烈，一阳吃两阴后市看涨的信号强于牛市鲸吞，一阴吃两阳后市看跌的信号强于熊市鲸吞。

2. 一阳吃两阴的市场含义

一根实体很长的阳线吞没前两根阴线，代表着多方发力，全面战胜原空方的实力。该组合的第三根K线是大阳线，预示着未来市场走势继续走强。所以，该K线组合可以看作多方在暂作退却后发起强有力的反攻，后市通常会继续上涨。

3. 一阴吃两阳的市场含义

一根实体很长的大阴线吞没前两根阳线，说明空方占据了市场，绝对实力超过了多方。该组合的第三根K线是大阴线，预示着未来市场走势继续疲软。因此，该K线组合可以看作空方在暂做退却后发起强有力的反攻，后市通常会继续下跌。

（八）上升三法与下降三法（见图6-27）

上升三法　　　　　　　　　下降三法

图6-27　上升三法与下降三法

1. K线组合特征

① 一般由5根K线组成，第一根与第五根K线的阴阳相同，K线实体都比较长。

② 第二、三、四根K线实体包含在前后两根长实体K线中。第一根与第五根的阴阳相同，也预示着后市走势。上升三部曲是阳线，预示后市延续原上涨趋势继续上涨；下跌三部曲是阴线，预示后市延续原下跌趋势继续下跌。

③ 实践中K线数量可能超过5根。震荡调整中出现多根小阴线、小阳线，甚至十字星等，

都不改变该组合市场信号，只需要第一根与最后一根 K 线实体较长、阴阳相同即可。

④ 均是整理组合，和前面的顶部、底部反转的组合信号不同。

2. 上升三法的市场含义

该组合出现在上升行情中，上升三法表明股价急升之后经过震荡整理后将继续上行，是一个持续整理的信号，后市将延续整理前的走势继续上升，所以后市继续看好，投资者宜在震荡结束后加码买进。在实践过程中，上升三法不一定只有 5 根 K 线，一根长阳之后，市场出现数根细小的阴线或者阳线，表明市场进入"小憩"阶段，随后又是一根长阳拔起，市场重归升途。

3. 下降三法的市场含义

下降三法出现在下跌行情中，当然它也是抵抗下跌的 K 线组合，股价在大幅下挫之后出现小幅反弹，但空方占有绝对优势，反弹力度十分有限。反弹之后将重新步入下跌通道，投资者宜在反弹中减仓。在实践过程中，下降三法不一定只有 5 根 K 线，一根长阴线之后，市场出现数根细小的阴线或者阳线，表明市场进入"抵抗"阶段，随后又是一根长阴线强跌，市场重归跌势。

（九）上升缺口两乌鸦（见图 6-28）

1. K 线组合特征

上升缺口两乌鸦由三根 K 线组合而成。第一根是实体较长的大阳线，后两根为阴线，在长阳线之后出现第一根带上升缺口的阴线，第二根阴线的实体较第一根长，且实体的下部低于第一根阴线（实战中也出现过第二根实体较第一根短的情况）。

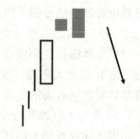

图 6-28　上升缺口两乌鸦

2. 上升缺口两乌鸦的市场含义

出现在上涨趋势的末端，一根长阳线使得上升趋势得以继续，第二天高开低走缺口被回补，第三天依然跳空高开低走。连续两日高开却不能贯彻始终，均以阴线报收，表明多方进攻信心不足，而空方抛压较为坚决，后市看跌。

若结合价格水平综合分析，价格出现一段时间的连续上涨后，在高位出现上升缺口两乌鸦，则是见顶反转的信号。

（十）强弩之末（见图 6-29）

1. K 线组合特征

① 三根皆是阳线，第一根和第二根 K 线是长阳线实体，第三根 K 线则实体很短，三根阳线实体越来越短，表明市场买方实力一点一点缩小。K 线可以有上下影线，只要长度不超过实体长度即不影响市场信号。

② 第二天跳空低开高走，但第三天的开盘价接近第二天的收盘价。

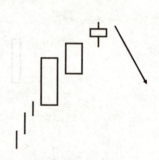

图 6-29　强弩之末

③ 第三天是小实体并极有可能是十字星，表明买方力量衰竭。

2. 强弩之末的市场含义

强弩之末由 3 根实体不断缩小的阳线组成，是红三兵的导出品，出现在上升末期，是看跌信号。前两根长阳线创出新高，第三天跳空高开出现小阳线，说明买卖双方的力量对比开始出现不确定性，有阻止继续上升的可能。如果是十字星，且上下影线很长，那么后市下跌的概率极大。

（十一）双针探底（见图6-30）

1. K线组合特征

① 由三根 K 线组合而成，第一根为十字星，第三根为锤头线，第二根可以是小阴线、小阳线。

② 在实践中，双针探底 K 线组合的 K 线数量可以超过 3 根，只要第一根和最后一根同样拥有长长的下影线即可。

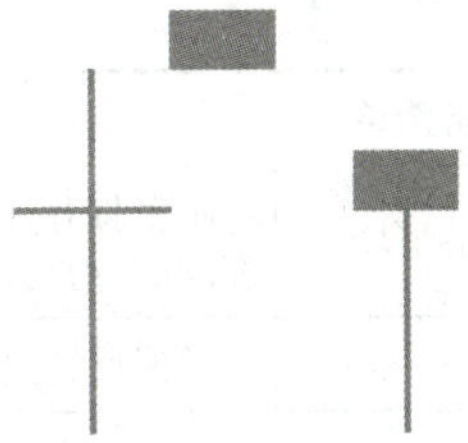

2. 双针探底的市场含义

图6-30　双针探底

双针探底的 K 线组合在下跌途中，股价两次探底的位置非常接近。第一次探底 K 线为十字星，隔一段时间后，第二次探底为锤头形。由于每次探底都是瞬间，以长长的下影线表示，所以称为双针探底。

股价在相同位置上两次探底，表示股价在该位置有较强的支撑，底部确认有效。该组合说明股价已经见底，是底部反转形态，后市看涨。

四、应用 K 线及其组合应当注意的问题

单纯依靠 K 线理论错误率是比较高的。市场多变，无论是一两根还是多根 K 线，都是对市场多空博弈的描述，这种组合都有相当的参考价值，但都是相对的，不是绝对的，只能起一个建议参谋作用。

对具体进行证券买卖的投资者而言，结论只是起一种建议作用。有时候在应用时，会发现运用不同种类的组合得到了不同的结论，有时应用某种组合得到明天会下跌的结论，但是次日证券价格并没有下跌，而是出现与事实相反的结果。这个时候的一个重要原则是尽量使用根数多的 K 线组合的结论，将新的 K 线加进来重新进行分析判断。一般说来，多根 K 线组合得到的结果不大容易与事实相反。

要量、价、时、空综合考量，谨防庄家利用从众心理即技术分析派的力量，作出假图形。投资者对这类过于完美的 K 线组合，要警惕地加以参考。

K 线分析方法只能作为战术手段，不能作为战略手段，必须与其他方法相互配合。

当 K 线组合图形与基本分析完全对立时，当国际国内政治经济形势发生根本性变化时，放弃 K 线分析结果，服从基本分析理论。

这几点也适用于其他技术分析方法。

任务四 形 态 理 论

【工作任务】

任务清单	内　　容
任务情境	小王打开证券分析软件，看到不断波动的股票价格图，顿时傻眼了，于是开始寻求股票价格变动的分析技术
任务目标	掌握反转突破形态、持续整理形态的应用；了解应用形态理论应注意的问题
典型任务	请你根据任务情境，通过相关知识及网络搜索，完成以下任务。 （1）列举 3 种反转突破形态的图形，并说明其市场含义。 （2）列举 3 种持续整理形态的图形，并说明其市场含义。 （3）形态理论在应用中应注意哪些问题？
任务总结	通过完成上述任务，你学到了哪些知识或技能？
实施人员	
任务点评	

【相关知识】

K 线理论已经告诉我们一些有关判断今后股价运动方向的方法，但是其预测结果只适用于短期投资。为了弥补这种不足，人们常常增加 K 线组合中的 K 线数量，众多的 K 线组成了一条上下波动的曲线，这条曲线就是股价在这段时间移动的轨迹，它比前面 K 线理论中的 K 线组合包含的内容要全面得多，更有利于投资者判断市场行情。

形态理论正是通过研究股价所走过的轨迹，分析和挖掘曲线所包含的多空双方力量对比的结果，从而发现股价的运动方向，指导投资的一种分析方法。

股价波动形成的形态主要有反转突破形态和持续整理形态两种类型。反转突破形态是反映股价运动趋势即将发生重大转变的一种形态；持续整理形态是股价经过一段时间的持续上涨或下跌以后出现的价格在一定区域内上下窄幅波动形成的横向延伸的运动轨迹，只是市场当前趋势的暂时休整，其后运动趋势一般将维持原来的趋势。

一、反转突破形态

突破形态是指股票价格改变原有的运行趋势所形成的运动轨迹。反转形态存在的前提是市场原来确有趋势出现，而经过横向运动后改变了原有方向，并预示着一个相反趋势的形成。反转形态的规模包括空间和时间跨度，决定了随之而来的市场动作的规模，即形态的规模越大，新趋势的市场动作就越大。在底部区域，市场形成反转形态需要较长时间。而在顶部区域，则经历的时间较短，但其波动性远大于底部形态。交易量是确认反转形态的重要指标，而在向上突破时，交易量更具参考价值。

（一）V 形反转与倒 V 形反转

1. V 形反转（见图 6-31）

（1）V 形反转的形态

图 6-31　V 形反转

V 形反转是实战中比较常见的、力度极强的反转形态，往往出现在市场剧烈波动时。在价格底部或者顶部区域只出现一次低点，随后就改变原来的运行趋势，股价呈现相反方向的剧烈变动，其股价变动的轨迹很像英文大写字母"V"。

V 形反转有三个阶段：首先，下跌阶段，通常 V 形的左方跌势十分陡峭，而且持续一段时间。其次转势点，V 形的底部十分尖锐，一般来说，形成这种转势点的时间仅两三个交易日，而且成交在这低点明显增多，有时候转势点就在恐慌交易日中出现。最后回升阶段，接着股价从低点回升，成交量亦随之增加。

（2）V 形反转的市场含义

V 形反转出现在急速下跌之后，在急速恐慌性下跌末期，空头能量得到了彻底宣泄，这时做多的力量已开始积聚，如股市有利好，则会迅速反转，调头向上。所以，V 形反转的市场含义体现为一种强烈的上涨信号。

反应敏捷者蜂拥而入，很快把价格推了上去。V 形反转启动速度很快，在底部停留的时间极短，反应慢的投资者容易踏空。

图 6-32 是海利尔（603639）2020 年 11 月 9 日到 2021 年 3 月 24 日的日 K 线图。由图形可以看出，股价一路下跌至 13.24 元，当日出现一根带有下影线的锤头线，次日一根大阳线扭转跌势，后几日接连出现阳线，股价近乎垂直上升，形成 V 形底。

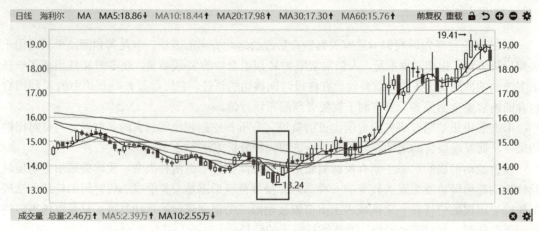

图 6-32　海利尔（603639）

2. 倒 V 形反转（见图 6-33）

（1）倒 V 形反转形态

倒 V 形反转形态与 V 形反转形态正好相反，是指股价先一路上涨，随后股价一路下跌，头部为尖顶，在图形上就像倒写的英文字母 V。

（2）倒 V 形反转的市场含义

形态理论和 V 形反转

倒 V 形反转形态是指市场看好的情绪使得股价节节攀升，可是突如其来的一个因素扭转了整个趋势，股价以上升时同样的速度下跌，形成一个倒 V 形的移动轨迹，是一个强烈的看跌信号。

图 6-33　倒 V 形反转

股价在上涨趋势中，由于市场看好的气氛使得买盘强劲增多，股价上涨的速度越来越快，最后出现宣泄式暴涨，多头得到极度宣泄后，便出现了危机，短线客见股价上涨乏力便会反手做空，这种现象愈演愈烈，股价走势也出现了戏剧性的变化，股价触顶后便一路下跌。

倒 V 形反转是卖出的信号，卖点是高位放量涨不动回落初期，或是高位放量大阴转势时。倒 V 形反转下跌往往也是因政策而发生变化，导致获利盘纷纷杀出。当大盘已大幅上扬一段时间后，出现加速向上冲刺之势，应警惕形成倒 V 形反转下跌，别让到手的收益又还出去，让煮熟的鸭子飞了。结合技术指标等其他辅助手段，如果出现超买的情况，是随时准备全部清仓的时刻，一旦利空传言满天飞时，应全部卖出，落袋为安。

（二）双重顶与双重底

1. 双重顶（见图 6-34）

（1）双重顶形态

双重顶形态出现在市场顶部，是价格创出新高后，经过回调，再次上升，但未能再创新高，而最高价与前次最高价基本持平，于是图上形成了两个顶部，故名双重顶。因其外形有些像英文字母 M，故又称为 M 头。

（2）双重顶的市场含义

在双重顶未形成以前，价格处于上涨的行情，此时多方发动攻

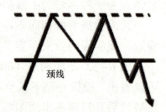

图 6-34　双重顶

击，使价格创出了一个新高，也就是后来双重顶中的其中一个顶部。此后，价格还是回调，到一定价位后，价格开始继续上涨，但此时多方力量已经减弱，未能将价格再次推上一个新的高峰，而是仅仅维持在与前高峰持平的位置。我们将上次回调的低点画个水平线，称为颈线。如果价格从第二个顶部跌破颈线，则一个标准的双重顶就形成了。此形态标志着价格发生反转的概率增大，一般最小跌幅为双顶到颈线的距离。

双重顶是顶部常见的一种反转形态。保守的交易者在遇到双重顶后应立即卖出手中的股票，以免行情反转给自己带来更大损失。而激进的交易者，在价格跌破颈线后，不要立即抛出股票，而是等待价格反弹到颈线附近时再抛出股票，争取减少损失。但是如果遇到价格没有反弹，则损失相对较大。

图 6-35 为新华百货（600785）2018 年 10 月 22 日到 2019 年 1 月 4 日的日 K 线图，形成了双重顶形态。图中标注的 A 和 B 的两个位置为双重顶的两个头部，而且几乎处于同一水平位置。

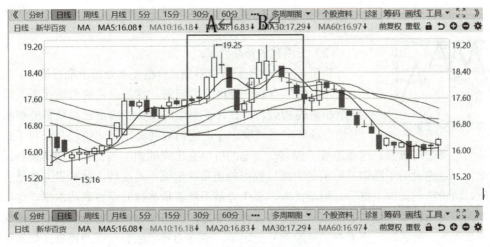

图 6-35 新华百货（600785）

2. 双重底（见图 6-36）

（1）双重底形态

双重底与双重顶是一对相反形态。双重底处于市场底部，前边有一段明显的下跌行情。当价格创下新低后到达图中标示的 A 点，随即回调到 C 处再次下跌，但是没有创出新低，而是到达 B 点，与前期低点基本持平。如果价格再次上涨并突破颈线，一个标准的双重底就形成了。因为双重底的外观很像英文字母 W，因此又称为 W 底。

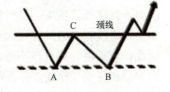

图 6-36 双重底

（2）双重底的市场含义

价格处于下跌的过程中，空头占有绝对优势，将价格一再向下打压，当价格处于一个新低 A 点时，开始反弹。这是一个正常的市场行为，不是反转信号，因为价格不可能呈现直线下降的状态。当价格从 C 点停止反弹并再次下跌时，说明空方力量依然强大，它阻止了多方的反击。但是，当价格到达 B 点的时候，情况发生了变化。在这一点，和前面的新低 A 点基本持平，而价格却未能再次走低，说明在这一位置，多头开始积极入市，空方在此受到了阻力，或者说空方的力量开始衰减。如果价格从 B 点开始反弹，并最终突破 C 点的水平线即颈线，则一个标准的双重底形态出现了。这意味着，市场可能已经到达底部，未来可能会转入上涨行情，最小的涨幅为头部到颈线的距离，也就是图中 A 点到 C 点的垂直距离。

双重顶和
双重底

遇到双重底，激进的交易者应立即进场做多，买入股票，进行抄底。而保守的交易者在价格突破颈线后不要马上进场，而要等待市场回调到颈线附近时再进场，但是如果遇到价格没有回调的情况，则可能错失一次抄底的机会。

（三）三重顶与三重底

1. 三重顶（见图 6-37）

（1）三重顶形态

三重顶与双重顶一样都是出现在市场顶部的一种反转形态。三重顶是在价格上涨的过程中出现了三个相对一致的高点，价格在突破颈线后，行情由上涨转为下跌。与双重顶相比，三重顶多了一个头部。三重顶的最小跌幅一般也是头部到颈线的垂直距离。

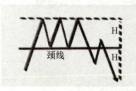

图 6-37　三重顶

（2）三重顶的市场含义

从图 6-37 中我们可以看出，价格原本处于上涨行情中，当涨到一个相对的高点后，价格开始回调。这是正常的市场行为，因为在一个相对的高点，总有许多小型的投资者满足已经获得的利润，而害怕市场转向或调整而夺走他们的利润，因此他们会获利了结，及时出场卖出手中的股票。这就造成了股票在一定的价位会出现回调。当价格回调结束后，开始继续上行，这也说明了前期的回调是上涨过程中的正常现象而不是反转，此时多方依然占有主动地位，将价格继续向上推升。但是此时，多头方量不能将价格推升至更高的水平，也可能是在前期高点附近出现了强大的空方阻止价格上行。总之，价格没有继续创出新高，而是保持在前期高点附近。此时，一个潜在的危险信号出现了，多方力量已经有衰弱的迹象。如果价格向下突破了前期回调的低点位置，则形成了双重顶形态。但是，价格没有突破颈线，反而在颈线的价位处获得了颈线的强力支撑，而向上运行，形成反弹。但是多方的力量再次受到空方的制约，没能再次创出新高，在前期高点附近被再次打压下来。此时，反转的概率就比之前再次增大。因为，多次冲击一个高点而均未成功，说明在此价位有强大的抛压在等待。如果价格第三次向下并突破了颈线，则一个标准的三重顶形态就出现了，市场反转的概率大幅度提高。相反，如果价格没有突破颈线再次受到颈线的支撑而向上冲击前一高点，则四重顶的形态即可出现。因此，双重顶、三重顶不是市场上仅有的顶部数量，可以产生四重顶、五重顶、多重顶，只是双重顶和三重顶比较常见而已。

作为一种顶部的常见反转形态，保守型交易者在三重顶出现后，立即出场，即使已经亏损，也认赔清仓，以免被深度套牢。而激进型交易者在价格突破颈线后，不选择出场，而是等待价格反弹至颈线附近时再考虑出场。尽管此时出场可以寻求一个相对的高点，减少一定的损失。但是，如果价格没有反弹，则损失是相当惨重的。

图 6-38 所示为吉翔股份（603399）在 2020 年 6 月 3 日至 2020 年 9 月 2 日之间形成的三重顶形态。图中形成了三重顶的三个顶部，价格突破颈线后开始下跌。

图 6-38　吉翔股份（603399）

2. 三重底（见图 6-39）

（1）三重底形态

三重底与三重顶是一组相对的形态。将三重顶旋转 180 度，即可得到三重底形态。三重底与双重底一样都是出现在市场底部的一种反转形态。三重底是在价格下跌过程中出现了三个相对一致的低点，价格在突破颈线后，行情由下跌转为上涨。与双重底相比，三重底多了一个头部。三重底的最小涨幅一般也是头部到颈线的垂直距离。

图 6-39　三重底

（2）三重底的市场含义

从图 6-39 中我们可以知道，价格原本处于下跌行情中。当价格跌到一个相对的低点后开始反弹。这是正常的市场行为，因为在一个相对的低点，总有许多小型的投资者认为市场价格过低，行情应该转而向上了，因此他们会试探着进行抄底，少量地买入一些股票，这就造成了股票在一定的价位会出现反弹。当价格反弹结束后，开始出现回调，这也说明了前期的反弹是下跌过程中的正常现象而不是反转，此时空方依然占有主动地位，将价格继续向下打压。但是此时，空头的力量不能将价格打压到更低的水平，也可能是在前期低点附近出现了强大的多头阻止价格下跌，也就是有强大的力量在接盘。总之，价格没有继续创出新低，而是保持在前期低点附近。此时，一个潜在的反转信号出现了，空方的力量已经有衰弱的迹象。如果价格突破了前一个反弹的高点位置，则形成了双重底形态。但是，价格没有突破颈线，反而在颈线价位获得了颈线的强大阻力而向下运行，但是空方的力量再次受到多方的制约，没能再次创出新低，在前期低点附近再次被支撑。此时，反转的概率就比之前再次增大。因为多次冲击一个低点而均未成功下破，说明在此价位有强大的接盘在等待。如果价格向上突破了颈线，则一个标准的三重底形态就出现了，市场反转的概率大幅度提高。相反，如果价格没有突破颈线，再次受到颈线的阻力而向下冲击前一低点，则四重底的形态即会出现。因此，双重底、三重底不是市场上仅有的底部数量，也可以产生四重底、五重底、多重底，只是双重底和三重底比较常见而已。

作为一种常见底部反转形态。激进的交易者遇到三重底会立即进场做多，进行抄底。而保守的交易者在价格突破颈线后不会马上进场，而是观望，看看市场是否真的发生反转。一旦价格真的发生反转，则等待价格回调到颈线附近后，再进入市场。但如果价格未能回调，而是突破颈线后直接上行，则错过了一次抄底的机会。

（四）头肩顶与头肩底

1. 头肩顶（见图6-40）

（1）头肩顶形态

头肩顶形态出现在一波上涨行情中。从图6-40中我们可以看到，行情在上涨过程中出现了三个波峰，其中第二个波峰最高，第一个和第三个波峰较第二个波峰低，形成了类似我们人类一个头两个肩膀的形态，因此被命名为头肩顶。

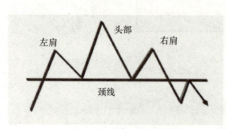

图6-40　头肩顶

（2）头肩顶的市场含义

从头肩顶形态示意图中我们可以看出，股价处于一波上涨行情中。当股价上升至图6-40中标注的左肩位置时，股价则开始回调。此处下跌为上涨中的回调，是正常现象，因为没有任何上涨是呈直线向上的状态。当股票价格处于一个相对较高的价位时，总有一些投资者卖出股票进行获利了结，这时会促使价格发生回调。当价格小幅下调后，股价开始进一步向上运行，说明多方依然控制着局面。此时股价上涨超过了左肩处的高点，形成一个波峰。之后，价格继续回调，这和前面的回调一样，均是上涨过程中的回调，并非反转的信号。到此为止，没有出现任何明确的反转迹象。当价格回调至前一个低点附近后，价格反弹继续上行。但是此时，危险的信号出现了，多方未能将价格进一步推升，股价在低于前一高点的位置开始下跌，此时一个中间高两边稍低的头肩顶形态就出现了。此时，将前两次回调的最低点用线连接，就形成了颈线。如果价格从右肩的位置跌破颈线，则意味着行情由上涨转变成下跌的概率已经很大了。

一般而言，一个头肩顶形态成立后，价格会下跌。最小的跌幅为头到颈线的距离。也就是说，从颈线开始计算，价格的最小跌幅是头部到颈线的垂直距离，而且这个跌幅仅仅是最小的跌幅，而不是最终的跌幅。作为保守型交易者，在价格突破颈线后，应立即抛出手中的股票，以免遭受更大损失。而对于激进型交易者来说，可等待价格反弹到颈线附近时再抛出股票，以寻求一个稍高的价位。但是，一旦股票价格没有反弹，则损失是相当大的。

图6-41为模塑科技（000700）在2021年7月13日到2021年10月19日的日K线图。该股在上涨过程中高位区出现了一个形态宽阔的头肩顶图形，这种形态是个股无力在步入升势的滞涨表现，也是空方力量开始集聚的过程，应当减仓。

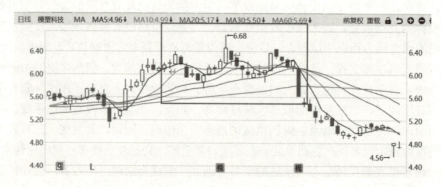

图6-41　模塑科技（000700）

2. 头肩底（见图6-42）

（1）头肩底形态

头肩底形态出现在下跌的市场行情中。股价在下跌过程中出现了三个低谷，其中第二个低谷最低，成为头部。其他两个低谷与第二个低谷相比略高，称为肩部。将每次反弹的高点用线段连接，形成了颈线。当价格突破颈线后，行情有可能从下跌转入上涨，最小的涨幅为头部到颈线之间的距离。

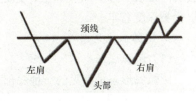

图6-42　头肩底

（2）头肩底的市场含义

从图6-42中我们可以直观地看到，价格本来处于急速下跌的过程中，当到达左肩的部位时，形成了近期的低点，因为此时后面的头部低点还未出现；然后价格开始反弹，这是正常现象，因为有一些多方会感觉市场处于低价位置而进入市场。当价格反弹一定幅度后，开始再次下跌，此次的低点比前面左肩处的低点还要低，也就是说，市场创出了新低，即图中的头部位置。当价格出现新低后开始反弹，这和前面一样，也是正常的市场行为。到此为止，市场没有给我们任何明确的反转信号，空方掌控整个局面。但是，当价格从颈线附近再次下跌时，随后反转的信号就将出现，此次的下跌并没有创出新低，而是在比前一个低点相对较高的价位开始了反弹，形成了右肩。如果反弹突破了颈线，则一个标准的头肩底形态就出现了。多方会积极地进入市场，抓住市场底部。

头肩底是市场底部常见的一个信号。激进的交易者在价格从右肩未突破颈线后，即可少量进入市场购买股票。而保守的交易者在价格突破颈线后，不用马上进场，而是等待市场回调到颈线附近后再进场。但是，如果价格没有回调，则错失了一次抄底的机会。

（五）圆弧顶与圆弧底

1. 圆弧顶（见图6-43）

（1）圆弧顶形态

圆弧顶形态是常见的一种顶部反转形态，与前面介绍的三重顶、头肩顶、M顶等顶部反转类形态不同的是，圆弧顶的反转是一个缓慢的过程。价格在上涨过程中逐渐形成盘整状态，价格走势形成一个圆弧的形状。

（2）圆弧顶的市场含义

圆弧顶出现前市场处于上涨的行情中，当达到一定高位时，价格的涨幅开始收缩。每天的K线图实体是很小的，也就是每天的价格波动范围很小。可以说，市场进入了盘整状态。一开始，价格还能创出新高，尽管新高与之前的高点没有太大差距，但是后来，价格会有小幅度的下挫，不过下挫的幅度不大，与前面的高点相比也没有太大距离。我们将每根K线的高点连在一起，就成为一个圆弧状。这个过程说明了多头在上涨过程中遇到了空头的阻力，不能继续将价格大幅推高。但是空头的力量还不是十分强大，仅仅能够阻挡住多头的进攻，但是不能反击，也就是不能将价格向下打压。可以说，此时双方力量势均力敌，多空双方进入拉锯战。如果多头势力稍微占优，则价格比之前略高出几个点；如果空头的势力占优，则价格比之前略低几个点。长期的拉锯战，会大量消耗双方的力量，最终必然有一方取得胜利。但是一般来说，空方取得胜利的概率较大，市场常常会缓慢反转。

与之前介绍过的一些顶部反转形态对比而言，圆弧顶的入场时机不是十分明确。过早进入会被市场耗住，长期处于盘整状态。一般而言，在市场转而向下时，也就是在圆弧顶的末期，会有一根 K 线实体突然增大，这是空方力量增强的信号。见到后，应该及时逃生，卖出股票，以免被深度套牢。

2. 圆弧底（见图 6−44）

（1）圆弧底形态

圆弧底形态是常见的一种底部反转形态，与前面介绍的三重底、头肩底、双底等底部反转类形态不同的是，圆弧底的反转是一个缓慢的过程。价格在下跌过程中，逐渐形成了盘整状态，走势形成了一个圆弧的形状。

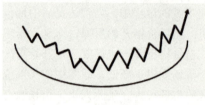

图 6−44　圆弧底

（2）圆弧底的市场含义

圆弧底出现前市场处于下跌行情中，当价格达到一定低点时，跌幅开始收缩。每天的 K 线图实体是很小的，也就是每天的价格波动范围很小。可以说，市场进入了一个盘整的状态。一开始，价格还能创出新低，尽管新低与之前的低点没有太大差距，但是后来，价格会有小幅度的上扬，但是上扬的幅度也不大，与前面的低点相比也没有太大距离。我们将每根 K 线的低点连在一起，就成为一个圆弧状。这个过程说明了空头在下跌过程中遇到了多头阻力，不能继续将价格大幅打压。但是多头的力量也不是十分强大，仅仅能够阻挡住空头的进攻，但是不能反击，也就是不能将价格向上推升。可以说，此时双方力量势均力敌，多空双方进入拉锯战。如果多头势力稍微占优，则价格比之前略高出几个点，如果空头的势力占优，则价格比之前的点位略低几个点。长期的持久战，会大量消耗双方的力量，最终必然有一方取得胜利。但是一般来说，多方取得胜利的概率较大，市场常常会缓慢反转。

与之前介绍过的一些底部反转形态对比而言，圆弧底的入场时机不是十分明确。过早进入会被市场耗住，长期处于盘整状态。一般而言，在市场转而向上时，也就是在圆弧底的末期，会有一个 K 线实体突然增大，这是多方力量增强的信号。见到后，激进的交易者可以及时买入股票，抓住市场的底部。

图 6−45 是京城股份（600860）的日 K 线图。从图中可以看出，股票在经历了长时间的盘整后，在方框处左侧位置开始出现连续长阳线，说明双方在交战中取得胜利，随后价格开始攀升。

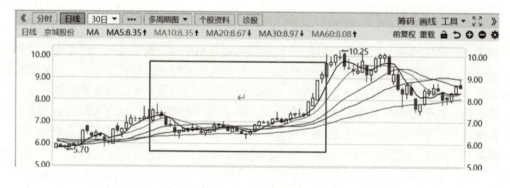

图 6−45　京城股份（600860）

二、持续整理形态

（一）等腰三角形形态

1. 上升等腰三角形（见图 6-46）

（1）上升等腰三角形的形态

股价在上涨的途中，随着时间的推移，涨幅逐渐缩小，每次的最高价低于前一日的最高价，但是最低价又高于前一日的最低价。也就是每一日的价格变化范围都在前一日的价格波动范围之内，波动幅度逐渐减小。如果我们将股价的最高价和最低价分别用直线连接起来，可以看到一个等腰三角形。当价格向上突破了等腰三角形的上边界时，价格将继续沿着原来的运动方向向上运行。

图 6-46　上升等腰三角形

（2）上升等腰三角形市场含义

当价格处于上涨的行情之中，遇到了空头的一定阻力，价格开始下跌。但是多头不甘示弱，积极予以反击，将价格推升。但是多头的反击没有赢得更多的多头的跟风买入，价格还没有到达前期高点时就开始下跌，但多方依然积极予以还击，价格未跌至前一日的低点就又开始向上运动，说明虽然有一定的阻力，但是多方的反击力量是很强大的。经过多次的交战，多头将最终推动价格突破三角形的上边界，向上运行，多方胜利，后市看涨。

遇到上升等腰三角形，激进的交易者可以在价格处于三角形下边界附近时买入股票，在价格达到上边界附近卖出股票，进行短线的操作，这种频繁的短线交易可以获得很大的利润。由于暂时无法了解股价将在三角形的区域内震荡多少次，因此，投资者完全可以在三角形的两条边进行低买高卖，获得短线差价。对于保守的交易者而言，等待股价最终突破上边界后再买入股票。

2. 下降等腰三角形（见图 6-47）

（1）下降等腰三角形的形态

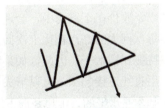

股价在下跌途中，随着时间的推移，跌幅逐渐缩小，每次的最低价高于前一日的最低价，但是最高价又低于前一日的最高价，波动幅度逐渐减小。当价格向下突破了等腰三角形的下边界时，将继续沿着原来的运动方向向下运行，具体见图 6-47。

图 6-47　下降等腰三角形

（2）下降等腰三角形的市场含义

当价格处于下跌行情中，遇到多头的一定阻力，价格开始上升。但是空头不甘示弱，积极予以反击，将价格再次打压。但是空头的反击没有赢得更多空头跟风介入，价格还没有到达前期低点时开始回升，但空方依然积极予以还击，价格未升至前一日的高点，就又开始向下运动，说明虽然有一定的阻力，但是空方的反击力量是很强大的。经过多次交战，空头将最终推动价格突破三角形的下边界，最终向下运行。

遇到下降等腰三角形，激进的交易者可以在价格处于三角形下边界附近时买入股票，在价格达到上边界附近时卖出股票，进行短线操作，这种频繁的短线交易可以获得很大的利润。因为暂时无法了解股价将在三角形的区域内震荡多少次，所以，投资者完全可以在三角形的两条边之间进行低买高卖，获得短线差价。但是采用这一方法需要注意的是，当价格一旦突破了下边界，说明价格已经走出了三角形区域，将按照原有的方式向下运行，投资者应该及时止损。对保守的交易者而言，应等待股价达到三角形的上边界时卖出手中的股票。

（二）直角三角形形态

1. 上升直角三角形（见图6-48）

（1）上升直角三角形的形态

股价在上涨途中，会遇到一定的阻力而发生回调，但是每次回调的低点都比上次回调的最低点高，而最高点基本保持在相同水平。因此，如果我们将一系列反弹的高点和低点用直线连接起来，可以形成一个三角形。这个三角形的上边基本是水平的，下边是向上倾斜的。最终价格将突破上边，继续向上运行。

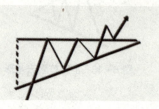

图6-48　上升直角三角形

（2）上升直角三角形的市场含义

当价格向上运行时，多方控制着价格继续上涨。当价格在某一高位遇到空方的阻力而开始回调时，多方不甘心价格下跌，积极予以回击，将价格向上推升，尽管每次推升的价格未能超过前一高点，而与前期高点基本保持在相同的水平上。但是，空方也未能将价格大幅打压，而且每次回调的最低点都比上一次的低点高，这说明多头的承接能力是很强的。由此可以反映出，这场交战的多方已经占有绝对的优势。因此，当价格突破上边界时，行情将继续上行。

遇到上升三角形，激进的投资者会在三角形的上边界卖出股票，在三角形的下边界买入股票，以获得震荡区域内的差价。尽管可能会频繁交易，但利润是相当丰厚的。对于保守的交易者来说，在下边界时加码买入股票，等待股票突破上边界继续上涨，在更高的点位卖出股票，获取暴利。

2. 下降直角三角形（见图6-49）

（1）下降直角三角形的形态

股价在下跌途中，会遇到一定的阻力而发生回调，但是每次回调的高点都比上次回调的最高点低，而最低点基本保持在相同水平。因此，如果我们将一系列反弹的高点和低点用直线连接起来，可以形成一个三角形。这个三角形的下边基本是水平的，上边是向下倾斜的。

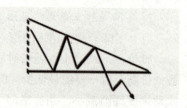

图6-49　下降直角三角形

（2）下降直角三角形的市场含义

当价格向下运行时，空方控制着价格持续下跌。当价格在某一低位遇到多方阻力而开始回调时，空方不甘心价格上涨，积极予以回击，将价格向下打压，尽管每次打压的价格未能超过前一低点，而与前期低点基本保持在相同水平上。但是，多方也未能将价格大幅推高，而且每次回调的最高点都比上一次的高点低，这说明空头的抛压能力是很强的。由此可以反映出，这场交战的空方已经占据绝对优势。因此，当价格突破下边界时，行情将继续下行。

遇到下降三角形，激进的投资者会在三角形的上边界卖出股票，在三角形的下边界买入股票，以获得震荡区域内的差价。尽管可能会频繁交易，但利润是相当丰厚的。与上升三角形的操作略有不同的是，因为下降三角形最终常会向下突破，而我们不知道震荡多少次后股价会突破，所以一旦我们看到价格发生了向下突破，应该立即止损出场。尽管这一次，我们可能会发生亏损，但是之前多次的震荡操作，我们已经获得了丰厚的利润。对于保守型交易者来说，应在股票运行到上边界时卖出，以免遭受更大损失。

（三）旗形

1. 上升旗形（见图6-50）

（1）上升旗形的形态

当价格在上涨途中，遇到阻力而开始下跌，当下跌到一定价位后，开始止跌回升，但是未能达到前期高点而再次下跌。如此反复多次，如果我们将反复震荡多次过程中的最高价和最低价分别用两条直线连接，则形成了两条向下倾斜的直线，两条直线不相交，整个图形看上去就像一面旗子。当价格最终突破上边界时，股价将继续向上运动。

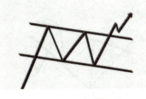

图6-50　上升旗形

（2）上升旗形的市场含义

当价格向上运行时，遇到了空头抛压，价格开始下挫，单边上涨的行情受到了遏制。此时，多方积极回击，但是力量似乎显得不足，未能将价格推向新高，甚至不能保持在前期高位。相反，空方却屡次将价格打向新低。但是，最终价格突破上边界，继续上行。一般来说，当价格走出旗形区域时，常伴随着大的成交量，说明新的多头进入了市场，重新夺回市场的控制权。

对上升旗形来说，激进的投资者可以在旗形的上下边界处高抛低吸，获取差价。而保守的交易者则等待价格最终突破后，再寻找合适的点位入场。

2. 下降旗形（见图6-51）

（1）下降旗形的形态

当价格在下跌途中，遇到阻力而开始上涨，当上升到一定价位后，开始继续回落，但是未能达到前期低点而再次上涨。如此反复多次，如果我们将反复震荡多次过程中的最高价和最低价分别用两条直线连接，则形成两条向下倾斜的直线，两条直线不相交，整个图形看上去就像一面旗子。当价格最终突破下边界时，股价将继续向下运动。

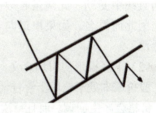

图6-51　下降旗形

（2）下降旗形的市场含义

当价格向下运行时，遇到了多头买盘，价格开始回升，单边下挫的行情受到了遏制。此时，空方积极回击，但是力量似乎显得不足，未能将价格打压至新低，甚至不能保持在前期低点。相反，多方却屡次将价格推向新高。在整个交易过程中，多方的反击看似占据有利的地位。但是，最终价格突破了下边界，继续下行。

对于上升旗形来说，激进的投资者可以在旗形的上下边界处高抛低吸，获取差价。但是需要注意的是，我们要密切注意价格的突破情况。一旦价格向下突破，我们应该及时出场。尽管此次的交易可能是亏损的，但是之前的多次短线交易，我们已经有了丰厚的利润，因此总体上我们已经盈利了。但是如果不认赔出场，可能会被市场套住。如果赶上下跌的幅度较大，则前几次震荡交易的获利都不足以弥补此次交易而亏损。对于保守的交易者来说，可以等待价格达到上边线时，抛出手中的股票，以减少损失。

（四）楔形

1. 上升楔形（见图6-52）

（1）上升楔形的形态

股价在上涨途中，突然遇到一定的阻力，价格在两条收敛的直线中变动。此两条收敛的直线是相交的，形态像楔子，因此而得名。如果楔形向上倾斜，则称为上升楔形，后市将看跌。

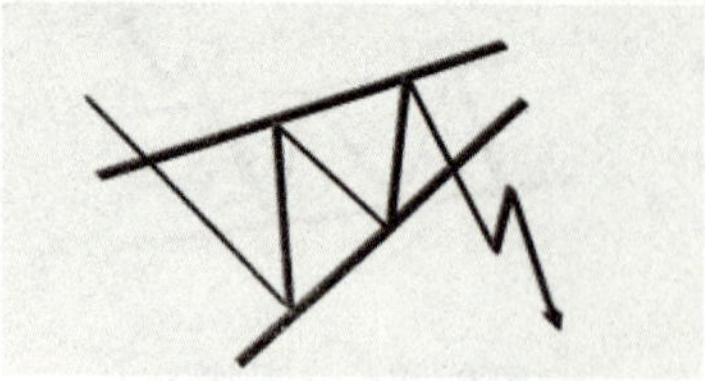

（2）上升楔形的市场含义

股价原本处于下跌的行情中，空方占有一定优势。此时在某个价位，下跌会遭到多方的回击，价格会产生反弹，而且每次反弹的高点都比前一高点高，低点也比前一低点高。从表面上看，似乎多方力量占优势，但是实际上，这是一种暂时的反弹而已，并非空头力量衰竭，而仅是在积累更多能量，孕育新一波的下跌行情而已。因此，价格将在突破楔形区域的下边界后，大幅下跌。

图6-52　上升楔形

遇到上升楔形，激进的交易者可以在楔形区域的上下两个边界处高抛低吸，获取短线的差价。但是一定要注意，价格最终会向下运动，我们不清楚价格在触及下边界时，是否会突破还是向上反弹。因此，我们在下边界买入股票时，是猜想股票会反弹向上，但是一旦出现下破的迹象，应该立即止损出场。对于保守的交易者来说，上升楔形最终会向下运动，因此不参与短线的投机，尽量在价格触及上边界时，抛出手中已有的股票，减少损失。如果手中没有股票，则应选择其他股票，而不参与此股票的交易。

2. 下降楔形（见图6-53）

（1）下降楔形的形态

股价在下跌途中，突然遇到一定的阻力，价格在两条收敛的直线中变动。此两条收敛的直线是相交的，形态就像楔子，因此而得名。如果楔形向下倾斜则称为下降楔形，后市将看涨。

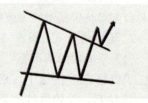

图6-53　下降楔形

（2）下降楔形的市场含义

股价原本处于一段上涨行情中，多方占有一定优势。此时在某个价位，上涨会遭到空方的回击，价格会产生回调。而且每次回调的低点都比前一低点低，反弹的高点也比前一高点低。从表面上看，似乎空方力量占优势，但实际上，这是一种暂时的回调而已，并非多头力量衰竭，而仅是在积累更多能量，孕育新一波的上涨行情而已，因此价格将在突破楔形区域的上边界后，大幅上扬。遇到下降楔形，激进的交易者可以在楔形区域的上下两个边线处，高抛低吸，获取短线差价。对保守的交易者来说，上升楔形最终会向上运动，因此，可以在价格处于下边界时买入股票，增加仓位，以便股价突破上边界时，获得更大的收益。

（五）矩形（见图6-54）

1. 矩形的形态

矩形形态是指价格在两条水平线之间波动，上面的水平线称为阻力线，下面的水平线称为支撑线。当价格突破水平线后，一个矩形形态便出现了。矩形形态也可以分成上升矩形和下降矩形两种。

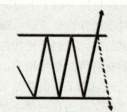

图6-54　矩形

2. 矩形的市场含义

当价格在单边行情出现后的一段时间内，将在某个区域遇到阻力。多空双方在这个价格区间内激烈交战，互不相让，使得价格在一个矩形范围内大幅波动，最终一方战胜，价格将按照突破后的方向向前运行。突破后运行的最小距离为矩形的垂直距离。遇到矩形形态，激进的交易者可以在矩形的上下两个边界高抛低吸，但是如果价格向下突破，则应该及时出场。对于保守型交易者而言，如果矩形的区间很小，则利润空间不大，不参与短线的交易，待市场突破、趋势明朗后再考虑是否进场。

三、缺口及岛形反转形态

（一）缺口类型

缺口，通常又称为跳空，是指证券价格在快速大幅波动中没有留下任何交易的一段真空区域，从这个意义上说，缺口也属于形态的一种。缺口的出现往往伴随着向某个方向运动的一种较强动力。缺口的宽度表明这种运动的强弱。

一般来说，缺口越宽，运动的动力越大；反之，则越小。不论向何种方向运动所形成的缺口，都将成为日后较强的支撑或阻力区域，不过这种支撑或阻力效能依不同形态的缺口而定。缺口理论已成为当今技术分析中极其重要的技术分析方法。

1. 向上跳空缺口

（1）向上跳空缺口的形态

如图 6-55 所示，价格处于横向整理的过程中，有向上运动的趋势，突然某一天大幅高开，并形成一根阳线，开盘价和前一日的交易价格之间出现一个缺口（图中两根虚线之间的空隙），即为向上跳空。

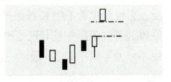

图 6-55　向上跳空缺口

（2）向上跳空缺口的市场含义

如果市场原本处于横向整理当中，说明多空双方力量暂时均等。双方激战不下，此时不能明确后市的走势，也就是说，多空双方的交战结果现在无法预测。但是如果突然出现了一个向上的跳空缺口，则表明多方在此场战斗中取得了胜利，而且多方的力量还是比较强的，它把股价突然向上跳跃性地推高，后市一般会继续上涨。如果市场原本已经处于上涨过程中，此时出现向上跳空的现象，说明买方的势力依然很强，空方依然处于劣势，后市依然看涨，会有交易者在此时进场。

2. 向下跳空缺口

（1）向下跳空缺口的形态

如图 6-56 所示，价格处于横向整理的过程中，有向下运动的趋势，突然某一天大幅低开并形成一根阴线，开盘价和前一日的交易价格之间出现了一个缺口（图中两根虚线之间的空隙），即为向下跳空。

图 6-56　向下跳空缺口

（2）向下跳空缺口的市场含义

如果市场原本处于横向整理当中，说明多空双方力量暂时均等。双方激战，此时不能明确后市的走势，也就是说，多空双方的交战结果现在无法预测。但是，如果突然出现一个向下的跳空缺口，则表明空方在此场战斗中取得了胜利，而且空方的力量还是比较强的，它把股价突然向下跳跃性地打压，后市一般会继续下跌。如果市场原本已经处于下跌过程中，此时出现向下跳空的现象，说明空方的势力依然很强，多方依然处于劣势，后市依然看跌。没有进场的交易者此时不可进场抄底。

（二）岛形反转

1. 顶部岛形反转（见图 6-57）

（1）顶部岛形反转形态

顶部岛形反转又称岛形顶，由若干根 K 线组成，股价在上升过程中，出现一字板涨停或者向上跳空高开高走的中小阳线，而后中间是几根实体长短不一的小阴小阳线，最后一根 K 线是向下跳空低开低走的大阴线或者一字板跌停。

（2）顶部岛形反转的市场含义

如图 6-57 所示，在出现向上竭尽缺口后，出现了若干天价格整理形态，而后才出现向下突破缺口。而在实践过程中，顶部岛形反转以单日顶部岛形反转最为常见，即岛屿只由一个交易日构成，形成孤岛，而成交量在岛屿区域内一直十分巨大，甚至是天量。单日顶部岛形反转常会形成倒 V 形走势，其杀伤力巨大。该技术形态出现在涨势末期，是大势转弱的信号，投资者在股价反弹时应及时出货。

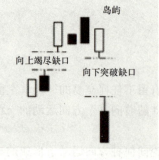

图 6-57 顶部岛形反转

2. 底部岛形反转（见图 6-58）

（1）底部岛形反转形态

底部岛形反转又称岛形底，它与顶部岛形反转的形态正好相反。它也是由若干根 K 线组成，股价在下跌过程中，出现一字板跌停或者向下跳空低开低走的中小阴线，而后中间是几根实体长短不一的小阴小阳线，最后一根 K 线是向上跳空高开高走的大阳线或者一字板涨停。

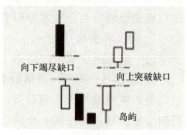

图 6-58 底部岛形反转

（2）底部岛形反转市场的含义

底部岛形反转往往出现在股价下跌末期。如图 6-58 所示，先出现一个向下竭尽缺口，一般是消息面利空造成恐慌性抛盘所致。由于该卖的差不多都卖了，没卖的开始惜售，做空力量已经衰竭了，股价拒绝继续下跌，逐渐企稳，并有抬头迹象。不久股价在买盘推动下跳空放量突破竭尽缺口，在与竭尽缺口相同的价格区域留下一个向上的突破缺口。岛形部分的成交量一般比跳空前下跌时的成交量还要小，表现出一种特有的萎缩整理特征，而在股价脱离岛形盘整部分时，成交量显著扩大。该技术形态出现在跌势末期，是大势转暖的信号，后市看涨，投资者应择机介入。

图 6-59 为福晶科技（002222）形成的底部岛形反转形态。在大盘持续整理的过程中，突然出现了一个低开低走的大阴线，出现做空信号，市场做空动能释放以后，经历了数个交易日的横盘整理，而后出现了几根实体较长的大阳线，形成向上的突破缺口，随后指数上扬。

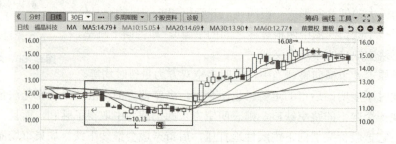

图 6-59 福晶科技（002222）

（三）除权缺口（见图 6-60）

1. 除权

（1）除权缺口的形态

K 线轨迹被一个大缺口分成了前后两部分，前面阶段所反映的价格较高，后一阶段所反映的价格水平较低。这就是除权缺口，它是缺口形态的一种，有其自身特点，也传递着丰富的市场信号。

图 6-60 除权缺口

（2）除权缺口的市场含义

股价在上市公司送股、配股后，总股本增多，每股收益相对送增股本以前摊薄，股价随即降低，股价会出现除权、除息缺口，表现在除权价与股权登记日的收盘价之间的跳空缺口。这种缺口的出现为股价在新的一轮波动中提供了上升空间，诱发填权行情。除权一方面可以更为准确地反映上市公司股价对应的价值，另一方面可以方便股东调整持股成本和分析盈亏变化。一般情况下，上市公司实施高比例的送股和转增，会使除权后的股价大打折扣，但实际上由于股数增多，投资者并未受到损失，除权对于股东而言影响是中性的。

2. 复权

所谓复权就是对股价和成交量进行权息修复，按照股票的实际涨跌绘制股价走势图，并把成交量调整为相同的股本口径。复权分为向前复权与向后复权。向前复权，就是保持现有的价位不变，将以前的价格缩减，将除权前的 K 线向下平移，使图形吻合，保持股价走势的连续性。向后复权，就是保持先前的价格不变，而将以后的价格增加。

两者最鲜明的区别在于向前复权的当前周期报价和 K 线显示价格完全一致，而向后复权的报价大多高于 K 线显示价格。例如，某只股票当前价格 10 元，在这之前曾经每 10 股送 10 股，前者复权后的价格仍是 10 元，后者则为 20 元。

四、应用形态理论应当注意的问题

形态理论是较早得到应用的方法，相对比较成熟。尽管如此，也有正确使用的问题。一方面，站在不同的角度，对同一形态可能产生不同的解释。例如，头肩形是反转形态，但有时从更大的范围去观察，则有可能成为中途持续形态。另一方面，进行实际操作时，形态理论要求形态完全明朗才能行动，从某种意义上讲，有错过机会的可能。此外，同其他技术方法一样，投资者不能把形态理论当成万能的工具，更不应将其作为金科玉律。形态理论得出的结论仅供参考之用。

形态选股
同花顺

任务五　波　浪　理　论

【工作任务】

任务清单	内　　容
任务情境	小王从同学小李那里了解到波浪理论，波浪理论认为股票的变动就如同大海潮汐，具有一定规律性，小王产生了兴趣，于是开始了探究
任务目标	掌握波浪理论的基本原理；理解波浪理论的不足
典型任务	请你根据任务情境，通过相关知识及网络搜索，完成以下任务。 　　（1）波浪理论中，上升五浪的表现和特征是什么？ 　　（2）波浪理论中，下跌三浪的表现和特征是什么？ 　　（3）如何正确评价波浪理论？
任务总结	通过完成上述任务，你学到了哪些知识或技能？
实施人员	
任务点评	

【相关知识】

一、波浪理论的形成过程

波浪理论是技术分析中的又一个经典理论，是运用较多且最难掌握的一种技术分析工具。它由美国人艾略特首先发现并应用于证券市场。艾略特（Ralph Nelson Elliot，1871—1948）是波浪理论的创始者，曾经是专业的会计师，专精于餐馆业与铁路业，由于在中年染上重病，于1927年退休，长期住在加利福尼亚州休养。就在他休养的康复时期，他发展出了自己的股价波浪理论。艾略特的波浪理论受到了道氏理论的影响，道氏理论主要是对股市的发展趋势给予了较为完美的定性解释，而艾略特则在定量分析上提出了独到的见解。

波浪理论的起源和基本思想

1934年，艾略特与查尔斯·J. 柯林斯（Charles J·Collins）建立了联系，告诉了他自己的发现。1938年，艾略特在柯林斯的帮助下出版《波浪理论》(*The Ware Principle*)。在艾略特之后，对波浪理论做出贡献的有柯林斯和波顿（A. Hamilton Bolton）。

二、波浪理论的基本原理

艾略特认为，不管是股票还是商品价格的波动，都与大自然的潮汐、波浪一样，一浪跟着一浪，周而复始，具有相当程度的周期性规律，任何波动均有迹可循。因此，投资者可以根据这些规律的波动预测价格未来的走势，在买卖策略上使用。

波浪理论认为，股价指数的上升和下跌将会交替进行。推动浪和调整浪是价格波动两个最基本形态，而推动浪（与大市走向一致的波浪）可以分为五个小浪，一般用第1浪、第2浪、第3浪、第4浪、第5浪表示；调整浪也可以划分为三个小浪，通常用a浪、b浪、c浪表示。在上述八个波浪（五上三落）完毕之后，一个循环即将完成，走势将进入下一个八波浪循环。

时间的长短不会改变波浪的形态，因为市场仍会依照其基本形态发展，波浪可以拉长，也可以缩短，但其基本形态不变。总之，波浪理论也可以用一句话来概括：八浪循环（见图6-61）。

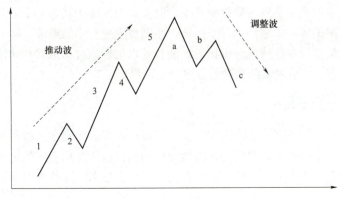

图6-61　八浪循环

图 6-61 是一个八浪的循环过程。那么，如何来划分上升五浪和下跌三浪呢？一般来说，八个浪各有其不同的表现和特性。

（一）上升五浪

第 1 浪几乎半数以上属于营造底部形态的第一部分。第 1 浪是循环的开始，由于这段行情的上升出现在空头市场跌势后的反弹和反转，买方力量并不强大，加上空头继续在卖空，因此，在此类第 1 浪上升之后出现第 2 浪调整回落时，其回档的幅度往往很深。

另外半数的第 1 浪，出现在长期盘整完成之后，在这类第 1 浪中，其行情上升幅度较大，依经验来看，第 1 浪的涨幅通常是五浪中最短的行情。

第 2 浪是下跌浪。由于市场人士误以为熊市尚未结束，其调整下跌的幅度相当大，几乎吃掉第 1 浪的升幅。当行情在此浪中跌至接近底部（第 1 浪起点）时，市场出现惜售心理，抛售压力逐渐衰竭，成交量也逐步缩小，第 2 浪调整才会宣告结束。在此浪中经常出现转向形态，如头肩底、双底等。

第 3 浪往往是最大、最有爆发力的上升浪。这段行情持续的时间与幅度，经常是最长的。市场投资者信心恢复，成交量大幅上升，常出现突破信号，如跳空缺口等。这段行情走势非常激烈，一些图形上的关卡，非常轻易地被穿破，尤其在突破第 1 浪的高点时，是最强烈的买进信号。由于第 3 浪涨势激烈，经常出现"延长波浪"的现象。

第 4 浪是行情大幅劲升后的调整浪，通常以较为复杂的形态出现，经常出现"下降三角形"的走势，但第 4 浪的低点不会低于第 1 浪的顶点。

第 5 浪在股市中的涨势通常小于第 3 浪，且经常出现失败的情况。在第 5 浪中，二、三类股票通常是市场内的主导力量，其涨幅常常大于一类股（绩优蓝筹股），即投资人士常说的"鸡犬升天"，此期市场情绪表现相当乐观。

（二）下跌三浪

在 a 浪中，市场投资人士大多数认为上升行情尚未逆转，此时仅为一个暂时的回档现象。实际上，a 浪的下跌，在第 5 浪中通常已有警告信号，如成交量与价格走势背离或技术指标上的背离等，但由于此时市场仍较为乐观，a 浪有时出现横盘调整或者"之"字形态运行。

b 浪的成交量一般不大，通常而言是多头的逃命线，然而由于是一段上升行情，很容易让投资者误以为是另一波段的涨势，形成"多头陷阱"，许多人在此时期惨遭套牢。

c 浪是一段破坏力较强的下跌浪，跌势较为强劲，持续的时间较长久，而且行情将出现全面性下跌。

综上所述，波浪理论似乎颇为简单和容易，但实际上，由于其每一个上升、下跌的完整过程中均包含一个八浪循环，大循环中有小循环，小循环中更有小的循环，即大浪中有小浪，小浪中有细浪。这就使得证券行情的分析相当繁杂和难以把握，再加上其推动浪和调整浪经常出现延伸浪等复杂形态，使得对浪的准确划分更加难以界定。

三、波浪理论的不足

波浪理论最大的不足是应用上的困难，也是学习和掌握上的困难。波浪理论从理论上讲是八浪循环完成一个完整的过程，但是，主浪的变化和调整浪的变化会产生更为复杂的形态，波浪所处的过程中又会产生大浪套小浪、浪中有浪的多层次形态，这些都会使应用者在具体数浪时发生偏差。

面对同一个形态，不同的人会产生不同的数法，而且都有道理，谁也说服不了谁。例如，一个下跌的浪可以被当成第 2 浪，也可能被当成 a 浪。如果是第 2 浪，那么紧接而来的第 3 浪将是很诱人的；如果是 a 浪，那么这之后的下跌可能是很深的。具体结果也会因为判断的分歧而不同。

　　遇到这种情况，投资者有两个办法可以解决：结合基本分析和其他技术分析方法综合判断，或者等待。在判别不清浪形级别的时候，就选择等待，等待浪形清晰时刻的到来。做看得懂的行情，这是投资成功的关键。

波浪理论的主要
内容和基本形态

任务六 切线理论

【工作任务】

任务清单	内　　容
任务情境	小王打开同花顺软件，发现了软件有画图功能，于是想尝试画出压力线与支撑线，并了解其意义
任务目标	理解切线理论中的趋势分析，掌握支撑线、压力线、趋势线、轨道线、黄金分割线和百分比线的应用
典型任务	请你根据任务情境，通过相关知识及网络搜索，完成以下任务。 （1）支撑线和压力线是如何相互转化的？ （2）趋势线有哪两种作用？ （3）应用切线理论应注意哪些问题？
任务总结	通过完成上述任务，你学到了哪些知识或技能？
实施人员	
任务点评	

【相关知识】

在证券市场中，切线理论是帮助投资者识别主要趋势较为实用的方法。在此，我们主要介绍切线理论中的支撑线、压力线、趋势线、轨道线、黄金分割线和百分比线。

一、趋势分析

趋势是指股票价格的波动方向，若确定了一段上升或下降的趋势，则股价的波动必然朝着这个方向运动。一般说来，市场变动不是朝一个方向直来直去，中间肯定有曲折，从图形上看就是一条曲折蜿蜒的折线，每个折点处形成一个峰或谷。由这些峰和谷的相对高度我们可以看出趋势的方向（见图6-62）。

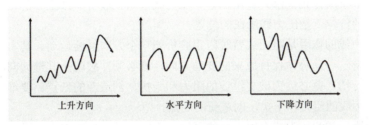

图6-62 三种趋势方向

趋势的方向有3类：上升方向、下降方向和水平方向（无趋势方向）。

趋势的类型主要有 3 类：主要趋势、次要趋势和短期趋势，这三种类型的趋势最大区别是时间的长短和波动幅度的大小。主要趋势持续时间最长，波动幅度最大；次要趋势次之；短期趋势持续时间最短，波动幅度最小。图 6-63 为山西汾酒（6008092）趋势的实例。

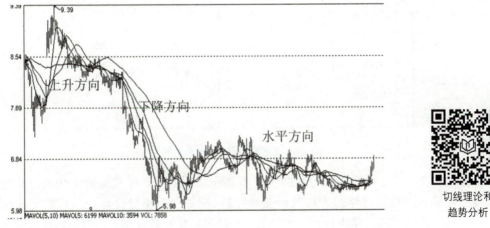

图6-63 山西汾酒（6008092）

切线理论和
趋势分析

二、支撑线和压力线

支持线又称抵抗线（见图6-64），是指当股价下跌到某个价位附近时，会出现买方增加、卖方减少的情况，从而使股价停止下跌，甚至有可能回升。支撑线起阻止股价继续下跌的作用。这个起着阻止股价继续下跌的价位就是支撑线所在的位置。

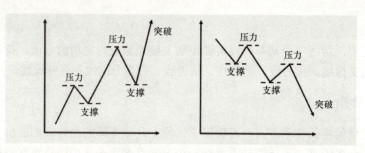

图6-64　支撑线和压力线

压力线又称阻力线（见图6-64），是指当股价上涨到某价位附近时，会出现卖方增加、买方减少的情况，股价会停止上涨，甚至回落。压力线起阻止股价继续上升的作用。这个起着阻止股价继续上升的价位就是压力线所在的位置。

支撑线和压力线的作用是阻止或暂时阻止股价朝一个方向继续运动。其实，股价的变动是有趋势的，要维持这种趋势，保持原来的变动方向，就必须冲破阻止其继续向前的障碍。比如说，要维持下跌行情，就必须突破支撑线的阻力和干扰，创造新的低点；要维持上升行情，就必须突破上升压力线的阻力和干扰，创造新的高点。

由此可见，支撑线和压力线有被突破的可能，它们不足以长久地阻止股价保持原来的变动方向，只不过是暂时阻止而已。

支撑线和压力线可以相互转化（见图6-65）。一条压力线被突破后，当股价再次回跌到该线时，那么这条压力线将变成支撑线，这时作为原来的压力线就失效了；一条支撑线如果被突破，那么当股价再次回升到该线时，那么这条支撑线将变成压力线，原来的支撑线也就失效了。

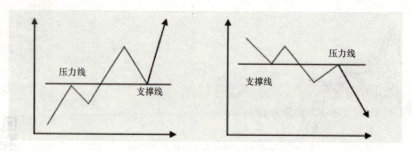

图6-65　支撑线和压力线的相互转化

上述这些表明，支撑线和压力线的位置不是一成不变的，而是随时变化的，其变化前提就是它能够被有效的足够强大的股价变动突破。突破就是指股价对于已有的支撑位和压力位的穿透。正确判断支撑线和压力线位置，不仅可以使投资者在一段时间内选择合适的买卖时机，而且可以帮助投资者把握股价变动的方向。一般来说，确认一条支撑线或压力线有三个方面的考虑：一是股价在这个区域停留时间的长短；二是股价在这个区域伴随的成交量大小；三是这个支撑区域或压力区域发生的时间距离当前这个时期的远近。股价停留的时间越长，伴随的成交量越大，离现在越近，则这个支撑或压力区域对当前的影响就越大；反之就越小。

三、趋势线和轨道线

（一）趋势线（见图6-66）

由于证券价格变化的趋势是有方向的，因而可以用直线将这种趋势表示出来，这样的直线称为趋势线。反映价格向上波动发展的趋势线称为上升趋势线；反映价格向下波动发展的趋势线则称为下降趋势线。

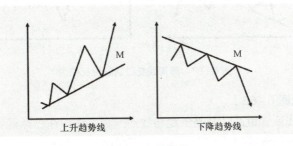

图6-66　趋势线

由于股票价格的波动可分为长期趋势、中期趋势及短期趋势三种。因此，描述价格变动的趋势线也分为长期趋势线、中期趋势线与短期趋势线三种。鉴于价格波动经常变化，可能由升转跌，也可能由跌转升，甚至在上升或下跌途中转换方向，因此，反映价格变动的趋势线不可能一成不变，而是要随着价格波动的实际情况进行调整。

因此，价格不论是上升还是下跌，无论在哪个发展方向上的趋势线都不只有一条，而是若干条。不同的趋势线反映了不同时期价格波动的实际走向，研究这些趋势线的变化方向和变化特征，就能把握价格波动的方向和特征。

连接一段时间内价格波动的高点或低点可画出一条趋势线。在上升趋势中，将两个低点连成一条直线，就得到上升趋势线；在下降趋势中，将两个高点连成一条直线，就能得到下降趋势线，如图6-66中的直线。

一般来说，上升趋势线的两个低点，应是两个反转低点，即股价下跌至某一低点开始回升，再下跌没有跌破前一低点又开始上升，则这两个低点就是两个反转低点。同理，决定下跌趋势线也需要两个反转高点，即上升至某一高点后开始下跌，回升未达前一高点又开始回跌，则这两个高点就是反转高点。

由于股价波动有时候会超出原有趋势线的范围，使原有的趋势线失去作用，这时，就必须根据股价的实际波动情况重新画趋势线，这叫作趋势线的修正。

要得到一条真正起作用的趋势线，要经多方面的验证才能最终确认。首先，必须确认有趋势存在。也就是说，在上升趋势中，必须确认两个依次上升的低点；在下降趋势中，必须确认两个依次下降的高点。其次，画出直线后，还应得到第三个点的验证才能确认这条趋势线是有效的。

一般来说，所画出的直线被触及的次数越多，其作为趋势线的有效性越强，用它进行股价预测越准确有效。另外，这条直线延续的时间越长，越具有有效性。

一般来说，趋势线有两种作用：第一，对价格今后的变动起约束作用，使价格总保持在这条趋势线的上方（上升趋势线）或下方（下降趋势线）。实际上，就是起支撑和压力的作用。第二，趋势线被突破后，就说明股价下一步的走势将要反转。越重要、越有效的趋势线被突破，其转势的信号就越强烈，即被突破的趋势线原来所起的支撑和压力作用，现在将相互交换角色（见图6-67）。

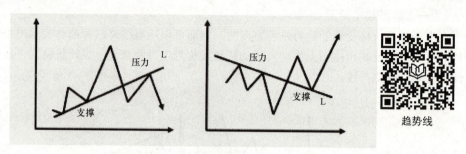

图6-67　趋势线突破后起相反作用

（二）轨道线（见图6-68）

轨道线又称通道线或管道线，是基于趋势线的一种方法。在已经得到趋势线后，通过第一个峰或谷可以画出这条趋势线的平行线，这条平行线就是轨道线。

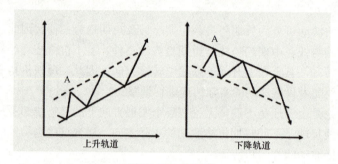

图6-68　轨道线

两条平行线组成的一个轨道，就是常说的上升轨道和下降轨道。轨道的作用是限制股价的变动范围，让它不能变得太离谱。一个轨道一旦得到确认，那么价格将在这个通道里变动。对上面或下面直线的突破将意味着行情有一个大的变化。

与突破趋势线不同，对轨道线的突破并不是趋势反转的开始，而是趋势加速的开始。原来的趋势线的斜率将会增加，趋势线的方向将会更加陡峭。

轨道线也有一个被确认的问题。一般而言，轨道线被触及的次数越多、延续的时间越长，其被认可的程度和重要性越高。

轨道线有拉响趋势转向警报的作用。如果在一次波动中未触及轨道线，离得很远就开始调头，这往往是趋势将要改变的信号。这说明市场已经没有力量继续维持原有的上升或下降的趋势了。

轨道线和趋势线是相互合作的一对。很显然，先有趋势线，后有轨道线。趋势线比轨道线更重要。趋势线可以单独存在，而轨道线则不能单独存在。

四、黄金分割线和百分比线

黄金分割线和百分比线是两种重要的判断支撑位与压力位的方法。

（一）黄金分割线

黄金分割是一个古老的数学方法，它包含若干特殊的数字：0.191、0.382、0.618、0.809、

1.191、1.382、1.618、1.809、2、2.618、4.236……在这些数字中，0.618、1.618 和 4.236 最为重要，股价极容易在由这三个数产生的黄金分割线处产生支撑和压力。而且黄金分割线被人们发现后，又强化了人们对这几个点位的关注，在众人心理作用下，这三个数字处容易发生行情的变化。

（二）百分比线

百分比线考虑问题的出发点是人们的心理因素和一些整数位的分界点。

以某次上涨行情开始的最低点和开始向下回撤的最高点两者之间的差分别乘以几个特殊的百分比数，就可以得到未来支撑位可能出现的位置。

假设低点是 10 元，高点是 20 元。这些百分比数一共 10 个：1/8、1/4、3/8、1/2、5/8、3/4、7/8、1、1/3、2/3。

这里的百分比线中，1/2、1/3、2/3 这三条线最为重要。在很大程度上，1/2、1/3、2/3 是人们的一种心理倾向。如果没有回落到 1/3 以下，就好像没有回落够似的；如果已经回落了 2/3，人们自然会认为已经回落够了。

上面所列的 10 个特殊数字也可以用百分比来表示，之所以用上面的分数来表示，是为了突出整数习惯。

五、应用切线理论应当注意的问题

切线为我们提供了很多价格移动可能遇到的支撑线和压力线，这些直线起很重要的作用。但是，支撑线、压力线有被突破的可能，它们的价位只是一种参考，不能把它们当成万能的工具。

任务七　量价关系理论

【工作任务】

任务清单	内　容
任务情境	小王通过前面的学习了解到证券分析需要量价时空结合起来考量，但是对具体怎样应用还是感到疑惑
任务目标	掌握葛兰碧九大法则；理解涨跌停板制度下的量价关系分析
典型任务	请你根据任务情境，通过相关知识及网络搜索，完成以下任务。 （1）基于量价关系的葛兰碧九大法则是什么？ （2）在涨跌停板制度下，量价分析的基本判定有哪些？
任务总结	通过完成上述任务，你学到了哪些知识或技能？
实施人员	
任务点评	

【相关知识】

一、葛兰碧九大法则

市场行为最基本的表现就是成交价和成交量。技术分析就是利用过去和现在的成交量、成交价资料，以图形分析和指标分析工具来解释、预测未来的市场走势。再把时间、空间因素考虑进去，技术分析就可简单地归结为对时间、空间、价格、成交量四者关系的分析。在某一时点上的价和量反映的是买卖双方在这一时点上的市场行为，是双方的暂时均衡点。随着时间的变化，均势会不断发生变化，价格就有了空间上的变化，而实质就是价量关系的变化。

葛兰碧
九大法则

一般来说，买卖双方对价格的认同程度通过成交量的大小确认：认同程度大，成交量就大；认同程度小，成交量就小。双方的这种市场行为反映在价、量上往往呈现这样一种规律：价增量增，价跌量减。

换手率是判断和衡量多空双方分歧大小的一个重要参考指标。低换手率表明多空双方的意见基本一致，股价一般会由于成交低迷而出现小幅下跌或步入横盘整理。高换手率则表明多空双方的分歧较大，但只要成交活跃的状况能够维持，一般股价都会呈现小幅上扬的走势。

一般而言，日换手率小于3%时为冷清，一种情况是该股属于散户行情，另一种情况是已高度控盘，庄股在高位震荡之际往往成交量大幅萎缩，换手率低。3%＜日换手率＜7%时为活跃，表示有主力在积极活动。日换手率＞7%为热烈，筹码急剧换手。如发生在高位，尤其是高位缩量横盘之后出现，很可能是主力出货；如果发生在低位，尤其是在突破第一个强阻力区时，很可能是主力在积极进货。

关于量价关系的研究最早见于美国股市分析家葛兰碧（Joe Granville）所著的《股票市场指标》。葛兰碧认为成交量是股市的元气与动力，成交量的变动直接表现股市交易是否活跃、人气是否旺盛，而且体现了市场运作过程中供给与需求间的动态实况。没有成交量的发生，市场价格就不可能变动，也就无股价趋势可言。成交量的增加或萎缩都表现出一定的股价趋势。

① 价格随着成交量的递增而上涨，为市场行情的正常特性。此种量增价升的关系，表示股价将继续上升。价格随成交量递增而上涨，良性量增价涨关系，后市看好。

② 在一个波段的涨势中，股价随着递增的成交量而上涨，突破前一波的高峰，创下新高价，继续上扬。然而，此段股价上涨的整个成交量水准却低于前一个波段上涨的成交量水准。此时股价创出新高，但量却没有突破，则此段股价涨势令人怀疑，同时也是股价趋势潜在反转信号。此为有所怀疑，潜在反转。

③ 股价随着成交量的递减而回升，即股价上涨，成交量却逐渐萎缩。成交量是股价上升的原动力，原动力不足显示出股价趋势潜在的反转信号。

④ 有时股价随着缓慢递增的成交量而逐渐上升，渐渐地，走势突然成为垂直上升的喷发行情，成交量急剧增加，股价跃升暴涨；紧随着此波走势，继之而来的是成交量大幅萎缩，同时股价急速下跌。这种现象表明涨势已到末期，上升乏力，显示趋势有反转的迹象。反转所具有的意义，将视前一波股价上涨幅度的大小及成交量增加的程度而言。

⑤ 股价走势因成交量的递增而上升，是十分正常的现象，并无特别暗示趋势反转的信号。

⑥ 在一波段的长期下跌形成谷底后，股价回升，成交量并没有随股价上升而递增，股价上涨欲振乏力，然后再度跌落至原来谷底附近，或高于谷底。当第二谷底的成交量低于第一谷底

时，是股价将要上升的信号。

⑦ 股价往下跌落一段相当长的时间，市场出现恐慌性抛售，此时随着日益放大的成交量，股价大幅度下跌；继恐慌卖出之后，预期股价可能上涨，同时恐慌卖出所创的低价，将不可能在极短时间内突破。因此，随着恐慌大量卖出之后，往往是（但并非一定是）空头市场的结束。

⑧ 股价下跌，向下突破股价形态、趋势线或移动平均线，同时出现了大成交量，是股价下跌的信号，明确表示下跌的趋势。

⑨ 当市场行情持续上涨数月之后，出现急剧增加的成交量，而股价却上涨无力，在高位整理，无法再向上大幅上升，显示了股价在高位大幅震荡，抛压沉重，上涨遇到了强阻力，此为股价下跌的先兆，但股价并不一定必然会下跌。股价连续下跌之后，在低位区域出现大成交量，而股价却没有进一步下跌，仅出现小幅波动，此即表示进货，通常是上涨的前兆。

二、涨跌停板制度下的量价关系分析

在涨跌停板制度下，量价分析基本判定为：

① 涨停量小，将继续上扬；跌停量小，将继续下跌。

② 涨停中途被打开次数越多、时间越久、成交量越大，反转下跌的可能性越大；同样，跌停中途被打开次数越多、时间越久、成交量越大，则反转上升的可能性越大。

③ 涨停关门时间越早，次日涨势可能性越大；跌停关门时间越早，次日跌势可能越大。

④ 封住涨停的买盘数量大小和封住跌停板时卖盘数量大小说明买卖盘力量大小。这个数量越大，继续当前走势的概率越大，后续涨跌幅度也就越大。

不过，要注意庄家借涨停板反向操作。比如，他想卖，先以巨量买单挂在涨停位，因买盘量大集中，抛盘措手不及而惜售，股价少量成交后收涨停。自然，原来想抛的就不抛了，而这时有些投资者以涨停价追买，此时庄家撤走买单，填卖单，自然成交了。当买盘消耗差不多时，庄家又填买单接涨停价位处，以进一步诱多，当散户又追入时，他又撤单再填卖单。如此反复操作，以达到高挂买单虚张声势诱多，在不知不觉中悄悄高位出货。反之，庄家想买，他先以巨量在跌停价位处挂卖单，吓出大量抛盘时，他先悄悄撤除原先卖单，然后填上买单，吸纳抛盘。当抛盘吸纳将尽时，他又抛巨量在跌停板价位处，再恐吓持筹者，以便吸筹，如此反复。所以，在这种场合，巨额买卖单多是虚的，不足以作为判定后市走势的依据。判断虚实的根据是否存在频繁挂单、撤单行为，涨跌停是否经常被打开，当日成交量是否很大。若是，则这些量必为虚，反之，则为实，从而可依先前标准作出判断结论。

在涨跌停板制度下，量价分析基本判定

【素养提升】

世界级顶尖投资大师的投资哲学：忍耐、聚焦、坚定

一、股神——沃伦·巴菲特

"股神"1930年8月30日诞生在充满投机与动荡的美国布拉斯加州的奥马哈市，他秉持简单、聚焦的原则，以企业经营者的心态投资股市，在不到50年的时间里，聚集成庞大的财富王国，创造了从100美元到720亿美元的财富神话，2009年，美国《福布斯》杂志在纽约公布了2008全球富豪排名，巴菲特名列第一，成为全球首富。巴菲特简单明了的原则、忍耐聚焦的逻辑，给予投资大众一个相对明确及正确的投资观念。财富是无法复制的，但关于获得财富的理

念和哲学是可以学习的。

1. 要在别人贪婪的时候恐惧，而在别人恐惧的时候贪婪。

2. 要赢得好的声誉需要 20 年，而要毁掉它，5 分钟就够。如果明白了这一点，你做起事来就会不同了。

二、金融大鳄——乔治·索罗斯

"金融大鳄"是当今全球举足轻重的人物，量子基金创始人之一，他好像具有一种超人的力量左右着世界金融市场。1992 年 9 月著名的英镑战役获利 20 亿美元，被称为"击垮英格兰银行的人"。历经几次动荡和危机，他以自己成功的预测和业绩、独一无二的投资风格著称于世。

1. 承担风险，无可指责，但同时记住千万不能孤注一掷。

2. 身在市场，你就得准备忍受痛苦。

三、基金史上的传奇人物——彼得·林奇

彼得·林奇被誉为"全球最佳选股者"，并被美国基金评级公司评为"历史上最传奇的基金经理人"。彼得·林奇于 1969 年进入富达管理研究公司成为研究员，1977 年成为麦哲伦基金的基金经理人。

到 1990 年 5 月辞去基金经理人的职务为止的 13 年间，麦哲伦基金管理的资产由 2 000 万美元成长至 140 亿美元，基金投资人超过 100 万人，成为富达的旗舰基金，并且是当时全球资产管理金额最大的基金，其投资绩效也名列第一，13 年间的年平均复利报酬率达 29%。

1. 公司的状况与股票的状况有 100% 的相关性。

2. 周期性行业的股票要在市盈率高时买进，市盈率低时卖出。

四、最具神奇色彩的技术分析大师威廉·江恩

江恩是 20 世纪初最伟大的市场炒家之一，纵横投资市场 45 年，用自己创造的数学及几何理论为基础的买卖方法赚取了 5 000 多万美元，相当于现在的 10 亿多美元。他不仅是一位成功的投资者，还是一位智者和伟大的哲学家，他用根据古老数学、几何和星象为基础的分析技术和方法赚取了当时庞大的财富。

1. 每次入市买卖，损失不应超过资金的十分之一。

2. 永远都设立止损位。

（案例来源：郭伟松 雪球网　链接：https://xueqiu.com/2524803655/213190535）

【综合练习】

一、单选题

1. 模拟炒股和实战投资的最本质区别是（　　）。

A. 投资环境不同　　　　　　　　　　B. 分析方法不同

C. 投资心理不同　　　　　　　　　　D. 操作方法不同

2. 认识市场、适应市场的投资策略不包括（　　）。

A. 发现市场趋势　　　　　　　　　　B. 研究市场趋势变化原因

C. 判断市场走向的合理性　　　　　　D. 不逆市场趋势而行动

3. 阳 K 线和阴 K 线的本质区别是（　　）。

A. 股价上涨还是下跌　　　　　　　　B. 收盘价高于还是低于开盘价

C. 有无上影线　　　　　　　　　　　D. 用红色还是用绿色表示

4. 技术分析的优点是（　　）。

A. 同市场接近考虑问题比较直接　　　B. 能够比较全面地把握证券价格的基本走势

C. 应用起来相对简单　　　　　　　　D. 进行证券买卖见效慢、获得利益的周期长

5. 与头肩顶形态相比，三重顶形态更容易演变成（　　）。

A. 反转突破形态　　B. 圆弧顶形态　　　　　C. 持续整理形态　　D. 其他各种形态

6. 属于持续整理形态的有（　　）。

A. 菱形　　　　　　B. 钻石形　　　　　　　C. 旗形　　　　　　D. W形态

7. 技术分析适用于（　　）。

A. 短期的行情预测　　　　　　　　　　B. 周期相对比较长的证券价格预测

C. 相对成熟的证券市场　　　　　　　　D. 适用于预测精确度要求不高的领域

8. 当短期均线上穿长期均线时，是（　　）。

A. 卖出信号　　　　B. 买入信号　　　　　　C. 持有不动信号　　D. 观望信号

9. 技术指标与股价走势不一致的现象被称作（　　）。

A. 转折　　　　　　B. 死叉　　　　　　　　C. 背离　　　　　　D. 徘徊

10. "市场是对的"是哪种分析流派对待市场的态度？（　　）

A. 技术分析流派　　　　　　　　　　　B. 心理分析流派

C. 学术分析流派　　　　　　　　　　　D. 基本分析流派

11. "市场总是错的"是哪种分析流派对待市场的态度？（　　）

A. 技术分析流派　　　　　　　　　　　B. 心理分析流派

C. 学术分析流派　　　　　　　　　　　D. 基本分析流派

二、多选题

1. 在下列K线图中，无上影线的有（　　）。

A. 光头光脚的阳线　　　　　　　　　　B. 开盘即涨停直至收盘的一字线

C. 十字星K线　　　　　　　　　　　　D. T字形K线

E. 射击之星

2. 技术分析的要素有（　　）。

A. 价　　　　　　　B. 量　　　　　　　　　C. 时　　　　　　　D. 空

3. 证券投资分析的资料收集与整理阶段的主要工作包括（　　）。

A. 证券投资分析信息资料的收集　　　　B. 信息资料的分类

C. 信息资料的保存和使用管理　　　　　D. 案头研究

4. 在下列K线图中，开盘价等于最高价的有（　　）。

A. 光头光脚的阴线　　　　　　　　　　B. 带有上影线的光脚阳线

C. 十字星K线图　　　　　　　　　　　D. T字形K线图

5. 下列形态属反转突破形态的是（　　）。

A. 双重顶（底）　　B. 三重顶（底）　　　　C. 头肩顶（底）　　D. 圆弧顶（底）

6. 趋势的方向包括（　　）。

A. 上升方向　　　　B. 下降方向　　　　　　C. 水平方向　　　　D. 无趋势方向

7. 按道氏理论的分类，趋势分为（　　）等类型。

A. 主要趋势　　　　B. 次要趋势　　　　　　C. 短暂趋势　　　　D. 无趋势

8. 技术分析流派的主要理论假设是（　　）。

A. 市场行为包含一切信息　　　　　　　B. 市场总是错误的

C. 价格沿趋势移动　　　　　　　　　　D. 历史会重复

E. 市场是弱有效的

9. （　　　）属持续整理形态。

A. 菱形　　　　　　B. 旗形　　　　　　　C. 楔形　　　　　　D. 三角形

10. 下属理论哪些属于技术分析理论？（　　　）

A. K 线理论　　　　B. 切线理论　　　　　C. 波浪理论　　　　D. 行业生命周期理论

三、思考分析题

1. 简述波浪理论内容的要点。

2. 伊利股份（600887）最近三天的交易价格如下（单位：元）：

	2022 年 8 月 8 日	2022 年 8 月 9 日	2022 年 8 月 10 日
开盘价	36.48	36.34	36.43
最高价	36.75	36.63	36.57
最低价	36.18	36.22	35.85
收盘价	36.34	36.38	35.95

请画出伊利股份的三日 K 线图。

3. 预测性实验训练：

（1）找寻一只近期能画出上升趋势的股票，利用其趋势线来判断其后市走势。

（2）找寻一只近期价格跌至低位但成交量放大的股票，利用其量价关系分析后市走势。

【学习评价】

知识巩固与技能提高（40分）	得分：

计分标准：
得分＝1×单选题正确个数＋2×多选题正确个数＋3×思考分析题正确个数（思考分析题可部分得分）

学生自评（20分）	得分：

计分标准：初始分＝2×A的个数＋1×B的个数＋0×C的个数
　　　　　得分＝初始分÷36×20

专业能力	评价指标	自测结果	要求 （A掌握；B基本掌握；C未掌握）
认识证券投资技术分析	1. 技术分析的含义 2. 技术分析的基本假设和要素 3. 投资技术分析的局限性 4. 应用证券投资技术分析应注意的问题	A □　B □　C □ A □　B □　C □ A □　B □　C □ A □　B □　C □	理解技术分析的含义；熟悉技术分析的基本假设条件、要素以及局限性；熟知技术分析中注意的问题
掌握K线基本形态和K线组合的识别与应用	1. K线图的含义 2. K线基本形态的识别与应用 3. K线组合的识别与应用	A □　B □　C □ A □　B □　C □ A □　B □　C □	掌握K线基本形态的识别与应用；掌握K线组合形态的识别与应用；能够运用证券分析软件对K线基本形态和K线组合形态的市场含义进行验证
理解证券投资技术分析其他理论	1. 道氏理论 2. 形态理论、波浪理论、切线理论 3. 量价关系理论	A □　B □　C □ A □　B □　C □ A □　B □　C □	熟悉道氏理论、形态理论、波浪理论、切线理论、量价关系理论的主要内容；能够运用证券分析软件对相关技术分析理论进行验证；能够运用相关技术分析理论进行证券价格走势的研判
职业道德思想意识	1. 风险意识，抗压能力 2. 遵纪守法，遵守职业道德 3. 合作意识	A □　B □　C □ A □　B □　C □ A □　B □　C □	掌握对不同技术分析理论综合应用的能力；抗压能力、思想意识得以提升，德才兼备

小组评价（20分）	得分：

计分标准：得分＝10×A的个数＋5×B的个数＋3×C的个数

团队合作	A □　B □　C □	沟通能力	A □　B □　C □

教师评价（20分）	得分：

教师评语	
总成绩	教师签字

项目七

证券投资技术指标分析

知识目标

- 熟悉技术分析的本质、应用法则
- 掌握不同技术指标的识别与应用
- 掌握技术指标应用的注意事项

技能目标

- 能够熟知技术指标分析中注意的问题
- 能够运用证券分析软件对相关技术指标进行验证
- 能够运用相关技术指标进行证券价格走势的研判

素质目标

- 培养学生对证券价格辩证分析的素质
- 培养学生对技术指标分析具体应用的能力
- 培养学生对不同种类技术指标分析综合应用的能力

知识结构图

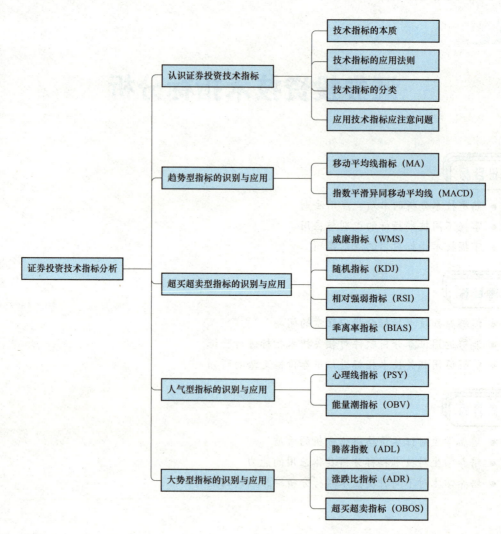

如图 7-1 所示为 600267 海正药业的日 K 线图。从图中我们可以看出，均线先后形成了两个黄金三角（在图中分别用两个箭头表示出来）。第一个黄金三角形成后，股价开始回调至均线附近时，价格开始上涨，不过此轮涨幅不大，随即开始深度回调。此后又一个黄金三角出现了，我们应该注意到第二个黄金三角的位置比第一个黄金三角的位置高，因此一轮大的上涨即将开始。果然，在随后的交易日股价未发生明显回调，稍作停顿后，以一个跳空的形式开启了股价飙升的道路。因此，如果投资者在第一个黄金三角没敢入场，那么第二个黄金三角就是绝好的入场时机。

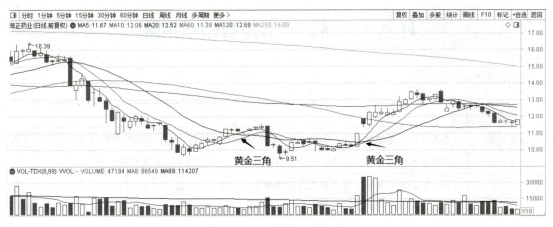

图 7-1 海正药业一日 K 线图

任务一　认识证券投资技术指标

【工作任务】

任务清单	内　容
任务情境	小王打开证券分析软件，看到很多不同种类的技术指标，对于这些指标如何应用产生了迷茫
任务目标	理解技术指标分析的本质和应用法则；掌握不同种类技术指标的识别和应用
典型任务	请你根据任务情境，通过相关及网络搜索，完成以下任务。 （1）技术指标的应用法则有哪些？ （2）在应用技术指标分析时，需要注意哪些问题？
任务总结	通过完成上述任务，你学到了哪些知识或技能？
实施人员	
任务点评	

【相关知识】

一、技术指标的本质

技术指标是按一定的数学方法对行情数据进行处理，处理之后所得到的结果就是技术指标的数值。不同的数学处理方法会产生不同的技术指标。每个技术指标都是以一个特定的方式对市场进行观察，通过一定的数学公式产生技术指标数值。技术指标反映市场某一方面深层的内涵，而仅仅通过原始数据是很难看出这些内涵的。技术指标将一些对市场的定性认识进行定量分析，可以使得具体操作的精确度提高。

二、技术指标的应用法则

应用技术指标主要应从以下方面进行考虑：指标的背离；指标的交叉；指标的高低；指标的形态；指标的转折；指标的盲点。

指标的背离指的是指标的走向与价格走向不一致；指标的交叉指的是指标曲线图中的两条线发生了相交现象，金叉和死叉就属于这类情况（见图7-2）；指标的高低指的是指标的数值达到了一个极其少见的高值或低值；指标的形态指的是指标呈现某些反转形态；指标的转折指的是曲线发生了调头，这种调头有时是一个趋势的结束和另一个趋势的开始；指标的盲点指的是指标没有信号的时候。

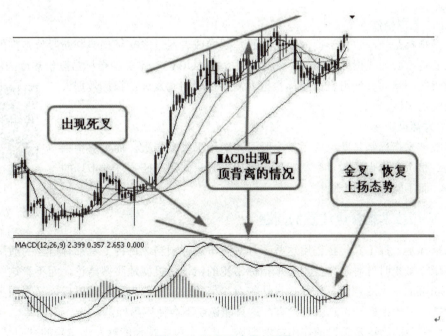

图7-2　MACD 金叉、死叉

三、技术指标的分类

技术分析的指标相当多，看盘交易软件中的系统指标就有近百种，即使是专业的分析师有时也容易混淆。为了解决这种困扰，根据指标的设计原理和应用法则，将常用的指标划分为"趋势型""超买超卖型""人气型""大势型"四大类型。用户只要知道指标属于哪一类的，就差不多知道该指标的应用法则。同样，用户只要明白自己的需求（如是判断趋势还是寻找超买超卖区域），就可以方便地在相应类别中找到合适的技术指标。

（一）趋势型指标

趋势型指标主要包括：移动平均线（MA）和指数平滑异同移动平均线（MACD）两种。移动平均线和指数平滑异同移动平均线有一个共同点，即都是对前期股价进行平滑之后的产物。正是由于两个指标的产生过程类似，反映的是股价同一方面的内容，因此，这两个指标在操作手法上有很多相通之处。本类型指标至少有两条线，指标以两条线交叉为信号。趋势类指标的信号发生，大致是以两条线的交叉为准，把握这个重点就可以运用自如。

（二）超买超卖型指标

超买超卖型指标包括相对强弱指标（RSI）、威廉指标（WMS）、随机指标（KDI）和乖离率指标（BIAS）。目前，在中国证券市场上常用的技术指标中大约有 1/3 的指标属于此类。完全精当地应用、解释，相当复杂，但只要掌握它的"天线"和"地线"特征，各种难题就可以迎刃而解了。

天线和地线都与中轴线平行，天线位于中轴线上方，地线位于中轴线下方，两者离中轴线有相同的距离。天线可视为指标压力或是常态行情中的上涨极限。地线可视为指标支撑或常态行情中的下跌极限。这里所说的常态行情是指涨跌互见、走势波动以波浪理论的模式进行，并且促使指标持续上下波动于固定的范围里面的情形，连续急涨急跌或瞬间的暴涨暴跌都不能算常态行情。

（三）人气型指标

人气型指标是一种致力于研究投资人心理趋向或者通过成交量趋势判断股价走向的技术指标，它主要包括心理线指标（PSY）和能量潮指标（OBY）。本类型指标是股价热度的温度计，专门测量股民情绪高亢或沮丧。指标数据太高，代表高亢发烧；指标数据太低，代表沮丧发冷。

（四）大势型指标

大多数技术指标都是既可应用于个股又可应用于大盘指数。而大势型指标主要是对整个证券市场的多空状况进行描述，它只能用于研判证券市场的整体形势，而不能应用于个股。

技术指标的
分类

四、应用技术指标应注意的问题

技术指标是一批工具，我们用这些工具对股市进行预测。每种工具都有自己的适用范围和适用的环境，效果时好时差。使用技术指标常犯的错误是机械地照搬结论，而不管这些结论成立的条件和可能发生的意外。先是盲目地绝对相信技术指标，出了错误以后，又走向另一个极端，认为技术分析指标一点儿用也没有，这只能说明不会使用指标。

另一个常犯的错误是频繁地使用技术指标。其实，技术指标能够发出信号的时间是极少的。在一年内，一个技术指标能够发出信号的次数大约只有 5 次，每种指标都有失效的时候。了解每一种技术指标是很有必要的。但是，众多技术指标我们不可能都考虑到，而且每个指标在预测行情方面的能力大小和准确程度也会有所区别。通常应该同时以 4～5 个技术指标为主，这些指标的选择也因人而异。

任务二 趋势型指标的识别与应用

【工作任务】

任务清单	内 容
任务情境	小王听说有的技术指标是反映证券价格趋势的,但对具体有哪些指标、如何应用却并不明白,希望能够弄清楚这些指标
任务目标	理解葛兰维尔八大法则及均线的组合应用;掌握 MACD 的应用法则
典型任务	请你根据任务情境,通过相关知识及网络搜索,完成以下任务。 (1)葛兰维尔八大法则是什么? (2)找出有代表性的股票,通过股票价格走势的技术图形状况说明均线的组合应用方法。 (3)找出有代表性的股票,通过股票价格走势的技术图形状况说明 MACD 应用方法。
任务总结	通过完成上述任务,你学到了哪些知识或技能?
实施人员	
任务点评	

【相关知识】

一、移动平均线指标（MA）

（一）均线概述

移动平均线（Move Average，MA），简称均线（见图7-3），是指用统计分析的方法，将一定时期内的证券价格（指数）加以平均，并把不同时间的平均值连接起来，形成连续的线，用以观察证券价格变动趋势的一种技术指标。它的计算方法是：

$$MA_n = \frac{C_1 + C_2 + C_3 + \cdots + C_n}{n}$$

式中　MA——移动平均值；

　　　n——计算周期；

　　　C_n——第 n 天的收盘价。

计算移动平均线所涉及的数据就一个，即证券的收盘价；参数只有一个，即天数。10日移动平均线就记作 MA（10），依次类推。

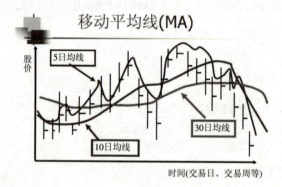

图 7-3　均线示意图

（二）均线的分类

根据计算期的长短，移动平均线可分为短期、中期和长期移动平均线。通常以 5、10、20日线观察证券市场的短期走势，称为短期移动平均线；以 30、60 日线观察中期走势，称为中期移动平均线；以 120 日、250 日线观察长期趋势，称为长期移动平均线。

120 日线实际是半年线，250 日线为年线。半年线在技术分析中很受重视，被视为牛熊分界线，也称为股市生命线。由于短期移动平均线较长期移动平均线更易于反映行情价格的涨跌，所以一般又把短期移动平均线称为快速 MA，长期移动平均线则被称为慢速 MA。

（三）均线的特点

移动平均线的核心思想是通过移动平均的方法来消除股价变动的偶然性因素，以发现股价变动的必然性因素。

1. 追踪趋势功能

平均的基本作用在于消除偶然性因素而留下必然性因素。从这个角度来讲，移动平均线的构造原理决定了它具有反映价格运动趋势的特性。均线的运动方向即为股价的运动趋势，它不受小的反向波动的影响，这是原始数据价格图表不可能具备的作用。

2. 滞后性

由于移动平均线的变动不是一天的变动，而是几天的变动，因此移动平均线相对价格的变化来说，是相对滞后的。当价格趋势已经发生变化的时候，移动平均线会按照惯性再继续维持原有的趋势方向运行一段时间，而不是立即改变运行方向。调头速度落后于大趋势，这是均线的一个极大弱点。

3. 支撑线和压力线功能

由于移动平均线本质上反映了投资者在一定时期内的持筹成本，所以均线在股价走势中起着支撑线和压力线的作用，当股价指数自上而下运动触及均线时，表明股价已降到最近几日以来大多数投资者的持仓成本区。

上述在无特殊利空的情况下，投资者不愿意赔钱出局，因而卖压减轻均线起到了支撑线的作用。反之当股价指数自下而上升到均线附近时，已到达大多数投资者的持仓成本区，在无特殊利多的情况下，空仓者或轻仓者也不愿意无偿帮助场内投资者解套获利，因而买力减少，均线起到了压力线的作用。在一定条件下移动平均线会被突破，这实际上可以看作是支撑线和压力线被突破，表明市场力量对比发生变化。

（四）均线的研判与应用：葛兰维尔八大法则

在均线理论的应用上最常见的是葛兰维尔的移动平均线八大买卖法则，它是以证券价格（或指数）与移动平均线之间的偏离关系作为研判的依据，八大法则中有四条是买进法则，有四条是卖出法则（见图7-4）。

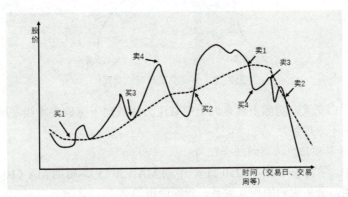

图7-4 葛兰维尔八大法则

1. 葛兰维尔的四个买入法则

移动平均线从下降逐渐走平且略向上方抬头，而股票价格从下向上突破平均线（买1点处），此为买进信号。

移动平均线仍为上升趋势，股票价格突然下跌，但在平均线附近（买2点处）又立刻回升到平均线上方，此为买进信号。

移动平均线仍为上升趋势，股票价格跌破平均线，随即反转上升（买3点处），此为买进信号。

股票价格突然暴跌，跌破且远离平均线（买4点处），而且移动平均线为下降趋势，则极有可能止跌反弹，此为买入信号。

2. 葛兰维尔的四个卖出法则

平均线从上升逐渐转为盘局或下跌，而股票价格下跌并跌破平均线（卖1点处），此为卖出信号。

股票价格虽然向上突破平均线，但又立刻回跌至平均线以下（卖2点处），此时平均线仍为下降走势，此为卖出信号。

股票价格趋势走在平均线之下，股票价格上升但并未突破平均线，而后又开始下跌（卖3点处），且移动平均线为下降走势，此为卖出信号。

股票价格突然暴涨，突破并远离平均线，且移动平均线为上升趋势（卖4点处），则股票价格极有可能回档调整，此为卖出时机。

（五）均线的组合运用

尽管均线通过平均计算可以消除股价变动的偶然性因素，但是为了保险起见，通常还将不同时期的均线结合起来组合使用，这样做的目的是降低均线分析出错的概率。

1. 黄金交叉与死亡交叉（见图7-5）

一般情况下，投资者可利用短期和长期两种移动平均线的交叉情况来决定买进和卖出的时机。

当现在的价格站稳在长期与短期MA之上，短期MA又向上突破长期MA时，为买进信号，此种交叉被称为"黄金交叉"；反之，若现在股价位于长期与短期MA之下，短期MA又向下突破长期MA时，则为卖出信号，此种交叉被称为"死亡交叉"。

黄金交叉　　　　　　　　　死亡交叉

图7-5　黄金交叉与死亡交叉

黄金交叉和死亡交叉，实际上就是向上突破压力线或向下突破支撑线，所以只要掌握了支撑和压力的思维就不难理解。

2. 长、中、短期移动平均线的组合使用

在实际应用中，常将长期MA（250日）、中期MA（50日）、短期MA（10日）结合起来使用，分析它们的相互关系，判断股市趋势。

移动平均线

均线系统作为一种非常有效和广泛使用的技术分析方法，也有其不足和缺陷。当股价进行横盘整理时，均线会和股价交织在一起，此时均线系统会经常发出买入和卖出信号，显然这时发出的买入和卖出信号是错误的，此时均线失效。

二、指数平滑异同移动平均线（MACD）

指数平滑异同移动平均线（Moving Average Convergence and Divergence，MACD）是利用快速移动平均线和慢速移动平均线，在一段上涨或下跌行情中两线之间的差距拉大，而在涨势或跌势趋缓时，两线又相互接近或交叉，通过双重平滑运算后研判买卖时机的方法。

（一）MACD的计算公式

MACD计算过程比较复杂，所需要的指标也较多，包括快慢速移动平均线（12日EMA、26日EMA）、快慢速移动平均线离差值（也称正负差，即DIF）、离差值的平均值（DEA），其中DIF是核心，DEA是辅助。

1. DIF 的计算

DIF 是快速平滑移动平均线与慢速平滑移动平均线的差。快速和慢速的区别是进行指数平滑时采用的参数大小不同，快速是短期的，慢速是长期的。下面以常用的参数 12 日和 26 日为例，对 DIF 的计算过程进行介绍。

快速平滑移动平均线是 12 日的，计算公式为：

$$今日EMA（12）= \frac{2}{12+1}×今日收盘价 + \frac{11}{12+1}×昨日EMA(12)$$

慢速平滑移动平均线是 26 日的，计算公式为：

$$今日EMA（26）= \frac{2}{26+1}×今日收盘价 + \frac{25}{26+1}×昨日EMA(26)$$

以上两个公式是指数平滑的公式，平滑因子分别为 2/13 和 2/27，如果选别的系数，同样可照此法处理。

$$DIF=EMA（12）-EMA（26）$$

2. DEA 的计算

DEA 即是 MACD 的移动平均值，这样，DEA 自己又有了参数，即是用作算术平均 DIF 的天数。对 DIF 做移动平均就像对收盘价做移动平均一样，其目标是为消除偶然因素的影响，使结论更可靠。

DEA 的参数一般选择 9 天：

$$今日DEA(MACD)= \frac{2}{9+1}×今日DIF + \frac{8}{9+1}$$

3. 计算 MACD

$$MACD=当日 DIF-当日 DEA（9）$$

此外，在分析软件上还有一个指标叫柱状线（BAR）。

$$BAR=2×（DIF-MACD）$$

从公式中可以看出，BAR 是 DIF 和 MACD 的差值，在分析软件中，将 BAR 只画成柱状线，分为绿色和红色两种。BAR 的大小反映了 DIF 与移动平均值 MACD 之间的差距。红线越长意味着多方优势越大，绿线越长则意味着空方优势越大。

（二）MACD 的应用法则（见图 7-6）

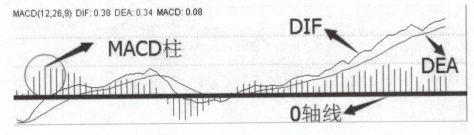

MACD(12,26,9) DIF: 0.38 DEA: 0.34 MACD: 0.08

图 7-6 MACD 与 DIF 及 DEA

以 DIF 和 DEA 的取值和这两者之间的相对取值对行情进行预测，其应用法则如下。

① 如果 DIF 和 DEA 均为正值，属多头市场。DIF 上穿 DEA 为买入信号，而 DIF 下穿 DEA 只能认为是短暂的回落，做获利了结，而不能确定趋势转折。这时是否卖出离场要结合其他指

标综合判断。

② 如果 DIF 和 DEA 均为负值，属空头市场。DIF 下穿 DEA 为卖出信号，而 DIF 上穿 DEA 只能认为是短暂的反弹，做暂时补空。

③ 当 DIF 向下跌破 0 轴线时，为卖出信号；当 DIF 向上突破 0 轴线时，为买入信号。

MACD 作为重要的市场趋势指标之一，对于市场主要趋势的预测相当准确，尤其是其与股价的背离走势更是原趋势发生逆转的主要信号。

MACD 指标与股价的背离走势有两种，即顶背离与底背离。顶背离是指股价一峰比一峰高，而 MACD 却一峰比一峰低，是股价由上升转为下降的信号；底背离是指股价一谷比一谷低，但 MACD 却一谷比一谷高，是股价由下降转为上升的预警信号。

MACD 的走势也同 K 线一样，会走出各种各样的形态，典型的如双头（底）和头肩顶（底）等，形态学的有关分析方法完全适合 MACD 曲线。

（三）MACD 指标简要评述

MACD 的优点是利用了两次移动平均来消除股价变动中的偶然因素，因此其对于股价运动趋势的把握是比较成功的。当然，MACD 也有不足，当市场没有明显趋势而进入盘整时，其经常会发出错误的信号。另外，对未来行情的上升和下降的深度也不能提出有帮助性的建议。

任务三　超买超卖型指标的识别与应用

【工作任务】

任务清单	内　　容
任务情境	有的同学和小王聊起了威廉指标的应用，这引起了小王的兴趣，当小王知道威廉指标属于超买超卖型指标时，小王想彻底学习一下超买超卖型指标的应用
任务目标	掌握主要超买超卖型指标的应用；了解主要超买超卖型指标的不足
典型任务	请你根据任务情境，通过相关及网络搜索，完成以下任务。 （1）找出有代表性的股票，通过股票价格走势的技术图形状况说明主要超买超卖指标的应用。 （2）找出不符合主要超买超卖指标应用的股票，并思考原因。 （3）怎样评价主要超买超卖型指标？
任务总结	通过完成上述任务，你学到了哪些知识或技能？
实施人员	
任务点评	

【相关知识】

一、威廉指标（WMS）

威廉指标（WMS）是由 Larry Williams 于 1973 年首创的，表示的是市场处于超买还是超卖状态。它从研究价位波幅开始，通过分析一段时间内高、低价位与当日收盘价之间的关系，来判断股市的超买和超卖状态，以此作为短期投资信号的一种技术指标。目前，它已经成为中国股市中被广泛采用的指标之一。

（一）WMS（威廉指标）的计算公式

$$WMS = \frac{H_n - C_t}{H_n - L_n} \times 100$$

式中　C_t——当天的收盘价；

　　　H_n，L_n——最近 n 日内（包括当天）出现的最高价和最低价；

　　　n——选定的时间参数，一般为 14 日或 20 日。

（二）买卖信号（见图 7-7）

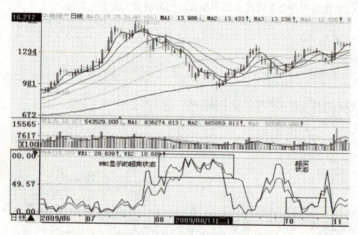

图 7-7　WMS 买卖信号点

WMS 的取值范围为 0～100。由上面的公式可知，当目前收市价接近 n 日内最高价时，WMS 变小，要小心证券价格回落；当目前收市价接近 n 日内最低价时，WMS 变大，需要注意证券价格反弹。

一般的判断规则如下。

1. 根据 WMS 的取值研判行情

如果 WMS＞50，就表示行情处于弱势；如果 WMS＜50，就表示行情处于强势；如果 WMS＞80，即处于超卖状态，行情即将见底，应当考虑买进；如果 WMS＜20，即处于超买状态，行情即将见顶，应当考虑卖出。

这里的 80 和 20 只是一个经验数字，并不是绝对的。

2. 根据指标的曲线形态研判行情

指标也可以进行形态分析，分析要领与 K 线形态分析要领相同。连续几次撞顶（底），局部形成双重或多重顶（底），则是卖出（买进）的信号。这里需要说明的是，WMS 的顶部数值为 0，底部数值为 100。

在进入低数值区位后（此时为超买），一般要回头。如果这时股价还继续上升，就会产生背离，是卖出的信号。在进入高数值区位后（此时为超卖），一般要反弹。如果这时股价还继续下降，就会产生背离，则是买进的信号。

（三）简要评述

WMS 指标的优点是在盘整过程中，预测的准确性较高。其不足是在上升或下降趋势中，不能只以 WMS 指标超买超卖信号作为判断行情的依据。

二、随机指标（KDJ）

随机指标（KDJ）是乔治·莱恩博士（George Lane）在 20 世纪 80 年代初发明的。与威廉指标一样，是期货市场和股票市场上最常用的技术分析工具之一。

（一）KDJ 的计算公式

首先计算出未成熟随机值 RSV

$$\text{RSV}(n) = \frac{C_t - L_n}{H_n - L_n} \times 100$$

式中，C_t，H_n，L_n 的意义同 WMS 计算公式，但要注意与 WMS 计算的不同之处。

其次，对进行 3 日指数平滑移动平均，得到 K 值：

$$今日 K 值 = 2/3 \times 昨日 K 值 + 1/3 \times 今日 \text{RSV}$$

对 K 值进行 3 日指数平滑移动平均，得到 D 值：

$$今日 D 值 = 2/3 \times 昨日 D 值 + 1/3 \times 今日 K 值$$

式中，1/3 是平滑因子，是可以自主选择的，不过目前已经约定俗成，固定为 1/3 了；初始的 K、D 值，可以用当日的 RSV（n）值或以 50 代替。

K、D 指标是在 WMS 的基础上发展起来的，所以 K、D 指标有 WMS（n）的一些特性。在反映股市价格变化时，WMS（n）最快，K 指标其次，D 指标最慢。K 指标反应敏捷，但容易出错；D 指标反应稍慢，但稳重可靠。

J 指标加上一个修正值，计算公式为：

$$J = 3D - 2K = D + 2(D - K)$$

（二）KDJ 的应用法则

KDJ 指标是三条曲线，在应用时主要从五个方面进行考虑：K、D 取值，K、D 曲线的形态，K、D 曲线的交叉，K、D 的背离和 J 的取值大小。

1. 从 K、D 取值的数字范围考虑

K、D 的取值范围为 0～100，将其划分为几个区域：80 以上为超买，是卖出的信号；20 以下为超卖区，是买入的信号；其余为徘徊区。

2. 从 K、D 曲线的形态方面考虑

当 K、D 在较高或较低位置形成了头肩形和多重顶（底）时，是采取行动的信号。注意，这些形态一定要在较高位置或较低位置出现，位置越高或越低，结论越可靠、越正确。操作时可按形态分析方面的原则进行。

3. 从 K、D 曲线的交叉方面考虑

一般来说，K 线上穿 D 线是金叉，为买入信号；K 线下穿 D 线是死叉，为卖出信号。但是 K、D 较为敏感，频繁地发出买入和卖出信号会使得投资者无所适从。因此，K、D 发出的买入或卖出信号是否可靠，还要看别的指标发出的信号。

下面以买入信号为例来说明。

第一个条件是金叉的位置应该比较低，最好处在超卖区的位置，越低越可靠。第二个条件是与 D 线相交的次数。有时在低位，K、D 线要来回交叉好几次。交叉的次数以两次为好，越多越可靠。第三个条件是交叉点相对于 K、D 线低点的位置，这就是常说的"右侧相交"原则。

K 线是在 D 线已经抬头向上时才同 D 线相交，比 D 线还在下降时与之相交要可靠得多。换句话说，右侧相交比左侧相交要好。满足了上述条件，买入就放心一些，少满足一条，买入的风险就多一些。但是，如果要求每个条件都满足，尽管比较安全，但也会错过很多机会。

4．从 K、D 的背离方面考虑

K、D 也会与股价出现背离的走势，当 K、D 处在高位，并形成两个依次向下的波峰，而此时股价还在一个劲地上涨，则称之为顶背离，是卖出的信号；与之相反，K、D 如处在低位，并形成一底比一底高，而股价还继续下跌，这就构成底背离，是买入信号。

5. 从 J 的取值大小方面考虑

J 值指标取值超过 100 和低于 0 时，都属于价格的非正常区域，大于 100 为超买，小于 0 为超卖。

（三）简要评述

K、D 作为最常用的短线指标之一，能敏锐地捕捉股价上升和下跌的信号，对于短线操作的指导意义很大，但是 K、D 也存在明显的不足，主要有以下几个方面：第一，K、D 发出的买入和卖出信号过于频繁，投资者需要结合其他分析方法来确认信号的有效性；第二，K、D 在顶部和底部会产生钝化现象，也就是说，当股价处于顶部或底部时，K、D 发出的信号可靠性较差；第三，当价格进入整理区域时，K、D 也会显得无所作为。

三、相对强弱指标（RSI）

相对强弱指标（Relative Strength Index，RSI）是美国人小韦尔斯·怀尔德（Welles wilder JR）提出的，是以一定时期内股价的变动情况推测价格未来的变动方向，并根据股价涨跌幅度显示市场强弱的指标。

（一）RSI 的计算公式（以 14 日为例）

RSI 的参数是天数，一般取 6 日、12 日、24 日等。这时的 6 日与 MA 中的 6 日线是截然不同的。下面以 14 日为例，具体介绍 RSI（14）的计算方法，其余参数的计算方法与此相同。

先找到包括当天在内的连续 15 天的收盘价，用每一天的收盘价减去前一天的收盘价，得到 1 个数字。这 14 个数字中有正（比前一天高），有负（比前一天低），有零（与前一天相等）。令 A=14 个数字中正数之和，B=14 个数字中负数之和×（−1）。此时，A 和 B 都是正数，由此得出 RSI（14）：

$$\text{RSI（14）} = \frac{A}{A+B} \times 100$$

式中　A——14 天中股价向上波动的大小；

　　　B——14 天中股价向下波动的大小；

　　　$A+B$——股价总的波动大小。

RSI 实际上是表示股价向上波动的幅度占总波动的比例，或者说表示股价向上的动能占总的动能的比例，如果占的比例大于 50 就是强势，否则就是弱势。

显然，RSI 的计算只涉及收盘价，并且可以选择不同的参数，RSI 的取值范围为 0～100。

（二）RSI 的应用法则（见图 7-8）

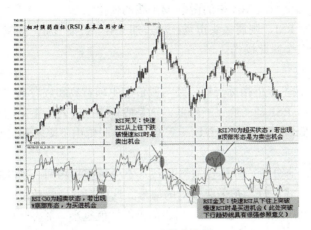

图 7-8　RSI 基本应用

1. 根据 RSI 取值的大小判断行情

将 100 分成四个区域，根据 RSI 的数值落入的区域进行操作。划分区域的方法如表 7-1 所示。"极强"与"强"的分界线和"极弱"与"弱"的分界线是不明确的。换言之，这两个区域之间不能画出一条截然分明的分界线，这条分界线实际上是一个区域。

表 7-1　RSI 数值与行情判断

RSI 值	市场特征	投资操作
80～100	极强	卖出
50～80	强	买入
20～50	弱	卖出
0～20	极弱	买入

有的技术分析书中采用 30、70 或者 15、85，这些数字实际上是对这条分界线的大致描述，应该说明的是，这条分界线位置的确定与下面三个因素有关。

（1）与 RSI 的参数有关

不同的参数，其区域的划分就不同。一般而言，参数越大，分界线离中心线 50 就越近，离 100 和 0 就越远。

（2）与选择的股票有关

不同的股票，由于其活跃程度不同，RSI 所能达到的高度也不同。一般而言，越活跃的股票，分界线离 50 就应该越远；越不活跃的股票，分界线离 50 就越近。

（3）与使用的时期有关

不同的时期，RSI 的波动有不同的表现，所选择的分界点也是有区别的。

随着 RSI 取值的从上到下，应该采取的行动是这样一个顺序：卖出—买入—卖出—买入。市场进入强势，可以考虑买入，但是强过头了就应该抛出。物极必反，量变引起质变是对这个问题很好的说明。

2. 不同参数的两条或多条 RSI 曲线的联合使用

同 MA 一样，天数越多的考虑的时间范围越大，结论越可靠，但速度也就越慢，这是无法避免的。参数小的 RSI 称为短期 RSI，参数大的称为长期 RSI。这样，两条不同参数的 RSI 曲线的联合使用法则可以完全照搬 MA 中的两条 MA 线的使用法则。

如短期 RSI＞长期 RSI，则属多头市场；如短期 RSI＜长期 RSI，则属空头市场。当然，这两条只是参考，不能完全照此操作。

3. 根据背离判断行情

RSI 与 MACD 等技术分析指标一样，会与股价产生顶背离和底背离的现象。顶背离是如果股价一峰比一峰高，而 RSI 却一峰比一峰低，这是股价由上升转为下降的预警信号；底背离是如果股价一谷比一谷低，而 RSI 却一谷比一谷高，这是股价由下降转为上升的预警信号。

4. 根据 RSI 的曲线形态研判行情

指标也可以进行形态分析，分析要领与 K 线形态分析要领相同。当 RSI 在较高或较低位置形成头肩形和多重顶（底）时，是采取行动的信号。这些形态一定要出现在较高位置和较低位置，离 50 越远越好，越远结论就越可信，出错的可能性就越小。形态分析中有关这类形状的操作原则，这里均可适用。

另外，也可以利用上升和下降的轨迹画趋势线。此时，起支撑线和压力线作用的切线理论同样适用。

（三）简要评述

RSI 指标通过计算一段时期内股价上升动能占总动能的比例来研判多空双方的力量对比，其分析思路明确、方法得当，因而也是最为常用的指标之一。当然，指标也存在着不足，投资者应该正确地认识并客观地对待。如 RSI 在第一次进入应该采取行动的区域而形成单峰或单谷的时候发出的信号不太可靠，需要结合其他技术分析方法加以确认。

相对强弱指标

四、乖离率指标（BIAS）

乖离率指标（BIAS）是通过计算股价与移动平均线之间出现的偏离程度，从而得出股价在震荡中因偏离移动平均线可能产生的回档与反弹。这个指标可以解释为什么股价远离均线时就会向均线靠拢，从而给投资者提供短线买卖的信号。该指标是移动平均线非常有益的补充。乖离率指标（BIAS 指标）的功能在于测算股价在变动过程中与移动平均线的偏离程度（见图 7–9）。

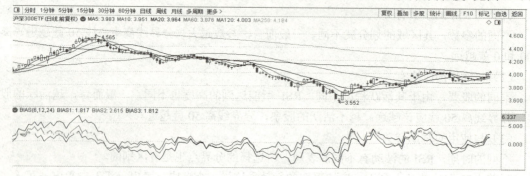

图 7–9　乖离率指标（BIAS）

（一）BIAS 的计算公式

$$BIAS = \frac{C_t - MA(n)}{MA(n)} \times 100$$

式中　　BIAS (n) ——n 日的乖离率；

　　　　C_t ——n 日中第 t 日的收盘价；

　　　　MA(n) ——n 日内移动平均值。

从公式中可以看出 BIAS 有正值，也有负值，正值意味着股价向上偏离均线，负值意味着股价向下偏离均线。

BIAS 的公式中含有参数的项只有一个，即 MA，因此 MA 的参数就是 BIAS 的参数，也就是天数 n。参数大小的选择首先影响 MA，其次影响 BIAS，不同的市场和不同投资者的选择是不同的。

（二）BIAS 的应用法则

不同市场和不同投资者对于参数 n 的选择是不同的，所以投资者应该根据自己的实际情况确定参数 n，以下仅供投资者参考。

第一，BIAS（5）＞3.5%、BIAS（10）＞5%、BIAS（20）＞8%以及 BIAS（60）＞10%，是卖出时机。

第二，BIAS（5）＜3，BIAS（10）＜4.5%、BIAS（20）＜7%以及 BIAS（60）＜10%，是买入时机。

第三，对于综合指数而言，BIAS（10）＞30%为抛出时机，BIAS（10）＜-10%为买入时机。

第四，对于个股而言，BIAS（10）＞35%为抛出时机，BIAS（10）＜15%为买入时机。

乖离率指标并不能反映趋势的运行方向，只是移动平均线指标的一个补充，为投资者在反弹行情展开之前买入股票和在回落行情展开之前卖出股票提供参考依据。

当短期乖离率在高位下穿长期乖离率，是卖出信号；当短期乖离率在低位上穿长期乖离率时，则是买入信号。

乖离率可以与股价曲线的背离现象结合起来进行判断。如果股价创新高而乖离率的高点却在下移，这是机构大户获利回吐，是卖出信号；如果股价没有创新高，而乖离率反而升高，也是一个卖出信号；如果股价连创新低，逐步下跌，而乖离率反而在底部抬高，或者出现股价没有继续下跌，乖离率出现新低的现象，这两种情况都是买入信号。

在上升趋势中遇到负乖离率，可以等待股价回跌再买进，此时进场的危险性小；在下降趋势中遇到正乖离率，可以等待股价回升再抛售。

BIAS 代表了一段时间内市场平均盈利（亏损）程度。在移动平均线理论中谈到过均线能代表市场的平均成本。再做一个假设，即假设投资者在一天内的买入和卖出价格的平均价是当天的收盘价，这样就可以将 BIAS 理解为一段时期内（n 日）的市场平均盈利程度和平均亏损程度。正值代表盈利，负值则代表亏损。

当 n 日内市场平均盈利程度高时，多数投资者会选择获利了结，从而使得股价向着均线回落；当 n 日内市场平均亏损程度高时，多数没有止损的投资者会选择补仓以降低其加权成本，另有部分投资者抢反弹，从而推动股价向着均线回升。

（三）简要评述

BIAS 的主要原理是测算股价偏离均线即市场平均成本的程度，从而计算出在一定时期内市场的平均盈利程度和平均亏损程度，以发现短期买入和卖出信号，其有效性不容置疑。但不同的市场和不同的投资者对于盈利的期望大小和亏损的承受能力是不同的，因而导致 BIAS 没有一个准确的判断标准，这就给投资者使用这个指标造成了一定的困难。

任务四　人气型指标的识别与应用

【工作任务】

任务清单	内　　容
任务情境	小王在看证券报道时，文章提到了人气型指标，但小王对这些指标如何应用产生了迷茫
任务目标	掌握心理线指标和能量潮指标的应用；了解心理线指标和能量潮指标的不足
典型任务	请你根据任务情境，通过相关网络搜索，完成以下任务。 （1）找出有代表性的股票，通过股票价格走势的技术图形状况说明心理线指标和能量潮指标的应用。 （2）请正确评价心理线指标和能量潮指标。
任务总结	通过完成上述任务，你学到了哪些知识或技能？
实施人员	
任务点评	

【相关知识】

一、心理线指标（PSY）

心理线指标（Psychological Line，PSY）主要是从股票投资者买卖趋向的心理层面考量，将一定时期内投资者看多或看空的心理事实转化为数值，来研判股价未来走势的技术指标。

（一）PSY 的计算公式

$$PSY(N) = \frac{A}{N} \times 100$$

式中　N——天数，是 PSY 的参数；

A——是在这 N 天之中股价上涨的天数。

例如，$N=10$，10 天之中有 3 天上涨、7 天下跌，则 $A=3$，PSY（10）=30。上涨和下跌以收盘价为准，当天收盘价高于前一天收盘价为上涨，当天收盘价低于前一天收盘价为下跌。

从 PSY 的公式来看，PSY 是指 N 天内，上涨天数在 N 天内占的比例。该指标以上涨代表多方力量，下跌代表空方力量。PSY 数值在 50 以上是多方市场，50 以下是空方市场。PSY 参数的选择是人为的，参数选得越大，PSY 的取值范围越集中、越平稳。

（二）PSY 的应用法则

1. 盘整区域判断

PSY 的取值在 50 附近为盘整区域，上下限一般定为 25 和 75。PSY 在 25～75，说明多空双方基本处于平衡状况。如果 PSY 取值超出了这个平衡状况，就是超卖或超买。

2. 买卖信号

PSY 的取值极低或极高时即为买入和卖出信号，一般 PSY＜10 时为买入信号，PSY＞90 时为卖出信号。

3. PSY 形态分析

PSY 的曲线如果在低位或高位出现大的 W 底或 M 顶，也是买入或卖出的行动信号。

此外，PSY 线一般最好同股价曲线配合使用，这样更能从股价的变动中了解超买或超卖的情形，其常碰到的背离现象在 PSY 中也是适用的。

二、能量潮指标（OBV）

能量潮指标（on Balance Volume，OBV）是葛兰维尔在 20 世纪 60 年代提出来的。该指标的理论基础是市场价格的有效变动必须有成交量配合，量是价的先行指标。利用 OBV 验证当前股价走势的可靠性，可以得到趋势可能反转的信号。与单独使用成交量比起来，OBV 要看得更清楚一点。

（一）OBV 的计算公式

假设已知上个交易日的 OBV，则

今日的 OBV＝昨日 OBV＋sgn×今日的成交量

式中，sgn 是符号函数，其数值由以下情况决定：

sgn＝+1，今日收盘价＞昨日收盘价。

sgn＝1，今日收盘价＜昨日收盘价。

这里的成交量指的是成交股票的手数，不是成交金额。sgn=+1 时，其成交量计入多方；sgn=−1 时，其成交量计入空方。

其构造的基本原理是根据潮涨潮落原理，可以把证券市场比喻成一个潮水的涨落过程，如果多方力量大，则向上的潮水就大，中途回落的潮水就小，衡量潮大小的标准是成交量。

（二）OBV 的应用法则和注意事项

OBV 不能单独使用，必须与股价曲线结合使用才能发挥作用。

OBV 曲线的上升和下降对进一步确认当前股价的趋势起着很重要的作用：股价上升（下降），而 OBV 也相应地上升（下降），则可以确认当前的上升（下降）趋势；股价上升（下降），但 OBV 并未相应地上升（下降），则投资者对目前的上升（下降）趋势的认定程度就要大打折扣，这就是背离现象，OBV 已经提前指出趋势的后劲不足，有反转的可能。

对别的技术指标适用的形态分析和趋势理论的内容也同样适用于 OBV 曲线，例如，W 底和 M 顶等著名的形态分析结果也适用于 OBV。

人气型指标

在股价进入盘整区后，OBV 曲线会率先显露出脱离盘整的信号，向上或向下突破，且成功率较大。

OBV 线是预测股市短期波动的重要判断指标，能帮助投资者确定股市突破盘局后的发展方向。

任务五　大势型指标的识别与应用

【工作任务】

任务清单	内　　容
任务情境	小王想找到相关的指标对大势进行分析，从而对大势的未来进行预测
任务目标	掌握主要大势型指标的应用，能够正确评价大势型指标
典型任务	请你根据任务情境，通过相关及网络搜索，完成以下任务。 （1）通过股票指数走势的技术图形状况说明大势型指标的应用。 （2）请正确评价大势型指标。
任务总结	通过完成上述任务，你学到了哪些知识或技能？
实施人员	
任务点评	

【相关知识】

一、腾落指数（ADL）

腾落指数（Advance Decline Line，ADL），是以股票每天上涨或下跌的家数作为观察的对象，通过简单的算术加减来比较每日上涨股票和下跌股票家数的累积情况，形成升跌曲线，并与综合指数相互对比，对大势的未来进行预测（见图7-10）。

图7-10　ADL 腾落指标

（一）ADL 的计算公式

假设已经知道了上一个交易日的 ADL 的取值，则今天的 ADL 值为：

$$今日\ ADL = 昨日\ ADL + N_A - N_D$$

式中　N_A——当天所有股票中上涨的家数；

N_D——当天所有股票中下跌的家数。

涨跌的判断标准是以今日收盘价与上一日收盘价相比较（无涨跌者不计）。ADL 的初始值可取为0。

（二）ADL 的应用法则和注意事项

ADL 的应用重在相对走势，并不看重取值的大小，这与 OBV 类似。

ADL 只适用于对大盘未来走势变动的参考，不能对选择个股提出有益帮助。

ADL 不能单独使用，总要同股指曲线联合使用才能显示出其作用，具体表现为以下几方面：ADL 与股指同步上升（下降），可以验证大势的上升（下降）趋势，短期内反转的可能性不大；ADL 连续上升（下降）了很长时间（一般是 3 天），而指数却向相反方向下降（上升）了很长时间，这是买进（卖出）信号，至少有反弹（回落）存在；在指数进入高位（位）时，ADL 并没有同步行动，而是开始走平或下降（上升），这是趋势进入尾声的信号；ADL 保持上升（下降）趋势，指数却在中途发生转折，但很快又恢复原有的趋势，并创新高（低），这是买进（卖出）信号，是后市多方（空方）力量强盛的标志。

形态分析和趋势理论的内容也可以用于 ADL 曲线。

经验证明，ADL 对多头市场的应用比对空头市场的应用效果好。这一点投资者在使用 ADL 时应当注意，并加以验证。

二、涨跌比指标（ADR）

涨跌比指标（Advance Decline Ratio，ADR）是指股票的上涨家数和下跌家数的比值，推断证券市场多空双方力量的对比，进而判断出证券市场的实际情况。由于与 ADL 指标有一定的联系，所以 ADR 又称为回归式腾落指数。

（一）ADR 的计算公式

$$\text{ADR}(N) = \frac{P_1}{P_2}$$

$P_1 = \sum N_A$ 为 N 日内股票上涨家数之和；

$P_2 = \sum N_D$ 为 N 日内股票下跌家数之和。

N 为选择的天数，是 ADR 的参数，常用的参数为 ADR 的图形是 10。

以 1 为中心来回波动的，波动幅度的大小以参数取值为准。参数选得越小，ADR 上下波动的空间就越大，曲线的起伏就越强烈；参数选得越大，ADR 上下波动的幅度就越小，曲线上下起伏就越稳定，这一点同大多数技术指标是一致的。

（二）ADR 的应用法则和注意事项

1. 从 ADR 的取值看大势

一般来说，ADR 的取值可以把大势分成几个区域。ADR 取值范围为 0.5～1.5，表明 ADR 处在常态的情况，多空双方谁也不占据大的优势。在极端特殊的情况下，主要是突发的利多利空消息引起证券市场暴涨暴跌的情况下，ADR 常态的上下限可以扩大一些，上限可以达 1.9，下限可以到 0.4。

超过了 ADR 常态状况的上下限，就是非常态的状况。ADR 进入非常态状况就是采取行动的信号，因为这表示上涨或下跌的势头过于强烈了，有些不合理，股指将有回头的可能。ADR 的常态状况说明多空双方对现状的认可，这时候买进或卖出股票都没有太大把握。

2. 从 ADR 与综合指数的配合使用方面观察

这种观察主要是从以下两方面进行的：第一，ADR 上升（下降）而综合指数同步上升（下降），则综合指数将继续上升（下降），短期反转的可能性不大；第二，ADR 上升（下降）而综合指数向反方向移动，则短期内会有反弹（回落），这是背离现象。

3. 从 ADR 曲线的形态上看大势

ADR 从低向高超过 0.5，并在 0.5 上下来回移动几次，就是空头进入末期的信号。ADR 从高向低下降到 0.75 之下，是短期反弹的信号。

在多头市场开始时，在上升的第一段和第二段，可能 ADR 的取值会极快地增加，应用时应注意常态的上下限调整。ADR 先下降到常态状况的下限，但不久就上升并接近常态状况的上限，则说明多头已具备足够的力量将综合指数拉上一个新台阶。

4. ADR 常态状况上下限取值变化

ADR 常态状况上下限的取值是可能变化的，与选择的参数有关，不同参数的上下限也不同。一般来说，参数越大，上下限离 1 越近；参数越小，上下限离 1 越远。ADR 是以 1 作为多空双方分界线的。

三、超买超卖指标（OBOS）

超买超卖指标（over Bought over Sold，OBOS）是用一段时间内上涨和下跌股票家数的差距来反映当前股市多空双方力量的对比和强弱（见图 7-11）。与 ADR 相比，其含义更直观，计算更为简便。ADR 选择的是两者相除，而 OBOS 选择的方法是两者相减。

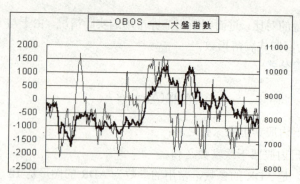

图 7-11　OBOS 买卖点

（一）OBOS 的计算公式和参数

$$OBOS(N) = \sum N_A - \sum N_D$$

式中　$\sum N_A$——N 日内每日上涨股票家数的总和；

$\sum N_D$——N 日内每日下跌股票家数的总和；

N——OBOS 的参数，一般选 $N=10$ 作为参数。

从直观上看，OBOS 的多空平衡位置应该是 0，也就是 $\sum N_A = \sum N_D$ 的时候。OBOS 大于 0，多方占优，当 OBOS 小于 0 时，空方占优。

（二）OBOS 的应用法则和注意事项

当市场处于盘整时期，OBOS 取值应该在 0 的上下来回摆动。当市场处在多头市场时，OBOS 应该是正数，并且距离 0 较远。同样，市场处在空头市场时，OBOS 应该是负数，并且距离 0 较远。一般而言，距离 0 越远，则力量越大，势头越强劲。

具体 OBOS 大于多少或小于多少就是多方或空方占绝对优势了，这个数值不好确定，所以这一点是 OBOS 不如 ADR 的地方。因为，上市股票总的家数、参数的选择，都直接影响对这个问题的回答。对于参数选择可以知道，参数选择越大，一般是 OBOS 越平稳。但是，上市股票的总家数则是一个谁也不能确定的因素。

同其他的指标一样，OBOS 过强或过弱就会走向反面。因此，这也是投资者采取行动的信号。具体的数字应该从实践中进行总结，而且应随时调整。

当 OBOS 的走势与股价指数背离时，也是采取行动的信号，这是背离的又一应用。

形态理论和趋势理论中的结论也可用于 OBOS 曲线。最为著名的就是，如果 OBOS 高位（低位）形成 M 顶（W 底）则就是卖出（买入）的信号，连接高点或低点的趋势可以帮助投资者看清 OBOS 趋势，并进一步验证是否与股价指数的走势发生背离。

当 OBOS 曲线第一次进入发出信号的区域时，应该特别注意是否出现错误。

OBOS 的计算比 ADR 简单，意义直观易懂，所以使用 OBOS 的情况较多。

大势型指标

【素养提升】

牛市来临之前的征兆有哪些？

任何一个股民最期待的事情就是牛市来临，可以说在牛市中闭着眼睛买股票都能赚钱，那么牛市来临之前的征兆有哪些？一起来看看吧。

一、出现三个底

熊市结束之后，市场会出现三个底部，分别是估值底、政策底和市场底。这三个底部都是靠大幅度的下跌给跌出来的，其中估值底是大盘跌到具备价值投资的程度，就可以认为到了估值底。而政策底则是股价经过大幅度下跌后，政策面出台一些利好来刺激股市，也就是常说的"救市"，那么当这些政策性利好出台的时候，也代表了政策底的出现。市场底则是最后一个出现的底部，当股价继续下跌跌破估值底、政策底之后，大盘开始出现放量大阳线，出现一系列翻转信号，则代表市场底也出现了。

二、市盈率创新低

当 A 股平均市盈率达到 10 倍到 13 倍范围以内的时候，代表着 A 股平均股价已经非常便宜了，一般市盈率达到这个范围，也就代表着牛市即将到来了。

三、市净率创新低

当 A 股市场的市净率达到 1.5 倍左右，也就代表着严重超跌，所以如果市净率低到这种程度，我们就可以考虑布局下一次的牛市了。

四、从板块上涨顺序看

牛市来临的时候，最先上涨的板块就是券商。当券商股止跌时，说明熊市将要结束了；当券商股开始上涨时，说明牛市就不远了。所以说，券商板块是股市的晴雨表，盯着它准没错。

（案例来源：南方财富网 https：//m.southmoney.com/zhishi/chaogurumen/5814702.htm）

【综合练习】

一、单选题

1. 以下属于趋势型指标的是（　　　）。

A. 移动平均线 MA
B. 相对强弱指标 RSI
C. 威廉指标 WMS
D. 随机指标 KDI

2. 以下说法错误的是（　　　）。

A. 由于移动平均线的变动不是一天的变动，而是几天的变动
B. 移动平均线相对于价格的变化来说是超前的
C. 当价格趋势已经发生变化的时候，移动平均线会按照惯性再继续维持原有的趋势方向运行一段时间
D. 调头速度落后于大趋势，这是均线的一个极大的弱点

3. 由于移动平均线本质上反映了投资者在一定时期内的持筹成本，所以均线在股价走势中起着（　　）和压力线的作用。

A. 趋势线　　　　　B. 均线　　　　　C. 支撑线　　　　　D. 压力线

4. 当现在的价格站稳在长期与短期 MA 之上，短期 MA 又向上突破长期 MA 时，为（　　　）信号，此种交叉称为"黄金交叉"。

A. 卖出　　　　　　　B. 买进　　　　　　　C. 持仓　　　　　　　D. 清仓

5. 以下关于 MACD 应用法则的说法正确的是（　　　）。

A. 如果 DIF 和 DEA 均为正值，属多头市场，则 DIF 上穿 DEA 为买入信号

B. DIF 下穿 DEA 只能认为是短暂的回落，做获利了结，而不能确定趋势转折

C. 如果 DIF 和 DEA 均为负值，属空头市场

D. 当 DIF 向下跌破 0 轴线时，为买入信号

二、多选题

1. 应用技术指标分析考虑的因素有（　　　）。

A. 指标的背离　　　　　　　　　　　B. 指标的交叉

C. 指标的高低　　　　　　　　　　　D. 指标的形态

2. 常用的技术分析指标有（　　　）。

A. 趋势型指标　　　　　　　　　　　B. 超买超卖型指标

C. 人气型指标　　　　　　　　　　　D. 大势型指标

3. 以下属于超买超卖型指标的是（　　　）。

A. 相对强弱指标 RSI　　　　　　　　B. 威廉指标 WMS

C. 随机指标 KDI　　　　　　　　　　D. 乖离率指标 BIAS

4. 以下属于葛兰维尔买入法则的是（　　　）。

A. 移动平均线从下降逐渐走平且略向上方抬头，而股票价格从下向上突破平均线（买 1 点处），此为买进信号

B. 移动平均线仍为上升趋势，股票价格突然下跌，但在平均线附近（买 2 点处）又立刻回升到平均线上方，此为买进信号

C. 平均线从上升逐渐转为盘局或下跌，而股票价格下跌并跌破平均线（卖 1 点处），此为卖出信号

D. 股票价格突然暴跌，跌破且远离平均线（买 4 点处），而且移动平均线为下降趋势，则极有可能止跌反弹，此为买入信号

5. 关于 MACD 指标的说法正确的是（　　　）。

A. MACD 指标与股价的背离走势有两种，即顶背离与底背离

B. MACD 的走势也同 K 线一样，会走出各种各样的形态

C. MACD 的优点是利用了两次移动平均来消除股价变动当中的偶然因素，因此其对于股价运动趋势的把握是比较成功的

D. 当市场没有明显趋势而进入盘整时，MACD 指标经常会发出错误的信号

三、简答题

1. KDJ 指标的应用法则有哪些？

2. 超买超卖指标（OBOS）的应用法则和注意事项有哪些？

【学习评价】

知识巩固与技能提高（40分）		得分：

计分标准：
得分＝3×单选题正确个数＋3×多选题正确个数＋5×简答题正确个数

学生自评（20分）		得分：

计分标准：初始分＝2×A的个数＋1×B的个数＋0×C的个数
　　　　　得分＝初始分÷30×20

专业能力	评价指标	自测结果	要求 （A掌握；B基本掌握；C未掌握）
认识证券投资技术指标	1. 技术指标的本质 2. 技术指标的应用法则 3. 应用技术指标注意的问题 4. 技术指标的分类	A □　B □　C □ A □　B □　C □ A □　B □　C □ A □　B □　C □	理解技术指标的本质和应用法则；掌握应用技术指标注意的问题；了解技术指标的分类
掌握趋势型指标	1. 移动平均线指标 2. 指数平滑异同移动平均线指标	A □　B □　C □ A □　B □　C □	掌握移动平均线、指数平滑异同移动平均线指标特点及其应用
熟悉超买超卖型指标	1. 威廉指标 2. 随机指标 3. 相对强弱指标 4. 乖离率指标	A □　B □　C □ A □　B □　C □ A □　B □　C □ A □　B □　C □	理解威廉指标、随机指标、相对强弱指标、乖离率指标的特点及其应用
熟悉人气型指标	1. 心理线指标 2. 能量潮指标	A □　B □　C □ A □　B □　C □	理解心理线指标、能量潮指标的特点以及应用
熟悉大势型指标	1. 腾落指数 2. 涨跌比指标 3. 超买超卖指标	A □　B □　C □ A □　B □　C □ A □　B □　C □	理解腾落指数、涨跌比指标、超买超卖指标的特点以及应用

小组评价（20分）		得分：

计分标准：得分＝10×A的个数＋5×B的个数＋3×C的个数

团队合作	A □　B □　C □	沟通能力	A □　B □　C □

教师评价（20分）		得分：

教师评语	
总成绩		教师签字	

项目八

证券投资行为分析

知识目标

- 熟悉证券投资者的分类及心理
- 掌握证券投资者的个体行为分析
- 掌握羊群效应心理与从众行为

技能目标

- 能够把握证券投资者的心理
- 能够对证券投资者的个体行为进行分析
- 能够将从众行为与羊群效应应用到证券投资分析中

素质目标

- 培养学生从行为分析的角度解读证券价格的素质
- 培养学生对个体行为分析具体应用的能力
- 培养学生对不同行为分析理论综合应用的能力

知识结构图

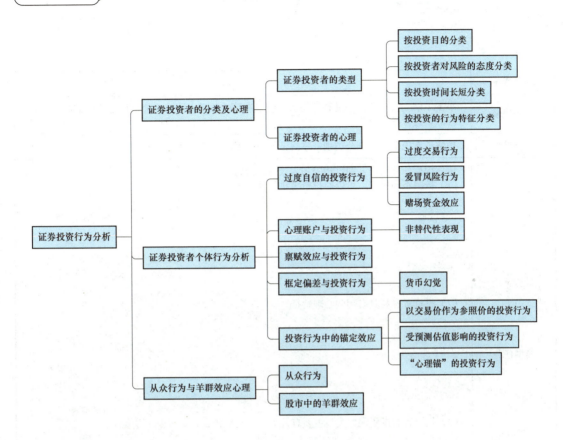

【学习情境】

在选美比赛中，你如果猜中了谁能够得冠军，就可以得到大奖。你应该怎么猜？

凯恩斯先生告诉我们，千万别猜你认为最漂亮的美女能够拿冠军，而应该猜大家会选哪个美女做冠军。即便那个女孩丑得像个大巫婆，只要大家都投她你就应该选她，而不能选那个长得像你梦中情人的美女。

在这种情形下，每名竞猜者都不选他自己认为最漂亮的人，而选其他人认为最美丽的人。每个竞猜者都持此想法，于是都不选他们本人认为最美丽者，亦不选一般人认为最美丽者，而是运用智力推测参与竞猜者认为的最漂亮者。这样的选美结果是，选出了"大众情人"，选出了大多数人都会喜欢的脸蛋。

购买股票也应如此！

随着经济的迅速发展，更多资本投入金融市场，有越来越多的投资者从事金融投资，其中证券投资是金融投资的重要组成部分，占有很大比例。在证券投资过程中，投资者往往会出现一些非理性投资的情况，这不仅不利于投资者的投资收益，增加了其投资风险，还不利于金融市场的平衡稳定，增加了不稳定性。为进一步对这些情况进行分析，就需要对证券投资行为进行分析，重点分析投资者的行为和心理，引导其有效规避风险，并研究科学的证券投资策略，全面推动金融市场稳定发展。

任务一　证券投资者的分类及心理

【工作任务】

任务清单	内　　容
任务情境	小王了解到投资者的心理特征将影响投资决策的效果，因此，他迫切地想对证券投资者的心理因素进行具体分析
任务目标	理解证券投资者的划分类别；掌握证券投资者的不同心理类型
典型任务	请你根据任务情境，通过相关知识及网络搜索，完成以下任务。 （1）按照不同标准，可以对投资者进行哪些分类？ （2）投资者容易具有哪些心理特征？ （3）投资者的投资偏好类型主要有几类，分别是什么？
任务总结	通过完成上述任务，你学到了哪些知识或技能？
实施人员	
任务点评	

【相关知识】

证券投资作为一种被社会大众广泛接受和参与的投资方式，在很大程度上促进了我国金融市场的发展。但较多类型的投资产品类型也增加了证券投资的风险性和复杂性。因此，在金融市场发展过程中，需要利用行为金融学的相关理论对证券投资市场及投资者的具体情况进行研究与分析，进而提高证券投资者行为的科学性，避免投资者认知与行为的偏差，从而优化证券市场投资环境。

一、证券投资者的类型

在实际的证券市场交易中，投资者出于自身投资偏好、投资目的等不同，所表现出的投资行为也是千差万别的。依据不同标准，进行以下分类。

（一）按投资目的分类

证券投资者按投资目的分类可分为套利型、参股型和经营型。

套利型是以套取差价利润为目的的证券投资者；参股型是以参与股息和红利分配为目的的投资者；经营型是以参与股份公司经营活动为目的的投资者。

（二）按投资者对风险的态度分类

证券投资者按对风险的态度可分为稳健型投资者、激进型投资者和温和型投资者。

稳健型投资者也称保守型投资者，这类投资者对风险采取回避态度，以安全作为首要考虑因素。因此，他们在投资选择上首先考虑国家债券、金融债券、公司债券、优先股等固定收益证券以及股息较优厚的普通股。

激进型投资者也称风险型投资者，这类投资者愿意承担较大的风险，以期获得较多的利益，其投资对象通常是市场价格波动较大的普通股以及具有成长性的股票，而对收益固定的证券如债券则缺乏兴趣。

温和型投资者也称中庸型投资者，这类投资者对风险采取较为适中的态度，介于稳健和激进之间，一方面希望能获得稳定而丰厚的投资收益，另一方面又不忽略证券市场价格的波动，在参与市场交易时，往往采取中间位切入的策略。因此，他们在投资对象的选择上通常是普通股与债券并重，兼顾投资和投机两方面的因素。

（三）按投资时间的长短分类

证券投资者按投资时间长短可分为长期投资者、中期投资者和短期投资者。

长期投资者主要是指公司董事及长期持股的大股东；中期投资者主要是指过户的投资者，参与投资的通常是中、大户；短期投资者则是指以赚取差价利润为目的的短线投资者。

证券投资的期限长短是相对而言的，也很难有一个绝对的标准。一般来说，几天或几个月为短期，一年以下者为中期，一年以上者为长期。

（四）按投资的行为特征分类

证券投资者按投资的行为可分为投资者、投机者和赌博者。

投资者是指购买证券后，准备在较长时间内持有，以获得投资增值及股利或利息收入，并具有参与投资对象经营的愿望。从事投资行为的投资者，由于其目的在于资本所得和稳定的投资收益，一般选择质量较高的证券进行投资。所谓质量较高的证券，是指那些经济实力雄厚、经营管理好的上市公司发行的股票（如股市中的"蓝筹股"）及收益丰厚的债券等。因此，投资者在进行投资行为之前，一般要在掌握较充分信息情报资料的基础上，对所要购买证券的各种风险和预期收益进行分析，绝不能依靠凭空臆测进行投资决策。

投机者是在证券市场上频繁地进行证券的买进和卖出，利用有利时机，从短期的证券价格中套取差价利润为目的的证券买卖者。投机者是证券交易市场上十分常见的，他与投资者不同，希望能在短期的证券价格变动中获得价格差额。因此，投机者在买卖证券时，通常不注重对上市公司的经济实力和经营者等方面的分析，不注重企业定期的稳定收入，而只关注证券价格的波动可能带来的利益。必须指出的是，投机并不同于欺诈。在证券交易中，欺诈通常被认为是非法的。

赌博者是以运气、机遇为基础，凭借侥幸心理来买卖证券。他们将证券买卖看成赌博的机会，往往在毫无信息资料分析的情况下，或者仅凭点滴的"内幕"消息便做出买卖的大胆决策，或者将所有资金孤注一掷，进行买空、卖空，试图从中渔利，或者利用手中的资金，哄抬价格，操纵市场，以期牟取暴利，或者大胆地进行证券投机，贪得无厌，期望一夜之间成为富翁。

但是以上三种类型有时也很难区分。因为投资者有时也有投机行为，在时机较准时，也会买卖证券以期获得差价收益；而投机者购买证券本身就是一种投资行为，只是他们为买而卖或为卖而买，是超出了正常情况的投资行为；赌博者的行为本身就是一种投机，只不过是超出了正常的投机范围。

二、证券投资者的心理

（一）贪婪

贪婪是人的天性，本无可厚非。人们投资，就是为了获取更多利润。投资者投资股票可以大大缩短积累财富的时间，这是投资的初衷。投资者在股市初尝甜头后，他的贪欲会更强烈。然而，证券投资仅靠贪婪维系是不能长久的。过分贪婪的心理，往往是导致亏损的根源。大量事实证明，要想在证券市场立足并不断成功，必须克服贪婪这一强大的拦路虎。这正应了股市的一句谚语：多头能赚，空头能赚，唯有贪心不能赚。

（二）恐惧

恐惧，就是害怕和畏惧，是人类对当前可能会危及自身安全的未来不确定事件表示担忧的一种心理体验。在股市中，有各种各样的担心、害怕、畏惧的情况，概括来看，就是害怕亏本和失掉赚钱的机会。股东的恐惧常常会妨碍投资者的判断和决定，在极度恐惧中，投资者坐立不安，但投资者越是紧张，就越难以专心分析和判断各种信息。当恐惧到达极点时，投资者不仅难以做出简单的决定，而且常常会做出错误的决定。

（三）焦躁

所谓焦躁就是着急和烦躁，不沉稳，总是急于求成，今天买了指望明天大涨，见不涨马上就换，所谓五马换六羊。之所以会出现这种现象，与急于致富的心情有很大关系。在现代社会，由于生活节奏加快，人们的生活压力加大，加上少数一夜暴富的人物的经典传奇故事被人们刻意渲染、夸大，很容易使人产生浮躁不安的心态。特别是在证券市场这个环境中，信息传播的速度极快，加上市场的气氛，常常会给人一种错觉，使很多人觉得必须立刻做出决定，以免错过眼前这个难得的机会，这样就会使得谨慎的、周密的计划被不耐烦和冲动所取代。

（四）慌乱

慌乱是与焦躁情绪相连的另一个心理表现。所谓慌乱，就是对自己的行为缺乏控制能力，慌张而忙乱。在证券市场中，出现这种情况的人，大多数是散户（小额投资者）。这些慌乱的散户往往在心理上是处于劣势的群体，他们要么是遇事缺乏主见、心理素质较差的人，要么是经济压力较大的人，要么是在投资中一再遭受挫折、让挫折改变了自我的人。证券市场中往往稍有风吹草动，这些人就会惊慌失措。见涨得稍微超出一点自己的预期，马上就抛，害怕到手的薄利再次化为乌有；在下跌的行情中，他们更是见跌就逃，唯恐重蹈覆辙，从来不认真考虑和评估自己行为的合理性。

（五）盲从

所谓盲从，是不问是非地附和别人。在证券市场中的表现就是别人怎么做自己就跟着，缺乏主见。这样做是很危险的，很容易使自己遭受损失。但很多人认识不到这一点赔了钱不是从自身找原因，而是埋怨某个股评家的误导。其实，投资者如果自己对所投资的股票了解不多，对宏观经济的走势把握不透，听一听专家们的建议是有好处的，对自己的投资是有帮助的。但是，专家的意见和建议只能作为参考，因为任何人都不可能以自己有限的经验涵盖瞬息万变的市场，证券市场里没有放之四海而皆准的真理。因此参考是可以的，千万不能依赖，更不能盲从。市场上的这种例子很多，投资者应当吸取教训。当今社会信息高度发达，影响证券价格的因素非常多，即便是一些经验丰富的专家、股评家也可能因为对某些因素把握不当、不及时，给出不合时宜的投资建议。

（六）犹豫

人在面对选择的时候，总是会前思后想，不断比较各种情况下的成本和收益，最终确定选择方案。一旦方案确定，执行起来就应果断、干脆。但在证券市场中，有更多中小投资者经过"认真思考"后决定买入股票时，则是"举棋不定""拖泥带水"。在市场的底部区域，股票的价格在多数中小投资者的犹豫不决中逐步攀升，最终使自己的持仓成本增加。在股市回落时，股票的价格在其犹豫中逐步跌落，致使账面利润不断缩水。

在证券投资市场中，投资者的心理会造成其投资行为的偏差，进而给证券市场带来较大风险。因此，在证券市场的未来发展阶段，需要对投资者行为进行具体研究与分析，充分利用行为分析弥补不足，帮助投资机构更加全面地了解投资者的心理特点，引导投资者进行正确的投资决策，不断提高自身的决策与投资能力，从而提高市场对风险的把控能力，保证证券市场运行的稳定性。

证券投资者的
分类及心理

任务二　证券投资者个体行为分析

【工作任务】

任务清单	内　　容
任务情境	小王在了解证券投资者的心理因素后，想对投资者的个体行为做进一步的具体分析
任务目标	掌握证券投资者过度自信、心理账户、禀赋效应、框定偏差、锚定效应等具体行为分析
典型任务	请你根据任务情境，通过相关知识及网络搜索，完成以下任务。 （1）过度自信的心理会导致投资者做出哪些错误交易决策？ （2）心理账户的应用规则有哪些？ （3）禀赋效应的投资行为具有哪些表现特征？ （4）货币幻觉是什么？ （5）请解释"心理锚"的投资行为。
任务总结	通过完成上述任务，你学到了哪些知识或技能？
实施人员	
任务点评	

【相关知识】

一、过度自信的投资行为

过度自信的人在做决策时，会过度估计那些突出而引人注意的信息，尤其会过度估计与其已经存在的信念一致的信息，并倾向于搜集那些支持其信念的信息，而忽略那些不支持其信念的信息。当某些观点得到充分的信息、重要的案例和明显的场景支持的时候，人们会更自信，并对这些信息反应过度。

过度自信的心理导致投资者做出包括过度交易、冒险交易在内的错误交易决策。过于自信的心理会增加投资者交易的数量，因为他们对自己的观点过于自信。投资者的观点一方面基于他们掌握信息的准确性，另一方面基于他们自己分析信息的能力。过于自信的投资者更相信自己对股票的评估面，较少考虑其他观点。

（一）过度交易行为

过度自信使得投资者对自身的判断能力确信无疑，过分相信自己能获得高于平均水平的投资回报率，从而倾向于过度交易。在投资过程中，适度的自信是有利的，但过度的自信是很危险的。过度自信的投资者在金融市场中会频繁交易，总体表现为年成交量放大，但是由于过度自信而频繁进行的交易可能为投资者带来较低的收益，这就是过度自信心理所导致的投资行为的表现，我们把这种投资行为称为过度交易行为。

（二）爱冒风险行为

过度自信还会影响投资者的冒险行为。理性的投资者会在收益与风险之间找到一个均衡的投资组合。然而，过度自信的投资者会错误地判断他们所承担的风险水平，导致所做的投资组合会有较高风险。过度自信的投资者倾向于买入高风险的股票，高风险的股票主要是那些小公司和新上市公司的股票；过度自信的投资者没有充分进行分散化的投资组合。认为自己能充分地收集、分析投资决策的信息，并能做出最有效的投资决策。过度自信的投资者往往认为他们的行为并不是很冒险，而事实上并非如此。过度自信的投资者总认为自己能够把握投资机会，所做的投资往往是高风险的投资行为。

（三）赌场资金效应

股票市场的繁荣往往导致更多过度自信，人们会认为自己是很精明的，投资获取的较高收益得益于自己的精明判断。"骄傲"的情绪会对个人的投资行为产生很大的影响，并在他取得更多成功后进一步强化其自信心。

事实上，人们在获得赢利之后也愿意冒更大的风险，这种感受被赌博者称为玩别人的钱。在赚了一大把钱之后，业余赌博者并不会认为新赚来的钱是自己的钱。你会更愿意用自己的钱冒风险还是对手的钱冒风险呢？因为赌博者并不会将赢利与自己的钱混为一谈，他们就好像用赌场的钱进行赌博。

这种赌场资金效应产生的原因可以这样理解：已经获得收益的投资者在未来的决策中过度自信；已经获得收益的投资者在损失时痛苦较小，因为赌本来自赌场，如果在接下来的赌博中输了，心里也会认为这些钱本来就不是自己的，感受的痛苦就比较小，而且痛苦容易被已获得收益所带来的愉悦所化解；投资者在实现收益后，有更多的资金用于投资，从而变得不再回避风险。

随着新媒体的不断发展，各种手机软件会给投资者推送各种金融证券信息，其中包括错误信息，投资者容易依据这些错误信息进行投资决策，不利于提高投资合理性。同时，投资者过度自信还可能影响投资效益的信息过滤，不愿意将手中亏损的股票卖出，不承认自己的投资决策失误，因此容易导致自身承担更大的经济损失。

二、心理账户与投资行为

心理账户是指除了钱包这种实际账户外，在投资者的头脑里还存在着另一种账户。人们会把在现实中客观等价的支出或收益在心理上划分到不同账户中。例如，人们会将工资划归到靠辛苦劳动日积月累下来的"勤劳致富"账户中，把年终奖视为一种额外的恩赐，放到"奖励"账户中，而把买彩票赢来的钱，放到"天上掉下的馅饼"账户中。对于"勤劳致富"账户里的钱，人们会精打细算，谨慎支出。而对"奖励"账户里的钱，人们就会抱着更轻松的态度去花费。

实际上，绝大多数的人都会受到心理账户的影响，因此总是以不同态度对待等值的钱财，并做出不同的决策行为。从经济学的角度来看，1 万元的工资、1 万元的年终奖和 1 万元的中奖彩票并没有区别，可是普通人对三者做出了不同的消费决策。所以，知晓心理账户的存在是精明理财的第一步，它会帮助人们理性地消费，精明的理财者会换一个角度来考虑自己的决策。

（一）心理账户的特征

心理账户与传统的会计账户不同，其本质特征是非替化性，也就是不同账户的金钱不能完全替代，这使人们产生"此钱非彼钱"的认知错觉，从而导致非理性的经济决策行为。

实验情境 A：你打算去剧院看一场演出，票价是 10 美元，在你到达剧院的时候，发现自己丢了一张 10 美元的钞票。你是否会买票看演出？实验结果显示：88%的调查对象选择会，12%的调查对象选择不会（调查对象为 183 人）。

实验情境 B：你打算去看一场演出而且花 10 美元买了张票。在你到达剧院的时候，发现门票丢了。如果你想看演出，必须再花 10 美元，你是否会买票？实验结果：46%的调查对象选择会，54%的调查对象不会（调查对象为 200 人）。

两种实验情境出现明显不同结果的原因在于，在考虑情境 A 的决策结果时，人们把丢失的 10 美元和买演出票的 10 美元分别考虑；而在情境 B，则把已经购买演出票的钱和后来买票的钱放在同一个账户估价，一部分人因觉得"太贵了"而改变自己的选择。

非替代性表现在以下几个方面。

1. 由不同来源的财富而设立的心理账户之间具有非替代性

例如，意外之财和辛苦得来的钱不具有替代性。一般来说，人们会把辛苦挣来的钱存起来不舍得花，而如果是一笔意外之财，可能很快就花掉。研究表明，不同来源的财富有不同的消费结构和资金支配方向。奖金收入最主要的支配方向排序为储蓄、人情花费、家庭建设与发展开支；彩票收入最主要的支配方向排序为人情花费、储蓄、享乐休闲开支；正常工资收入最主要的支配方向排序为日常必需开支、储蓄、家庭建设与发展开支。

2. 由不同消费项目而设立的心理账户之间具有非替代性

例如，王先生非常中意商场的一件羊毛衫，价格为 1 250 元，但他觉得贵而舍不得买。月底的时候他妻子买下羊毛衫作为生日礼物送给他，他非常开心。尽管王先生的钱和他的妻子的钱是同一家庭的钱，但为什么同样的钱以不同的理由开支，人们的心理会不同呢？研究表明，自己花费购买羊毛衫，属于生活必需开支，1 250 元太贵了；而作为生日礼物送给丈夫，属于情感开支。因此，人们欣然接受昂贵的礼品却未必自己去买昂贵的物品。由此可知，为不同的消费项目设立的心理账户之间具有非替代性。

3. 不同存储方式导致心理账户的非替代性

芝加哥大学著名的行为金融和行为经济学家萨勒教授举了一个实例：约翰先生一家存了15 000美元准备买一栋理想的别墅，他们计划在5年以后购买，这笔钱放在商业账户上的利率是10%；可最近他们刚贷款11 000美元买了一部新车，新车贷款3年的利率是15%，为什么他不用自己的15 000美元存款买新车呢？

通常，人们对已经有了预定开支项目的金钱，不愿意由于临时开支挪用这笔钱，对这个家庭来说，存起来买房的钱，已经放在了"购房"这一预定账户上，如果另一项开支（买车）挪用了这笔钱，这笔钱就不存在了。从理性上说，家庭的总财富不变，但因为财富改变了存放的位置，固定账户和临时账户具有非替代性，所以人们的心理就不一样。

（二）心理账户的应用规则

1. 规避损失

损失100元的痛苦比获得100元的快乐的心理感受要强烈得多。

2. 分开两笔盈利

分两次各获得100元比一次性获得200元感到更愉快。

3. 整合两笔损失

两次损失，每次损失100元的痛苦要大于一次性损失200元的痛苦。

4. 整合大得小失

将大额度的获得与小额度的损失放在一起可以冲淡损失带来的不快。

5. 具体分析小得大失

在小得大失悬殊时应分开，如将损失6 000元与获得40元分开，会使当事人有些许欣慰的感觉；在小得大失差距不大时应整合，如将100元的损失与40元的获得放在一起会使投资者感觉失去的额度可以接受。

三、禀赋效应与投资行为

（一）禀赋效应的投资行为表现特征

经典金融理论将投资者的决策行为视为"黑箱"，抽象为一个投资者追求预期效用最大化的过程，不会受主观心理及行为因素所左右。以期望理论为代表的行为金融理论放松经典金融理论中的假设，认为投资者并不具有完全理性，而只有有限理性，并对人们很多偏离理性的投资决策行为进行了更贴近实际的合理解释。避免后悔心理的认知误差经常会导致投资者非理性行为，为了避免因为采取不当行为而导致损失的后悔，禀赋效应导致在证券市场上的交易不足，最典型的投资行为表现为过早出售赢利的资产，而过长持有亏损的资产，这种现象也被称为"处置效应"。

处置效应是一种比较典型的投资者认识偏差，呈现投资者对投资赢利的"确定性心理"和对亏损的"损失厌恶心理"。当投资处于赢利状态时，投资者是风险回避者，愿意较早平仓锁定利润，在行为上表现为急于平掉敞口头寸；当投资者处于亏损状态时，投资者是风险偏好型的，愿意继续持有仓位，在行为上表现为不愿轻易平仓实现亏损。

假如投资者甲持有某只股票，买入价为每股10元，投资者乙持有同一只股票，买入价为每股20元。该股昨日收盘价为每股16元，今天跌到每股15元。请问：甲乙两位投资者，谁的感觉更差？

多数人会认为，乙比甲的感觉更差。这是因为，投资者甲可能会将股价下跌看作收益的减少，而投资者乙会将下跌看作亏损的扩大。由于价值函数曲线对于亏损比收益更为陡峭，因此，每股 1 元的差异，对乙比对甲更为重要。

再假如，有一位投资者，由于需要现金，他必须卖出所持有两种股票中的一种。其中，一只股票账面赢利，另一只股票账面亏损（赢利和亏损均相对买入价格而言），该投资者会卖出哪只股票？

投资者更可能卖出那只上涨的股票，当股票价格高于买入价（参考点）（主观上处于赢利）时，投资者是风险厌恶者，希望锁定收益；而当股票价格低于买入价（主观上处于亏损）时，投资者就会转变为风险喜好者，不愿意认识到自己的亏损，进而拒绝实现亏损。当投资者的投资组合中既有赢利股票又有亏损股票时，投资者倾向于较早卖出赢利股票，而将亏损股票保留在投资组合中，回避现实损失，这也是所谓的处置效应所导致的投资行为表现。

（二）处置效应中理性因素的分析

处置效应的基本结论是投资者更愿意卖出赢利股票和继续持有亏损股票。与此相关的两个推论如下所述。

① 卖出赢利股票的比率超过卖出亏损股票的比率。

② 持有亏损股票的时间长于持有赢利股票的时间。

处置效应还有一个不太适当的推论是，卖出赢利股票的数量超过卖出亏损股票的数量。这一推论不适当的原因是：当市场处于牛市时，投资者的投资组合中的大部分股票会处于盈利状态，盈利股票的数量远超过亏损股票，卖出更多的盈利股票是合理的；当市场处于熊市时，投资者的投资组合中的大部分股票会处于亏损状态，亏损股票的数量远超过盈利股票，卖出更多的亏损股票是合理的。

四、框定偏差与投资行为

当人们用特定的框定来看问题时，他们的判断与决策将在很大程度上取决于问题所表现出来的特殊的框定，即框定依赖。由框定依赖导致的认知与判断的偏差称为框定偏差。它是人们的判断与决策依赖于所面临的决策问题的形式，即尽管问题的本质相同但因形式不同也会导致人们做出不同的决策。

（一）风险容忍度

投资顾问为了确定客户的风险承受能力，很普遍的做法就是对他们进行风险容忍度测试。但投资者行为学强调，风险容忍度取决于几个因素，其中一个就是最近面对风险的经历，也就是说，风险容忍度并不是一维的。

（二）诱导效应

对选择的方式进行诱导能影响人们所作的选择，因为人们经常缺乏一个稳定的偏好顺序。

框定偏差影响人们对事件的认同度，并影响其决策。这种运用框定效应来诱导人们决策的现象被称为诱导效应。

框定偏差是普遍存在的，因而诱导效应也被广泛采用。投资中，许多股民都会因投资顾问的诱导而进行买卖股票，从而导致二级市场上的一些股票突然大幅上涨或大幅下跌。

（三）货币幻觉

货币幻觉是货币政策的通货膨胀效应，是人们只是对货币的名义价值做出反应，而忽视其实际购买力变化的一种心理错觉。"货币幻觉"一词是美国经济学家欧文·费雪于 1928 年提出来的。它告诉人们，理财的时候不应该只把眼睛盯在哪种商品价格降了或是升了，花的钱多了还是少了，而应把大脑用在研究"钱"的购买力、"钱"的潜在价值还有哪些等方面。只有这样，才能真正做到精打细算，花多少钱办多少事。否则，在货币幻觉的影响下，"如意算盘"打到最后，发现自己其实吃亏了。

在股市上也存在绝对价格货币幻觉。当一只股票或者投资品种绝对价格较低的时候，投资者总会认为其是便宜的。按照逻辑，既然便宜，那么这个"便宜货"就有了上涨的理论基础。既然便宜，绝对价格低的东西自然广受投资者欢迎，这种绝对价格货币幻觉可以为中国证券市场上的众多奇特的现象提供解释。

（四）现状偏见

与那些不属于现状的东西相比，人们更愿意给予自己认为属于现状的东西更高评价，这种选择上的差异被称作现状偏见。所谓"江山易改，本性难移"，人们宁愿安于现状而不愿意改变他们的现状，这也就是对现状的一种框定。

（五）熟识性偏见

人们对不同信息的关注程度并不相同。虽然人们每天都接触大量信息，但在一定时间内，人们往往只会关注到少数的信息，并依此进行决策。人们在决策过程中过于看重自己知道的或容易得到的信息，并把较高的概率赋予熟悉的事件，而忽视对其他信息的关注和深度发掘。

熟识性思维偏差使股民对他们熟悉的股票的风险的收益过于乐观，而对于他们不熟悉的股票则过于悲观。大多数员工喜欢投资本公司的股票，因为他们熟悉自己的公司，然而这是非常危险的。由于人们对熟悉的事物会有错误的感觉，因而将投资组合过度集中在一种股票上是非常危险的举动。

五、投资行为中的锚定效应

锚定效应的存在会使得投资者在预测某一交易对象的未来价值时，不可避免受到被投资者视为初始值的那个变量的影响。即使投资者自己意识到初始值的准确性并不是太高，即使投资者会不断地进行调整与改善，可是初始值往往在投资者的心理上形成一定的制约准绳，影响投资者的认识偏差，并导致投资者的投资行为不同程度地受到初始值的影响，产生一定的非理性投资行为。

（一）以交易价作为参照价的投资行为

一般投资人最经常"锚定"的就是某一只股票的买入、卖出的价格。例如，投资者是以10元/股的价格买入股票A的话，那么他会在12元的时候容易作出卖出的决定，而如果要股价在8元时抛售就会犹豫不决。

锚定效应会使投资者过于针对某一价格形成投资决策，而不是根据股票本身的价值作出买卖的决定。锚定效应造成的最常见后果如下所述。

① 如果是牛股，那么在抛售后，股票继续一路上涨，由于不愿意比自己卖出价高的价格再买回来，结果只赚到了牛股中非常小的一段收益。

② 如果是熊股，则由于股价不断下跌，他不愿意抛售股票，甚至通过加码买入来试图降低成本，因为他认为股价已经低了。但是这个"低"是相对买入的价格而言的，而不是就股票本身的价值而言的。所以，会出现有投资者手中的股票产生巨额亏损的现象。

因此，锚定效应造成了投资者不能以客观第三方的角度来分析股价，而愿意以自己买卖股票的价格来判断股价是高还是低。然而，股票价格真正的决定性因素还是内在的价值。投资应该以股票本身的价值对应目前的股价来判断是否值得持有或者抛售一只股票，而不应该以自己交易的价格作为判别标准去做出投资决定。

（二）受预测估值影响的投资行为

由于锚定效应的存在，经常会导致对公司股票的定价不合理。当由于某些不利情况（如原材料价格的上涨、竞争对手的施压等）使得公司效益突然出现较大下滑的时候，由于分析师们一般将注意力放在对其过去业绩水平的评估分析上，即用以分析评论的数据统计只可能来源于以往的统计报表，因此，研究结论往往会与实际的变化情况相脱离，修正降低预测的决策也会显得比较滞后，从而使得按照其预测估算值进行交易的投资者遭到一定的风险和损失。

（三）"心理锚"的投资行为

根据心理学研究发现，股票市场中占大部分比例的投资者倾向于过高估计所谓的"利好消息"可能出现的概率，这是一种普遍存在的"心理锚"。在存在普遍过高估计"利好消息"的"心理锚"的情况下，人们的收益定位普遍过高，尤其是那些在大牛市背景中介入且渴望尽快致富的年轻投资者们，投资知识的相对匮乏加上拥有过于乐观自信的心态，最终的结果往往使其遭受一定程度的亏损。而作为一个成熟的投资者，应该有意识地避免这种情况的发生，尽可能做到谋定而后动，时刻保持谨慎与客观的态度来对待自己的每个交易决策。

证券投资者个体
行为分析

任务三　从众行为与羊群效应心理

【工作任务】

任务清单	内　　　容
任务情境	在对投资者的心理因素及个体心理特征有了初步认识后，小王发现大部分投资者所做出的投资决策具有相似性
任务目标	理解从众行为与羊群效应心理
典型任务	请你根据任务情境，通过相关知识及网络搜索，完成以下任务。 （1）在证券市场中的从众行为有哪些表现？ （2）证券市场上的羊群效应是什么？
任务总结	通过完成上述任务，你学到了哪些知识或技能？
实施人员	
任务点评	

【相关知识】

一、从众行为的基本概念

从众行为是近年来经济学研究的一个热点。所谓从众行为，是指由于真实的或想象的群体压力而导致行为或态度的变化。它是个人在社会群体压力下，放弃自己的意见，转变原有的态度，采取与大多数人一致的行为，这种现象被称为从众现象或"羊群效应"。从众行为可以说是人类的本能，人们在不确定条件下决策时往往相信"真理掌握在多数人手里"。通常情况下，多数人的意见往往是对的，但缺乏分析，不做独立思考，不顾是非曲直地一概服从多数，则是消极的，是不可取的"盲目从众行为"。

从众行为从心理上可以分为两种不同的形式：一种为表面上顺从，另一种为内心真正的接受。前者虽然是因为受到群体的压力而表现出符合外界要求的行为，但内心仍然坚持自己的观点，保留自己的意见，仅仅是表面的顺从，因此是一种"伪从众"。后者是指在信念和行动上都完全接受，出于自愿接受了大多数人的主张，而完全放弃了自己原有的态度或行为方式，因此是一种真正的从众。两者的共同点都是迫于外界压力而产生的行为，两者的区别在于是否出自内心的愿望。

在证券市场中从众行为是普遍存在的，常常被称为"跟风行为"或直接译为"羊群行为"，它表现为投资者在观测到其他投资者的决策和行为之后改变原来的想法，追随那些被观察者的决策和行为。它强调的是个体决策受别人决策行动的影响，与人们的情绪、心理活动密切相关，而证券价格的易变性、价格泡沫、交易狂热、股市崩溃等都是与其相伴的常见现象。

二、股市中的羊群效应

（一）羊群效应的含义

经济学经常用"羊群效应"来描述经济个体的从众跟风心理。羊群是一种很散乱的组织，平时在一起也是盲目地左冲右撞，但一旦有一只头羊动起来，其他的羊也会不假思索地一哄而上，全然不顾前面可能有狼或者不远处有更好的草。因此，羊群效应就是比喻人都有一种从众心理，从众心理很容易导致盲从，而盲从往往会导致陷入骗局或遭遇失败。

在资本市场上，羊群效应是指在一个投资群体中，单个投资者总是根据其他同类投资者的行动而行动，在他人买入时买入，在他人卖出时卖出。在投资股票积极性提高的情况下，个人投资者能量迅速积聚，极易形成趋同性的羊群效应。追涨时，信心百倍蜂拥而来。大盘跳水时，恐慌心理也开始发生连锁反应，纷纷恐慌出逃，这样跳水时量能放大也属正常，只是在这时容易将股票杀在地板价上。这就是为什么牛市中慢涨快跌，而杀跌又往往一次到位的根本原因。但我们需牢记，一般情况下急速杀跌不是出局的时候。

（二）羊群效应的特征

1. 决策的相似性

市场参与者观察其他投资者的投资行为，从众心理使得他放弃自身的投资决策，而去模仿和跟随其他市场参与者，也就是说，投资者的决策是参考其他投资者的投资行为而制定的。从而市场中大多数的投资决策是一致的，这也是羊群效应最显著的特点。发生羊群效应时，证券市场上会较明显地表现出投资决策行为的相对集中。

2. 信息的针对性

信息不对称是证券市场发生羊群效应的另一个重要因素。在证券市场上，由于信息不对称，或者信息在传播过程中，信息质量和数量受损而减弱，这就会造成有一部分人相比其他投资者更具有较强的获取信息的优势，而信息劣势的投资者就会去追随信息优势者的决策行为，结果就会使得羊群效应在证券市场蔓延。

3. 信息的相关性

基金羊群效应的大小程度是跟信息在市场上的公开透明程度呈负相关的，它是随着信息透明度的提高而逐渐减少的。这是因为市场中的投资者可以更容易获得与投资决策相关的信息，利用这些信息可以考察和评测自身的投资行为是否可行。当信息透明度低时，羊群效应表现得则比较明显。信息量的减少，会使得投资者心理波动较大或者不自信，这时，投资者就会产生盲目的模仿和从众行为。

4. 行为的脆弱性

羊群效应是投资者摒弃自有信息而跟风大众信息的一种模仿。但是，由于这种信息的真伪性难以辨别，或者只有投资结果出来之后才能判别其有效性。再加上，投资者获取此信息的方式也只是观察或跟风，对该信息充满未知性。所以，这种基于跟风的羊群效应是极其不稳定的。当有新的信息充斥市场时，市场中的投资者就会转而追随这种新信息，面对此冲击，之前形成的羊群效应很容易被破解。

从众行为与羊群
效应心理

【素养提升】

坚持底线思维，防止发生赌徒谬误

党的二十大报告中指出："我们要善于通过历史看现实、透过现象看本质，把握好全局和局部、当前和长远、宏观和微观、主要矛盾和次要矛盾、特殊和一般的关系，不断提高战略思维、历史思维、辩证思维、系统思维、创新思维、法治思维、底线思维能力，为前瞻性思考、全局性谋划、整体性推进党和国家各项事业提供科学思想方法。"在证券投资分析中，我们一定要坚持系统观念、底线思维，防止发生赌徒谬误。

赌徒谬误（Gambler's Fallacy）亦称为蒙地卡罗谬误，是一种错误的信念，以为随机序列中一个事件发生的机会率与之前发生的事件有关，即其发生的机会率会随着之前没有发生该事件的次数而上升。如重复抛一个公平硬币，而连续多次抛出反面朝上，赌徒可能错误地认为，下一次抛出正面的机会会较大。

赌徒谬误的产生是因为人们错误地诠释了"大数法则"的平均律。投资者倾向于认为大数法则适用于大样本的同时，也适用于小样本。

赌徒谬误是生活中常见的一种不合逻辑的推理方式，认为一系列事件的结果都在某种程度上隐含了自相关的关系，赌徒会认为事件A的结果影响到了事件B。如果是在股票市场中，投资者就会在股价连续上涨或下跌一段时间后预期它会反转。这表明，当股价连续上涨或下跌的序列超过某一点时，投资者就会出现反转的预期。因而，投资者倾向于在股价连续上涨超过某一临界点时卖出。2000年前后网络股及科技股的剧烈涨跌就是这样一个例子。

这也警示着我们投资者：一是在资本市场上要坚持理性分析，客观对待，可以接受风险但不要盲目追求不稳定，因为风险的不可预测性导致其无论发生概率有多低，都会导致损失的发生。二是要学会居安思危，拥有底线思维。越是有风险意识的人，往往越容易成为自己人生的主宰。

【综合练习】

一、单选题

1.（   ）也称保守型投资者，这类投资者对风险采取回避的态度，以安全作为首要考虑因素。

A. 稳健型投资者　　B. 激进型投资者　　　C. 温和型投资者　　　D. 套利型投资者

2.（   ）也称风险型投资者，这类投资者愿意承担较大的风险，以期获得较多利益，其投资对象通常是市场价格波动较大的普通股以及具有成长性的股票，而对收益固定的证券如债券则缺乏兴趣。

A. 稳健型投资者　　B. 激进型投资者　　　C. 温和型投资者　　　D. 套利型投资者

3.（   ）在投资对象的选择上通常是普通股与债券并重，兼顾投资和投机两方面的因素。

A. 稳健型投资者　　B. 激进型投资者　　　C. 温和型投资者　　　D. 套利型投资者

4.（   ）是指除了钱包这种实际账户外，在投资者的头脑里还存在着另一种账户。人们会把在现实中客观等价的支出或收益在心理上划分到不同的账户中。

A. 过度自信　　　　B. 爱冒风险　　　　　C. 赌场资金效应　　　D. 心理账户

5.（   ）的存在会使得投资者在预测某一交易对象的未来价值时，不可避免会受到被投资者视为初始值的那个变量影响。

A. 心理账户　　　　B. 禀赋效应　　　　　C. 锚定效应　　　　　D. 货币幻觉

6.（   ）是指由于真实的或想象的群体压力而导致行为或态度的变化，它是个人在社会群体压力下，放弃自己的意见，转变原有的态度，采取与大多数人一致的行为。

A. 羊群效应　　　　B. 从众行为　　　　　C. 锚定效应　　　　　D. 禀赋效应

二、多选题

1. 按投资目的分类划分，证券投资者分为（   ）。

A. 套利型　　　　　B. 参股型　　　　　　C. 经营型　　　　　　D. 稳健型

2. 证券投资者按对风险的态度可分为（   ）。

A. 稳健型投资者　　B. 激进型投资者　　　C. 温和型投资者　　　D. 套利型投资者

3. 证券投资者按投资的行为可分为（   ）。

A. 投资者　　　　　B. 投机者　　　　　　C. 套利者　　　　　　D. 赌博者

4. 以下属于投资者心理的是（   ）。

A. 贪婪　　　　　　B. 恐惧　　　　　　　C. 焦躁　　　　　　　D. 慌乱

E. 盲从

5. 以下属于心理账户应用规则的是（   ）。

A. 规避损失　　　　B. 分开两笔盈利　　　C. 整合两笔损失　　　D. 整合大得小失

6. 羊群行为的特征主要有（   ）。

A. 决策的相似性　　B. 信息的针对性　　　C. 信息的相关性　　　D. 行为的脆弱性

三、简答题

1. 过度自信的投资行为都有哪些？

2. 心理账户的应用规则有哪些？

【学习评价】

知识巩固与技能提高（40 分）	得分：

计分标准：

得分＝2×单选题正确个数＋3×多选题正确个数＋5×简答题正确个数

学生自评（20 分）	得分：

计分标准：初始分＝2×A 的个数＋1×B 的个数＋0×C 的个数

得分＝初始分÷26×20

专业能力	评价指标	自测结果	要求 （A 掌握；B 基本掌握；C 未掌握）
熟悉证券投资者的分类及心理	1. 投资者的类型 2. 证券投资心理 3. 投资者的投资偏好类型	A □　B □　C □ A □　B □　C □ A □　B □　C □	了解证券投资者的类型；掌握证券投资者的心理，并学会积极引导
掌握证券投资者个体行为分析	1. 过度自信的投资行为 2. 心理账户的应用规则 3. 赌场资金效应 4. 禀赋效应与投资行为 5. 框定偏差的内涵 6. 货币幻觉的应用 7. 锚定效应的应用	A □　B □　C □ A □　B □　C □ A □　B □　C □ A □　B □　C □ A □　B □　C □ A □　B □　C □ A □　B □　C □	掌握证券投资者过度自信、心理账户、禀赋效应、框定偏差、锚定效应等具体行为分析
掌握从众行为与羊群效应心理	1. 从众行为 2. 羊群效应的含义 3. 赌徒谬误	A □　B □　C □ A □　B □　C □ A □　B □　C □	理解从众行为与羊群效应心理，引导投资者做出正确的投资判断

小组评价（20 分）	得分：

计分标准：得分＝10×A 的个数＋5×B 的个数＋3×C 的个数

团队合作	A □　B □　C □	沟通能力	A □　B □　C □

教师评价（20 分）	得分：

教师评语	
总成绩	教师签字

项目九

证 券 监 管

知识目标

- 熟悉证券监管的原则、意义、目标
- 掌握证券监管体制及监管对象
- 掌握证监会、证券交易所、证券业协会的主要职能

技能目标

- 能够熟知证券监管的目标和意义
- 能够运用证监会的职能查询相关监管材料
- 能够运用证券交易所、证券业协会的职能查询相关自律材料

素质目标

- 培养学生对证券监管必要性的认识能力
- 培养学生对证券监管的基本理论素养
- 培养学生遵纪守规、诚实守信、廉洁自律、爱岗敬业的专业素质

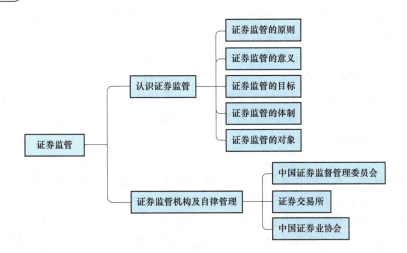

知识结构图

学习情境

中国证监会行政处罚决定书〔2022〕31号

当事人：唐某，男，1976年4月出生，住址：上海市浦东新区。

依据2005年修订、2014年修正的《中华人民共和国证券法》（以下简称2005年《证券法》）的有关规定，我会对唐某内幕交易行为进行了立案调查、审理，并依法向当事人告知了作出市场禁入的事实、理由、依据及当事人依法享有的权利，因以其他方式无法送达，根据法律规定，我会于2022年2月25日对当事人进行了公告送达，现公告期满视为送达。在公告期满后5天内，当事人未提出陈述、申辩意见，也未要求听证。本案现已调查、审理终结。

经查明，唐某存在以下违法事实。

一、内幕信息形成、发展过程

唐某实际控制微创（上海）网络技术有限公司（以下简称微创网络），知道徐某是上市公司天津鑫茂科技股份有限公司（以下简称鑫茂科技）的董事长、实际控制人，想和徐某谈收购事宜。徐某认为，微创网络是很好的收购标的，鑫茂科技和微创网络的重组可以助力上市公司的发展。2016年9月，徐某开始与唐某接触讨论鑫茂科技与微创网络重组。2016年9月6日，徐某、鑫茂科技时任监事会主席宋某、董事兼副总经理倪某强与唐某在微创网络办公地见面商谈。初步方案是唐某和徐某成立并购基金收购微创网络股权后，再装入鑫茂科技。

徐某联系时任广州证券员工唐某帮忙对接资金，唐某做了初步并购基金方案并安排下属程某寅联系优先级资金。唐某介绍徐某与浙银俊诚（杭州）资产管理有限公司（以下简称浙银俊诚）股东刘某军、总经理王某、副总经理袁某见面，由浙银俊诚提供并购方案，项目组成员包括袁某、章某海、陈某，唐某安排助理李某萱与陈某对接。2016年10月20日，陈某向王某、袁某邮箱发送邮件，内容包含鑫茂科技并购基金业务时间进度表和资料清单。

2016年10月25日至11月7日，曹某桢、倪某强、宋某、邢某梅、唐某、李某萱、陈某、王某、袁某等人之间邮件发送微创网络资料、企业征信报告及中征码信息等资料。

2016年11月25日，李某萱发送邮件抄送唐某，内容包含微创网络产业并购基金方案交易结构，交易结构中承担无限连带差额补足义务人为鑫茂科技实际控制人徐某。12月12日，王某向陈某邮箱发送评估报告。

2016年12月22日，徐某、倪某强、朱某涛带章某海、陈某、马某伟到微创网络尽职调查。

2017年2月6日，浙银俊诚尤某文给浙商银行总行黄某发名为"西藏金杖并购基金（微创网络）"的邮件，将方案正式上报总行。"西藏金杖并购基金1号"项目书中写明，差额补足义务人为徐某，项目总规模2亿元，收购微创网络40%的股权。退出方式包括：（1）上市公司收购退出，即鑫茂科技择机通过现金收购或者定向增发方式收购本基金投资的项目公司；（2）并购基金存续届满，若微创网络未上市成功或通过其他方式退出，由西藏金杖承诺购回股份；（3）鑫茂科技实际控制人徐某提供差额补足义务。

2017年2月20日，应徐某要求，唐某派微创网络总裁邢某新参加浙商银行总行面签，倪某强、朱某涛同去杭州，朱某涛告诉邢某新，徐某想成立并购基金收购微创网络，之后再装入鑫茂科技。3月7日左右，因徐某信用担保能力不足，微创网络并购基金项目被否。

浙银俊诚设立的微创网络并购基金被否后，徐某让唐某联系其他渠道继续推进成立并购基金，唐某联系了尤某峰，尤某峰介绍了资金中介董某颖。唐某让程某寅联系董某颖，继续推进鑫茂科技成立并购基金收购微创网络，2017年4月14日，程某寅给董某颖、李某萱、唐某邮箱发送邮件，董某颖未答复。

2017年5月17日，李某萱给唐某、程某寅、王某汉发送邮件，内容包含鑫茂科技产业并购基金合作协议、调整后的测算结构。5月19日，唐某与徐某见面讨论微创网络估值。

2017年5月24日，鑫茂科技停牌公告称"控股股东正在筹划与公司相关重大事项"。8月8日，鑫茂科技发布《召开股东大会审议继续停牌相关事项》公告，称重大资产重组标的为微创网络，公司以自有或自筹资金收购标的公司10%股权，同时通过发行股份收购标的公司90%股权，并募集配套资金。2017年11月24日，鑫茂科技公告复牌，以1000万元保证金收购微创网络10%的股权，并称将继续推进本次重大重组事项。

微创网络100%股权作价9.018亿元，占鑫茂科技最近一期经审计的净资产17.27亿元的52.22%。鑫茂科技收购微创网络股权事项，属于2005年《证券法》第六十七条第二款第二项列举的"公司的重大投资行为和重大的购置财产的决定"，在公开前属于2005年《证券法》第七十五条第二款第一项规定的内幕信息。该内幕信息形成时间不晚于2016年10月20日，公开时间为2017年8月8日，内幕信息知情人包括徐某、唐某等人。

二、唐某涉嫌内幕交易情况

（一）唐某控制使用"章某驰"等24个账户情况

唐某控制使用"章某驰"、"冯某"、"方某华"、"王某丽"、"何某娟"、"邓某"、"徐某1"（2个账户，分别开立于广州证券和第一创业证券）、"钱某娟"、"贾某娟"、"陈某"、"池某华"、"潘某平"、"叶某达"、"贾某平"、"金某"、"胡某芳"、"刘某"、"陈某琴"、"赵某强"、"范某"、"付某根"、"张某康"、"朱某刚"等24个账户（以下简称"唐某"账户组），"唐某"账户组保证金（或补仓款、利息等）来源于唐某方面。根据唐某的安排，蔡某丽使用高某（唐某之妹夫）中信银行账户向各配资账户名义人、资金中介人转入保证金、利息、补充保证金等，并详细记录中信银行账户收支明细表。该明细表显示，唐某于2016年11月至2017年5月间，向"唐某"账户组相关人转入资金。"唐某"账户组交易"鑫茂科技"股票的资金按1:3至1:5的比例配资。

"唐某"账户组的24个账户下单MAC地址或电脑硬盘序列号存在重合。唐某将账户组交予上海国郓股权投资管理有限公司（以下简称上海国郓）交易部操作，唐某将交易指令下达给赵某，赵某将交易指令转达给其他交易员，上海国郓交易部赵某、王某普、须某春、苏某等操作账户交易"鑫茂科技"。

此外，唐某承认使用"唐某"账户组中除"何某娟""贾某平""陈某琴"以外的21个账户交易"鑫茂科技"。蔡某丽、赵某、王某普、须某春、高某指认，唐某控制使用"陈某琴"等账户交易"鑫茂科技"。

（二）唐某交易情况

"唐某"账户组于2016年11月7日至2017年5月24日期间累计买入"鑫茂科技"12 521.25万股，买入金额约94 461.20万元，后于鑫茂科技股票复牌以后（2017年12月27日之前）全部卖出，卖出金额约89 209.72万元，无获利。

上述违法事实，有相关公告、往来邮件、通讯记录、借款协议、并购基金业务相关资料、证券账户资料、银行流水、相关人员询问笔录等证据证明，足以认定。

我会认为，唐某参与设立并购基金收购微创网络股权过程，系内幕信息知情人。唐某控制使用"唐某"账户组，在内幕信息公开前买入"鑫茂科技"的行为，违反了2005年《证券法》第七十三条、第七十六条第一款的规定，构成2005年《证券法》第二百零二条所述"证券交易内幕信息的知情人，……在涉及证券的发行、交易或者其他对证券的价格有重大影响的信息公开前，买卖该证券"的违法行为。

唐某时任广州证券上海分公司机构部总经理（2017年2月以前），系证券公司的从业人员，在本案中直接参与设立并购基金收购微创网络股权过程，知悉相关内幕信息。在此情况下，其配资使用"唐某"账户组在内幕信息公开前大量买入"鑫茂科技"，买入股数达12 521.25万股，买入金额达94 461.20万元，虽然最终交易亏损，但已严重扰乱证券市场秩序，违法情节严重，依据2005年《证券法》第二百三十三条和《证券市场禁入规定》（证监会令第115号）第三条第三项和第七项、第四条、第五条的规定，我会决定：对唐某采取10年证券市场禁入措施，在禁入期间内，除不得继续在原机构从事证券业务或者担任原上市公司、非上市公众公司董事、监事、高级管理人员职务外，也不得在其他任何机构中从事证券业务或者担任其他上市公司、非上市公众公司董事、监事、高级管理人员职务。

当事人如果对本市场禁入决定不服，可在收到本市场禁入决定书之日起60日内向中国证券监督管理委员会申请行政复议，也可在收到本市场禁入决定书之日起6个月内直接向有管辖权的人民法院提起行政诉讼。复议和诉讼期间，上述决定不停止执行。

（摘自中国证监会网站，2022年5月）

任务一 认识证券监管

【工作任务】

任务清单	内　　容
任务情境	小王看到国内外一些证券操纵的案件后，思考如何才能有效防止类似的事情发生
任务目标	理解证券市场监管原则、意义、目标；掌握证券监管体制及对象
典型任务	请你根据任务情境，通过相关知识或网络搜索，完成以下任务。 （1）各个国家为什么要加强证券监管？ （2）目前主要的证券监管体制有哪些？ （3）证券监管的对象有哪些？
任务总结	通过完成上述任务，你学到了哪些知识或技能？
实施人员	
任务点评	

【相关知识】

一、证券监管的原则

（一）依法管理原则

这一原则是指证券市场监管部门必须加强法制建设，明确划分有各方面的权利与义务，保护市场参与者的合法权益，即证券市场管理必须有充分的法律依据和法律保障。

（二）保护投资者利益原则

由于投资者是拿出自己的收入来购买证券，且大多数投资者缺乏证券投资的专业知识和技巧，只有在证券市场管理中采取相应的措施，使投资者得到公平的对待，维护其合法权益，才能更有力地促使人们增加投资。

（三）"三公"原则

保护投资者的利益，关键是要建立公平合理的市场环境，为投资者提供平等的交易机会和获取信息的机会，使投资者能够在理性的基础上，自主地决定其交易行为。因此，建立和维护证券市场的公开、公平、公正的"三公"原则，是保护投资者合法利益不受侵犯的基本原则，也是保护投资者利益的基础。"三公"原则的具体内容包括如下。

1. 公开原则

公开原则又称信息公开原则。公开原则的核心要求是实现市场信息的公开化，即要求市场具有充分的透明度。公开原则通常包括两个方面，即证券信息的初期披露和持续披露。信息的初期披露，是指证券发行人在首次公开发行证券时，应完全披露有可能影响投资者做出是否购买证券决策的所有信息；信息的持续披露，是指在证券发行后，发行人应定期向社会公众提供财务及经营状况的报告，以及不定期公告影响公司经营活动的重大事项等。信息公开原则要求信息披露应及时、完整、真实、准确。

信息公开原则是公平、公正原则的前提。证券市场中的投资活动是一连串信息分析的结果，只有市场信息能够公开发布和传播，投资者才能公平地做出自己的投资决策。也只有如此，才能防止出现各种证券欺诈和舞弊行为，保证市场公正。

2. 公平原则

证券市场的公平原则，要求证券发行、交易活动中的所有参与者都有平等的法律地位，各自的合法权益能够得到公平的保护。这里，公平是指机会均等，平等竞争，营造一个所有市场参与者进行公平竞争的环境。按照公平原则，发行人有公平的筹资机会，证券经营机构在证券市场有公平的权利和责任，投资者享有公平的交易机会。对证券市场的所有参与者而言，不能因为其在市场中的职能差异、身份不同、经济实力大小而受到不公平的待遇，而要按照公平统一的市场规则进行各种活动。

3. 公正原则

公正原则是针对证券监管机构的监管行为而言的，它要求证券监督管理部门在公开、公平原则基础上，对一切被监管对象给予公正待遇。公正原则是实现公开、公平原则的保障。根据公正原则，证券立法机构应当制定体现公平精神的法律、法规和政策，证券监管部门应当根据法律授予的权限公正履行监管职责。要在法律的基础上，对一切证券市场参与者给予公正的待遇。对证券违法行为的处罚，对证券纠纷事件和争议的处理，都应当公正进行。

（四）监督与自律相结合的原则

这一原则是指在加强政府、证券主管机构对证券市场监管的同时，也要加强从业者的自我约束、自我教育和自我管理。国家对证券市场的监管是管好证券市场的保证，而证券从业者的自我管理是管好证券市场的基础。国家监督与自我管理相结合的原则是世界各国共同奉行的原则。

二、证券监管的意义

（一）加强证券市场监管是保障广大投资者权益的需要

投资者是证券市场的重要参与者，他们参与证券交易、承担投资风险是以获取收益为前提的。为保护投资者的合法权益，必须坚持"公开、公平、公正"的原则，加强对证券市场的监管。只有这样，才便于投资者充分了解证券发行人的资信、证券的价值和风险状况，从而使投资者能够比较正确地选择投资对象。

（二）加强证券市场监管是发展和完善证券市场体系的需要

完善的市场体系能促进证券市场筹资和融资功能的发挥，有利于稳定证券行市，增强社会投资信心，促进资本合理流动，从而推动金融业、商业和其他行业以及社会福利事业的顺利发展。

（三）加强证券市场监管是维护市场良好秩序的需要

为保证证券发行和交易的顺利进行，一方面国家要通过立法手段，允许一些金融机构、中介机构和个人在国家政策法令许可的范围内买卖证券并取得合法收益，另一方面，在现有经济基础和条件下，市场也存在着蓄意欺诈、垄断行市、操纵交易和哄抬股价等多种弊端。为此，必须对证券市场活动进行监督检查，对非法证券交易活动进行严厉查处，以保护正当交易，维护证券市场的正常秩序。

（四）准确和全面的信息是证券市场参与者进行发行和交易决策的重要依据

一个发达、高效的证券市场也必定是一个信息灵敏的市场。它既要有现代化的通信设备系统，又必须有组织严密的科学的信息网络机构：既要有收集、分析、预测和交换信息的制度与技术，又要有与之相适应的、高质量的信息管理人才。这些都只有通过相关统一组织管理才能实现。

三、证券监管的目标

证券监管的目标在于：运用和发挥证券市场机制的积极作用，限制其消极作用；保护投资者合法权益，保障合法的证券交易活动，监督证券中介机构依法经营；防止人为操纵、欺诈等不法行为，维持证券市场的正常秩序；根据国家宏观经济管理的需要，运用灵活多样的方式，调控证券发行与证券交易规模，引导投资方向，使之与经济发展相适应。国际证监会公布了证券监管的三个目标：一是保护投资者；二是保证证券市场的公平、效率和透明；三是降低系统性风险。

四、证券监管的体制

按照监管主体分类，传统的证券法研究习惯把各国证券监管体制模式分为集中型监管、自律型监管、中间型监管三类。

（一）集中型监管模式

在这种模式下，由政府下属的部门，或由直接隶属于立法机关的国家证券监管机构对证券市场进行集中统一监管，而各种自律性组织，如证券交易所、行业协会等只起协助作用。集中统一监管模式，以美国、日本、韩国、新加坡等国为代表。

（二）自律型监管模式

自律型监管模式有两个特点：通常没有制定直接的证券市场管理法规，而是通过一些间接的法规来制约证券市场的活动；没有设立全国性的证券管理机构，而是靠证券市场的参与者，如证券交易所、证券商协会等进行自我监管。英国是自律型监管模式的典型代表。

（三）中间型监管模式

中间型是介于集中型和自律型之间的一种模式，它既强调集中统一的立法监管，又强调自律管理，可以说是集中型和自律型两种模式相互协调、渗透的产物。中间型监管模式有时也被称为分级监管体制，包括二级监管和三级监管两种类型。二级监管是指中央政府和自律机构相结合的监管；三级监管是指中央、地方两级政府和自律机构相结合的监管。德国是中间型监管模式的典型代表，此外，意大利、泰国、约旦等国也采取这种监管模式。

随着金融全球化、交易电子化、资本跨国界自由流动的发展，证券交易也日益突破国界和时区的限制，向全球网络交易发展。随之而来的则是证券市场合纵连横、金融创新层出不穷，以及金融混业经营，这种新的发展趋势使证券市场的风险加大。因此，各国在不断开放国内市场、放宽市场准入条件的同时，也逐步加强对本国证券市场的监管，尤其是加强了政府对市场的控制，自律监管有逐渐弱化的趋势。如一向以自律监管为主的英国，为更好地控制市场风险，也在1997年设立了金融服务管理局，实行综合性监管，并重新修订法律，制定了《2000年金融服务及金融市场法》，规定了金融服务管理局的监管目标。

证券监管体制

五、证券监管的对象

证券市场监督对象，是指参与证券市场活动的各种法人和自然人，主要包括筹资者、投资者、证券商、银行及其他金融机构等。

（一）筹资者

在证券市场上，具有资本需求、进行筹资活动的主体——各类工商企业，构成了证券交易的一方，因而要受到证券市场监管主体的监管。我国对发行公司的监管是通过审核制进行的，主要集中在上市公司的质量检查上；对上市公司的监管主要集中在信息的发布上。

（二）投资者

证券市场的投资者是指购买上市公司股票的自然人和法人。投资者构成了证券市场的基础。投资者的行动决定了证券市场的稳定与繁荣，对投资者进行监管是证券市场监管必不可少的内容，一方面要规范投资者的投资行为，另一方面要切实保护投资者的利益。

（三）证券商

证券商是指证券市场中专门从事证券的承销、自营买卖和代客户买卖的证券经营机构。它们的经营行为涉及筹资、投资双方的权益关系，如果证券商的行为不规范，会给投资者和筹资者带来损失。另外，证券商从自身利益出发会有一些违规投资行为，损害投资者利益，影响市场稳定，因而有必要对证券商进行监管。

（四）银行及其他金融机构

其他金融机构是指从事证券业务的投资银行、各种储蓄机构、保险公司、会计师事务所、资产评估机构、律师事务所等中介机构。它们和商业银行在一起，在证券市场上扮演着重要的中介角色，对于保护投资者利益起着重要作用，因而必须对商业银行等中介机构进行监管。

任务二　证券监管机构及自律管理

【工作任务】

任务清单	内　容
任务情境	小王在接触证券市场后发现，存在着证监会、证券交易所、证券业协会等组织，但是弄不清楚这些机构都有哪些职能
任务目标	掌握证监会、证券交易所、证券业协会的主要职能
典型任务	请你根据任务情境，通过相关知识或网络搜索，完成以下任务。 （1）证监会的主要职能是什么？ （2）证券交易所的主要职能是什么？ （3）证券业协会的主要职能是什么？
任务总结	通过完成上述任务，你学到了哪些知识或技能？
实施人员	
任务点评	

【相关知识】

一、中国证券监督管理委员会

中国证券监督管理委员会（简称中国证监会）为国务院直属正部级事业单位，依照法律、法规和国务院授权，统一监督管理全国证券期货市场，维护证券期货市场秩序，保障其合法运行。中国证监会设在北京，中国证监会在省、自治区、直辖市和计划单列市设立36个证券监管局以及上海、深圳证券监管专员办事处。

（一）中国证券监督管理委员会的职责

依据有关法律法规，中国证监会在对证券市场实施监督管理中履行下列职责。

① 研究和拟订证券期货市场的方针政策、发展规划；起草证券期货市场的有关法律、法规，提出制定和修改的建议；制定有关证券期货市场监管的规章、规则和办法。

② 垂直领导全国证券期货监管机构，对证券期货市场实行集中统一监管；管理有关证券公司的领导班子和领导成员。

③ 监管股票、可转换债券、证券公司债券和国务院确定由证监会负责的债券及其他证券的发行、上市、交易、托管和结算；监管证券投资基金活动；批准企业债券的上市；监管上市国债和企业债券的交易活动。

④ 监管上市公司及其按法律法规必须履行有关义务的股东的证券市场行为。

⑤ 监管境内期货合约的上市、交易和结算；按规定监管境内机构从事境外期货业务。

⑥ 管理证券期货交易所；按规定管理证券期货交易所的高级管理人员；归口管理证券业、期货业协会。

⑦ 监管证券期货经营机构、证券投资基金管理公司、证券登记结算公司、期货结算机构、证券期货投资咨询机构、证券资信评级机构；审批基金托管机构的资格并监管其基金托管业务；制定有关机构高级管理人员任职资格的管理办法并组织实施；指导中国证券业、期货业协会开展证券期货从业人员资格管理工作。

⑧ 监管境内企业直接或间接到境外发行股票、上市以及在境外上市的公司到境外发行可转换债券；监管境内证券、期货经营机构到境外设立证券、期货机构；监管境外机构到境内设立证券、期货机构、从事证券、期货业务。

⑨ 监管证券期货信息传播活动，负责证券期货市场的统计与信息资源管理。

⑩ 会同有关部门审批会计师事务所、资产评估机构及其成员从事证券期货中介业务的资格，并监管律师事务所、律师及有资格的会计师事务所、资产评估机构及其成员从事证券期货相关业务的活动。

⑪ 依法对证券期货违法违规行为进行调查、处罚。

⑫ 归口管理证券期货行业的对外交往和国际合作事务。

⑬ 承办国务院交办的其他事项。

（二）中国证券监督管理委员会有权采取的措施

① 对证券发行人、上市公司、证券公司、证券投资基金管理公司、证券服务机构、证券交易所、证券登记结算机构进行现场检查。

② 进入涉嫌违法行为发生场所调查取证。

③ 询问当事人和与被调查事件有关的单位和个人，要求其对与被调查事件有关的事项作出

说明。

④ 查阅、复制与被调查事件有关的财产权登记、通信记录等资料。

⑤ 查阅、复制当事人和与被调查事件有关的单位和个人的证券交易记录、登记过户记录、财务会计资料及其他相关文件和资料。对可能被转移、隐匿或者毁损的文件和资料，可以予以封存。

⑥ 查询当事人和与被调查事件有关的单位和个人的资金账户、证券账户和银行账户，对有证据证明已经或者可能转移或者隐匿违法资金、证券等涉案财产或者隐匿、伪造、毁损重要证据的，经国务院证券监督管理机构主要负责人批准，可以冻结或者查封。

⑦ 在调查操纵证券市场、内幕交易等重大证券违法行为时，经国务院证券监督管理机构主要负责人批准，可以限制被调查事件当事人的证券买卖，但限制的期限不得超过十五个交易日；案情复杂的，可以延长十五个交易日。

二、证券交易所

证券交易所是为证券集中交易提供场所和设施，组织和监督证券交易，实行自律管理的法人。从世界各国的情况来看，证券交易所有公司制的营利性法人和会员制的非营利性法人。目前，中国大陆有三家证券交易所，即 1990 年 11 月 26 日成立的上海证券交易所，1990 年 12 月 1 日成立的深圳证券交易所，2021 年 11 月 15 日成立的北京证券交易所。

（一）证券交易所的主要职能

① 为组织公平的集中交易提供保障。

② 提供场所和设施。

③ 公布证券交易即时行情，并按交易日制作证券市场行情表，予以公布。

④ 依照证券法律、行政法规制定上市规则、交易规则、会员管理规则和其他有关规则，并报国务院证券监督管理机构批准。

⑤ 对证券交易实行实时监控，并按照中国证监会的要求，对异常的交易情况提出报告。

⑥ 对上市公司及相关信息披露义务人披露信息进行监督，督促其依法及时、准确地披露信息。

⑦ 因突发事件而影响证券交易的正常进行时，证券交易所可以采取技术性停牌的措施；因不可抗力的突发性事件或者为维护证券交易的正常秩序，证券交易所可以决定临时停市等。

（二）证券交易所的监管职能

证券交易所还具有以下监管职能。

① 根据需要对出现重大异常交易情况的证券限制交易，并报国务院证券监督管理机构备案。

② 对证券的上市交易申请行使审核权。

③ 上市公司出现法定情形时，就暂定或终止其股票上市交易行使决定权。

④ 公司债券上市交易后，公司出现法定情形时，就暂定或终止其公司债券上市交易行使决定权。

（三）对证券交易活动的管理

根据《证券交易所管理办法》，证券交易所应当就交易证券的种类和期限，证券交易方式和操作程序，证券交易中的禁止行为，清算交割、交易纠纷的解决，上市证券的暂停、恢复与取消交易，开市、收市、休市及异常情况的处理，交易手续费及其他有关费用的收取方式和标准，对违反交易规则行为的处理规定，证券交易所证券信息的提供和管理，股价指数的编制方法和公布方式等制定具体的交易规则。

（四）对证券交易所会员的管理

证券交易所应当就取得会员资格的条件和程序席位管理办法，与证券交易和清算业务有关的会员内部监管、风险控制、电脑系统的标准及维护等方面要求，会员的业务报告制度，会员所派出市代表在交易场所内的行为规范，会员及其出市代表违法、违规行为的处罚等事项制定具体的会员管理规则。

（五）对证券交易所上市公司的管理

《证券交易所管理办法》规定，证券交易所应当根据有关法律、行政法规，就证券上市的条件、申请和批准程序以及上市协议的内容及格式，上市公告书的内容及格式，上市推荐人的资格、责任、义务，上市费用及其他有关费用的收取方式和标准，对违反上市规则行为的处理规定等事项，制定具体的上市规则。

三、中国证券业协会

中国证券业协会是依据《中华人民共和国证券法》和《社会团体登记管理条例》的有关规定设立的证券业自律性组织，属于非营利性社会团体法人，接受中国证监会和国家民政部的业务指导和监督管理。中国证券业协会成立于1991年8月28日，实行会长负责制。

（一）中国证券业协会的宗旨

协会的宗旨是：在国家对证券业实行集中统一监督管理的前提下，进行证券业自律管理；发挥政府与证券行业间的桥梁和纽带作用；为会员服务，维护会员的合法权益；维持证券业的正当竞争秩序，促进证券市场的公开、公平、公正，推动证券市场的健康稳定发展。

（二）中国证券业协会的主要职责

《中国证券业协会章程》明确了协会在以下三方面的主要职责。

① 依据《证券法》的有关规定，行使下列职责：教育和组织会员遵守证券法律、行政法规；依法维护会员的合法权益，向中国证监会反映会员的建议和要求；收集整理证券信息，为会员提供服务；制定会员应遵守的规则，组织会员单位的从业人员的业务培训，开展会员间的业务交流；对会员之间、会员与客户之间发生的证券业务纠纷进行调解；组织会员就证券业的发展、运作及有关内容进行研究；监督、检查会员行为，对违反法律、行政法规或者协会章程的，按照规定给予纪律处分。

② 依据行政法规、中国证监会有关要求，行使下列职责：制定证券业执业标准和业务规范，对会员及其从业人员进行自律管理；负责证券业从业人员资格考试、执业注册；负责组织证券公司高级管理人员、保荐代表人及其他特定岗位专业人员的资质测试或胜任能力考试；负责对首次公开发行股票网下投资者进行注册和自律管理；负责非公开发行公司债券事后备案和自律管理；负责场外证券业务事后备案和自律管理；行政法规、中国证监会规范性文件规定的其他职责。

③ 依据行业规范发展的需要，行使下列自律管理职责：推动行业诚信建设，督促会员履行社会责任；组织证券从业人员水平考试；推动会员开展投资者教育和保护工作，维护投资者合法权益；推动会员信息化建设和信息安全保障能力的提高，经政府有关部门批准，开展行业科学技术奖励，组织制订行业技术标准和指引；组织开展证券业国际交流与合作，代表中国证券业加入相关国际组织，推动相关资质互认；对会员及会员间开展与证券非公开发行、交易相关业务活动进行自律管理；其他涉及自律、服务、传导的职责。

【素养提升】

做诚信守法的表率

诚信是企业生存发展的基石，也反映了市场体系发育的成熟程度和整个社会的文明程度。我国已建立较为完善的市场诚信体系和法律监督机制，但由于种种原因，还存在着一些企业不诚信、钻法律空子等现象，在一定程度上影响了市场秩序。

社会主义市场经济是信用经济、法治经济，而法治意识、契约精神、守约观念是现代经济活动的重要意识规范，也是信用经济、法治经济的重要要求。企业家是否诚信守法至关重要，深刻影响着经济运行和社会风气。就像习近平总书记强调的那样，企业家要做诚信守法的表率，带动全社会道德素质和文明程度提升。

为促使企业诚信守法，可以制定商业信用标准、建立商业诚信档案数据库，作为企业获得政策措施支持和银行贷款的重要依据，激发企业诚信守法的内生动力。要对诚信守法企业给予表彰和奖励，对违规违法企业进行严惩，使诚信守法成为企业的一种自觉行为。对自己负责、对社会负责。

企业家要始终将诚信守法作为经营活动中一项基本的准则、必备的素质、必须承担的责任。在认真经营、努力发展壮大硬实力的同时，遵纪守法、率先垂范，营造风清气正的良好氛围，提升企业的软实力，提升全社会的文明程度。

（央广网 2020－10－10）

【综合练习】

一、单选题

1.（　　）是指证券市场监管部门必须加强法制建设，明确划分各方面的权利与义务，保护市场参与者的合法权益。

A. 依法管理原则　　　　　　　　　　B. 保护投资者利益原则

C. "三公"原则　　　　　　　　　　D. 监督与自律相结合原则

2.（　　）是指在加强政府、证券主管机构对证券市场监管的同时，也要加强从业者的自我约束、自我教育和自我管理。

A. 依法管理原则　　　　　　　　　　B. 保护投资者利益原则

C. "三公"原则　　　　　　　　　　D. 监督与自律相结合原则

3. 美国的监管模式属于（　　）。

A. 集中型监管　　B. 自律型监管　　C. 中间型监管　　D. 分散型监管

4. 英国的监管模式属于（　　）。

A. 集中型监管　　B. 自律型监管　　C. 中间型监管　　D. 分散型监管

5. 以下不属于中国大陆证券交易所的是（　　）。

A. 上海证券交易所　　　　　　　　　B. 深圳证券交易所

C. 北京证券交易所　　　　　　　　　D. 武汉证券交易所

二、多选题

1. 证券监管的原则有（　　）。

A. 依法管理原则　　　　　　　　　　B. 保护投资者利益原则

C. "三公" 原则　　　　　　　　　　　D. 监督与自律相结合原则

2. 证券监管的意义有（　　　）。

A. 加强证券市场监管是保障广大投资者权益的需要

B. 加强证券市场监管是发展和完善证券市场体系的需要

C. 加强证券市场监管是维护市场良好秩序的需要

D. 准确和全面的信息是证券市场参与者进行发行和交易决策的重要依据

3. 按照监管主体分类，传统的证券法研究习惯把各国证券监管体制模式分为（　　　）。

A. 集中型监管　　　　B. 自律型监管　　　　C. 中间型监管　　　　D. 分散型监管

4. 证券监管的对象主要有（　　　）。

A. 筹资者　　　　　　　　　　　　　　B. 投资者

C. 证券商　　　　　　　　　　　　　　D. 银行及其他金融机构

5. 中国证监会设在北京，中国证监会在省、自治区、直辖市和计划单列市设立 36 个证券监管局，以及（　　　）、（　　　）证券监管专员办事处。

A. 上海　　　　　　B. 深圳　　　　　　C. 广州　　　　　　D. 武汉

三、简答题

1. 证券监管的意义是什么？

2. 中国证券监督管理委员会的职责是什么？

【**学习评价**】

知识巩固与技能提高（40分）	得分：
计分标准： 得分 = 3×单选题正确个数 + 3×多选题正确个数 + 5×简答题正确个数	

学生自评（20分）	得分：
计分标准：初始分 = 2×A的个数 + 1×B的个数 + 0×C的个数 　　　　　　得分 = 初始分÷22×20	

专业能力	评价指标	自测结果	要求 （A掌握；B基本掌握；C未掌握）
认识证券 监管	1. 证券监管的原则 2. 证券监管的意义 3. 证券监管的目标 4. 证券监管的体制 5. 证券监管的对象	A□ B□ C□ A□ B□ C□ A□ B□ C□ A□ B□ C□ A□ B□ C□	理解证券监管的原则和意义；掌握证券监管的目标，明确证券监管的体制；了解证券监管的对象
熟悉证券 监管机构 及自律 管理	1. 中国证券监督管理委员会 2. 证券交易所 3. 中国证券业协会	A□ B□ C□ A□ B□ C□ A□ B□ C□	掌握中国证券监督管理委员会、证券交易所、中国证券业协会的主要职责
职业道德 思想意识	1. 爱岗敬业，认真严谨 2. 遵纪守法，遵守职业道德 3. 顾全大局，团结合作	A□ B□ C□ A□ B□ C□ A□ B□ C□	专业素质、思想意识得以提升，德才兼备

小组评价（20分）	得分：
计分标准：得分 = 10×A的个数 + 5×B的个数 + 3×C的个数	

团队合作	A□ B□ C□	沟通能力	A□ B□ C□

教师评价（20分）	得分：

教师评语	
总成绩		总成绩	

参 考 文 献

[1] 徐浩，梁锐. 证券投资学［M］. 上海：上海交通大学出版社，2016.

[2] 孟敬，叶华. 证券投资实务［M］. 北京：人民邮电出版社，2016.

[3] 杨立功. 证券投资实务［M］. 第 3 版. 北京：中国人民大学出版社，2020.

[4] 陈月生. 证券投资理论与实务［M］. 第 2 版. 北京：科学教育出版社，2018.

[5] 赵文君. 证券投资理论与实务［M］. 第 2 版. 北京：北京邮电大学出版社，2020.

[6] 陈文汉. 证券投资学［M］. 第 2 版. 北京：人民邮电出版社，2019.

[7] 吴作斌，罗正媛. 证券投资理论与实务［M］. 北京：人民邮电出版社，2011.

[8] 黄辉. 证券投资学实训教程［M］. 北京：航空工业出版社，2018.

[9] 唐朝. 手把手教你读财报［M］. 北京：中国经济出版社，2021.